FOLIO BIOGRAPHIES
collection dirigée par
GÉRARD DE CORTANZE

Bougainville

par

Dominique Le Brun

Gallimard

Crédits photographiques :

1 : Bridgeman Images / Archives Charmet. 2 et 11 : BnF, Paris. 3 : National Army Museum, Londres / Coll. Dagli Orti. 4 : Akg-images / Gilles Mermet. 5 : Agence photographique du MNHN / Gilles Mermet. 6, 9 et 12 : Princeton University Library. 7 : Musée du quai Branly, 2014 / Scala. 8 : Kharbine-Tapabor / Collection Jean Vigne. 10 : Canberra, National Library of Australia. 13 : Bridgeman Images / De Agostini / M. Seemuller. 14 et 17 : RMN - GP (Château de Versailles) / Gérard Blot. 15 : Bridgeman Images / Giraudon. 16 : Cité de la Mer, Cherbourg.

© *Éditions Gallimard, 2014.*

Natif du Finistère et navigateur passionné, écrivain et journaliste, Dominique Le Brun est un fin connaisseur de l'univers océanique. Son œuvre abondante et ses nombreux reportages en couvrent pratiquement tous les aspects : les marins et les navires, mais aussi l'histoire, l'art et la littérature maritimes. On lui doit notamment plusieurs anthologies consacrées à ces thèmes aux Éditions Omnibus : en 2001, *Sous-marins, récits, romans* et *Le roman des phares* ; *Pirates et gentilshommes de fortune* (2011) ; *La malédiction Lapérouse* (2012) ; en 2013, *Le roman des pôles*, *Le roman du cap Horn* et *Les baleiniers, témoignages (1820-1880)*. Il est également l'auteur d'un essai, *De la piraterie au piratage* (Buchet/Chastel, 2013) et d'un roman, *Quai de la douane* (Éditions du Télégramme, 2013).

Jeunesse
(1729-1750)

1749 à Paris, dans le quartier du Marais. Au niveau de l'actuel n° 47 de la rue Vieille-du-Temple, en face de l'hôtel de Hollande, résident le chevalier de Chailly et son frère, l'abbé de Mégrigny. Riche et généreux, mousquetaire du roi, le chevalier reçoit souvent à dîner un groupe d'amis mêlant des aristocrates de vieille noblesse, des magistrats ainsi que des conseillers du parlement. À la table du chevalier, on parle clair et librement des affaires du royaume. Le maréchal de camp, comte de Lameth, commente cette calamiteuse guerre de la Succession d'Autriche qui laisse le pays exsangue. Le président à mortier de Rosanbo renchérit en rappelant que cela n'empêche pas la Maison royale de dépenser à elle seule la moitié des revenus de l'État ; que les demandes réitérées de publier les comptes du royaume restent lettres mortes, nonobstant les *remontrances* au roi, adressées par le parlement de Paris. Le marquis de Saint-Marc et le comte de Caulaincourt regrettent le temps où la France était discrètement gouvernée par le cardinal de Fleury. Dire que le précepteur du roi était presque parvenu à assainir les finances du royaume ! Mais il est décédé à l'âge incroyable de quatre-vingt-treize ans, et Louis XV, alors âgé de trente-trois ans, a prétendu prendre en main les destinées du pays. Personne à la table du chevalier n'ose tout de même affirmer que le roi est bien trop paresseux pour gouverner, que de toutes les façons son incompétence totale l'en empêcherait, qu'il laisse agir à leur guise des ministres faits et défaits par ses maîtresses avec un point commun : être plus concernés par leur intérêt personnel que par celui de la nation. Aujourd'hui, chacun sait bien que le Premier ministre de la France est l'actuelle favorite du roi, la marquise de Pompadour. Peut-être est-ce un moindre mal, songent certains. Mais comment se fait-il que, depuis qu'il a rendu visite à l'armée pendant la guerre, le peuple appelle encore son roi *Louis le Bien-Aimé* ? Autour du chevalier de Chailly, on s'accorde sur le fait que le pire est à craindre, que le peuple va finir par mesurer la vacuité du royaume, et qu'alors*…

Ainsi s'animent les dîners, rue Vieille-du-Temple. Avec la fin du repas cependant, la conversation s'alanguit, s'oriente vers des sujets plus légers, thèmes dans lesquels l'excellent abbé de Mégrigny ne manque jamais une occasion d'affirmer son vertigineux penchant pour les belles femmes. Mais cela ne dure pas. Une fois le dîner achevé, par tradition, la table du repas est repoussée contre un mur afin

---

* La Révolution ne surviendra que cinquante ans plus tard, en 1789. Mais en mai 1750, Paris va connaître quatre jours d'émeute.

de transformer le salon en une salle d'armes où l'on ferraille gaiement. Les plus acharnés et les plus assidus sont bien entendu les plus jeunes, Hérault de Séchelles et son ami Bougainville, qui de tout le dîner n'ont pas prononcé un mot mais ont ouvert grand leurs oreilles. Car les deux garçons se préparent à rejoindre de Chailly dans le corps des Mousquetaires noirs. Le chevalier, en généreux mentor, les invite donc à découvrir de quoi est fait le monde. Et l'art de l'épée en fait partie.

Après ces soirées où voisinent les arts de la table, de la politique, de la culture et des armes, Louis Antoine rejoint la maison familiale. C'est à deux pas. Les Bougainville habitent rue Barre-du-Bec, qui aujourd'hui correspond à la portion de la rue du Temple située entre les rues de la Verrerie et Saint-Merri. C'est une maison un peu triste, car Mme de Bougainville est décédée alors que Louis Antoine n'avait que cinq ans. La sœur de leur père est alors venue les rejoindre, mais l'affection dont avaient besoin les enfants est surtout venue d'une voisine, une femme de cœur ainsi que de qualité : Catherine Hérault de Séchelles, fille du contrôleur général des finances Moreau de Séchelles, et épouse du lieutenant général de la police à Paris, René Hérault. Cet homme — l'équivalent d'un ministre de l'Intérieur — a laissé sa marque dans l'histoire de la capitale en faisant apposer les premières plaques portant les noms de rues. Mme Hérault de Séchelles s'attache d'autant plus à Louis Antoine que ce dernier, camarade de son fils Jean-Baptiste, bien éduqué et cultivé, est un grand frère idéal.

Louis Antoine trouvera aussi bientôt chez cette *seconde maman* (le terme est de lui) une alliée introduite dans les plus hautes sphères du pouvoir. N'est-ce pas sur une intervention de Mme Hérault[1]* que le père de Louis Antoine a été anobli en même temps qu'il recevait la charge d'échevin de la ville de Paris ?

En vérité, les Bougainville se trouvent aussi à portée des plus hautes sphères de la monarchie par un autre biais. Marie-Françoise d'Arboulin, la mère décédée, avait en effet deux frères, des personnages dont on peut dire qu'ils ont « réussi » dans la vie. Ils viennent d'une « lignée de marchands de vins privilégiés de la ville de Paris et de gros marchands de bois[2] ». Antoine, l'aîné, a le titre d'écuyer, de secrétaire du roi et de porte manteau de Sa Majesté. Ce qui n'est encore rien à côté de son petit frère Jean-Potentien, lui aussi écuyer, mais en plus titulaire de charges qui lui assurent d'énormes revenus ; comme les postes. Et si ce n'était que ça ! Mais il se trouve que Jean-Potentien d'Arboulin a connu la marquise de Pompadour à l'époque où elle s'appelait encore Jeanne Poisson. Et cette maîtresse femme, devenue favorite de Louis XV, ne renie pas ses amitiés d'antan. En privé, elle continue de l'appeler Boubou[3] ! Homme d'affaires avisé, Boubou est régulièrement consulté par la Pompadour pour ses placements, et il arrive que Sa Majesté en fasse de même pour ses finances personnelles. Homme fin, honnête et fidèle, il a su aussi se faire apprécier

---

* Les notes bibliographiques sont regroupées en fin de volume, p. 298.

dans des situations plus... délicates. Par exemple, Louis XV apprécia les efforts et le savoir-faire qu'il mit en œuvre pour persuader le mari de la marquise de Pompadour d'accepter un poste d'ambassadeur auprès du Grand Turc, histoire de l'éloigner... De son côté, quelques années plus tard, la marquise n'oubliera pas le moment où, après l'attentat de Damiens*, le roi, choqué, a fait pénitence, et ostensiblement s'est tenu éloigné de sa favorite. Alors le ministre de la Guerre, d'Argenson, a tenté de faire remplacer la Pompadour par sa propre maîtresse, la comtesse d'Estrades. Mais d'Arboulin, qui est parvenu à intercepter un billet compromettant entre le ministre et sa maîtresse, l'a remis à la Pompadour qui en a fait bon usage. Ces quelques épisodes sont bien révélateurs de l'époque, et surtout ils situent Bougainville dans son cadre social, tout à fait particulier.

Si l'on voulait faire un pèlerinage parisien sur les traces de Bougainville, après la rue du Temple on passerait sur la rive gauche dans le 5e arrondissement, rue Jean-de-Beauvais, là où se trouve aujourd'hui l'église des Saints-Archanges de l'église orthodoxe roumaine. Sous Louis XV et le lieutenant général de la police Hérault, c'était la rue du Clos-Bruneau, l'église se trouvant à l'emplacement du collège de Beauvais, un établissement qui accueillait principalement les enfants de parlementaires, avec la réputation de constituer un foyer

---

* Ce déséquilibré, le 5 janvier 1757, avait porté un coup de canif sans gravité au roi. Cette agression marqua durablement les esprits parce que Damiens fut torturé et exécuté de manière particulièrement cruelle.

ardent du jansénisme. C'est là que Louis Antoine fit ses études, à la suite de son frère Jean-Pierre, de sept ans son aîné. Ce dernier a laissé le souvenir d'un homme dévot et janséniste convaincu, ainsi que sa mère et vraisemblablement sa sœur Marie-Françoise, venue entre les deux frères. Louis Antoine, apparemment, a toujours conservé un certain détachement à l'égard des questions religieuses.

On le voit, Bougainville est né dans un cadre propice à toutes les ambitions, mais c'est bien à son énergie et à son intelligence qu'il devra sa brillante destinée. À l'origine de celle-ci se trouve aussi et surtout l'influence de Jean-Pierre, lui-même doté d'une rare intelligence. Par le hasard des relations intellectuelles et mondaines que peut nouer un fils de notaire au Châtelet achevant ses études de droit pour entrer comme avocat au parlement, Jean-Pierre de Bougainville se lie d'amitié avec Nicolas Fréret, grand géographe de son temps et secrétaire de l'Académie des inscriptions et belles-lettres. Devenu son élève, il se rend régulièrement au palais du Louvre, où se tiennent ses séances, et il écoute ainsi Fréret donner une définition moderne de la géographie :

> Science qui nous instruit, non seulement de la grandeur et de la figure de la terre, en général, mais encore de l'étendue et de la situation des continents, des mers, des îles qui forment la surface du globe que nous habitons. Cette science a deux objets principaux, l'un de marquer l'étendue et la situation respectives des divers lieux qu'elle décrit, l'autre de déterminer la position de ces mêmes lieux par rapport aux points et aux cercles que les astronomes supposent tracés sur notre

globe pour rendre plus sensibles à l'imagination les deux différents mouvements que le soleil et les astres paraissent avoir autour de nous. [...] La géographie, considérée sous ce double aspect, a une liaison nécessaire avec l'astronomie, liaison qui la distingue absolument de la simple topographie et qui la rend une science susceptible de démonstration[4].

Cette séance est une révélation. Son discours donne envie de contribuer à l'exploration de la planète afin de situer tous lieux par rapport à la course du Soleil et la position des étoiles. Et le juriste de se passionner soudain pour la géographie et l'astronomie, son corollaire obligatoire. Jean-Pierre de Bougainville ne manque pas de faire partager son enthousiasme à son jeune frère. Et on imagine bien le jeune Louis Antoine, alors adolescent, entendre et méditer cette phrase qui lui donne envie d'aller y voir par lui-même, et d'acquérir la science nécessaire pour le faire de manière efficace. Par la suite, sans cesse Jean-Pierre évoque les terres à découvrir, et notamment la mythique Terre australe qui, à l'époque, passionne tous les géographes. Nimbée de mystère, elle fut repérée en 1503 par un capitaine marchand de Honfleur : Binot Paulmier de Gonneville, et personne depuis ne l'a retrouvée... Et elle est redevenue d'actualité avec les communications faites par Bouvet de Lozier, officier de la Compagnie des Indes qui était parti à sa recherche en 1739, ne l'a pas localisée, mais a repéré ce qui pourrait bien être la Terre australe, que dans le doute il a baptisé cap de la Circoncision. Il y a de quoi rêver !

C'est dans ce contexte que Jean-Pierre, qui a vingt-trois ans, soumet à l'Académie une étude que sa qualité de juriste légitime, *Droits des métropoles grecques sur leurs colonies*, mais dont le sujet peut trouver des applications sur les découvertes à faire par-delà les océans et les continents. La qualité de cette communication lui vaut d'être convié à rejoindre la prestigieuse assemblée. La tradition voulant que les nouveaux entrants publient un travail de fond, Jean-Pierre se voit commander par Fréret une étude qui prendra le titre suivant : *Éclaircissements sur la vie et les voyages de Pythéas, de Marseille*. Louis Antoine, qui entend son frère donner lecture de cette communication, ressent une formidable exaltation lorsqu'il écoute ensuite les arguments contradictoires apportés par les académiciens : si Jean-Pierre situe Thulé — la fameuse *Ultima Thule* — en Norvège, d'autres la placent aux Shetland. Courtoisement mais fermement, chacun soutient sa position et le débat enchante l'adolescent. Il entend aussi le parallèle établi entre les brumes et les glaces qui ont arrêté Pythéas dans son voyage vers le nord, tout comme Bouvet de Lozier vers le sud. On a pu se faire une idée de ce qu'elles dissimulaient dans le Nord. Mais qui ira voir dans le Sud ? Il y a là un champ d'explorations inépuisable. Qui ira donc y voir ?

Sûrement pas Jean-Pierre de Bougainville qui, depuis sa naissance, souffre d'asthme. Sa santé fragile sera toujours un handicap pour lui, et il décédera en 1763, à l'âge de quarante et un ans. Mais Louis Antoine, quant à lui, ne rêve que de cela. Et sa passion est d'autant plus raisonnable qu'il se donne les moyens d'être fidèle à sa vocation. Aujourd'hui, on ne sait pas trop si, tradition familiale oblige, le droit a fait partie de ses études. Mais la qualité des mémoires qu'il rédigera quelques années plus tard sur le Canada témoigne d'un esprit en phase avec les mécanismes du droit et de la politique ; en plus d'une belle plume. En prévision d'explorations futures, il étudie les mathématiques et l'astronomie, grâce à Fréret qui le confie au mathématicien Clairaut, lui-même protégé de Guillaume Delisle, le cartographe du roi. Cette rencontre aura deux conséquences pour Bougainville : lui donner les moyens techniques d'accomplir un jour son rêve. En même temps que le mettre au niveau intellectuel de son frère, lorsqu'il publiera à son tour le résultat de solides recherches, dans son *Traité du calcul intégral, pour servir de suite à l'Analyse des infiniment petits, de M. le marquis de L'Hôpital.* À l'âge de vingt-cinq ans !

Pour l'heure, Louis Antoine doit recevoir encore une autre formation, indispensable, celle de soldat. Car à l'époque, c'est encore à la pointe de l'épée et au feu des mousquets que se découvrent les terres nouvelles. De plus, seuls des officiers peuvent y être nommés aux postes clés. Louis Antoine de Bougainville sera donc soldat. Mais… pourquoi pas marin ? Il existe pour lui une première bonne raison de renoncer à la marine : au mitan du XVIIIe siècle, la flotte royale est pour ainsi dire inexistante, face à la puissante Royal Navy. Ce n'est donc pas vraiment le moment de servir dans la marine. De plus, elle est redoutablement élitiste. En 1717 a été créé le corps des gardes du Pavillon, composé de volontaires recevant une culture essentiellement technique à base de mathématiques. L'esprit de corps de ces « officiers rouges », très fort, a pour inconvénient un mépris insupportable pour les autres officiers de marine : ex-officiers de l'armée de terre, de la marine marchande et officiers de plume, les « officiers bleus ». Ce sera donc l'armée, mais pour atteindre ses ambitions, Louis Antoine de Bougainville doit entrer aux Mousquetaires noirs. Immortalisés par les romans d'Alexandre Dumas, les mousquetaires du roi et notamment les « noirs » (ainsi baptisés parce qu'ils montaient des chevaux noirs) étaient devenus une forme d'école militaire pour aristocrates, ou plus précisément le passage obligé pour les grandes destinées.

L'école de la diplomatie
et l'art de la guerre
(1750-1756)

Ne devient pas mousquetaire du roi qui veut. L'accès au plus prestigieux des corps militaires exige un rang dans la noblesse ainsi qu'une fortune certaine. Née de l'accession de son père au rang d'échevin de la ville de Paris, la noblesse de Bougainville peut sembler un peu récente. Mais cette faiblesse est compensée par les soutiens de Mme Hérault de Séchelles et de la marquise de Pompadour en personne. Quant à la fortune, le richissime et généreux oncle d'Arboulin veille à l'avenir de son neveu. Celui-ci ne reste d'ailleurs pas très longtemps chez les mousquetaires, puisque, trois ans après y être entré, le voici aide-major au bataillon des milices de Picardie. S'agit-il d'un curieux clin d'œil du destin ? Car sa famille est originaire de cette région, Bougainville étant le nom d'un village situé 18 kilomètres à l'ouest d'Amiens. Et soudain, sa carrière s'accélère : en 1754, le voici recommandé pour devenir aide de camp du lieutenant général de Chevert, qui tient garnison à Sarrelouis (actuel Saarlouis). Or de Chevert est un authentique héros dont l'image a survécu aux siècles. Ainsi, dans un livre d'histoire destiné au cours élémentaire dans les années 1950, concernant le règne de Louis XV, les enfants apprenaient encore cette anecdote édifiante :

> Chevert dit alors à ses soldats : « Mes amis, vous êtes tous des braves, mais aujourd'hui j'ai besoin d'un brave encore plus hardi que les autres... ce sera toi, sergent Pascal ! — Oui, mon colonel. — Nous allons escalader les murs de la ville avec des échelles. — Oui, mon colonel. — Monte le premier. Je te suivrai. — Oui, mon colonel. — Quand tu seras en haut du mur, la sentinelle ennemie criera : "Qui vive ?" — Oui, mon colonel. — Tu ne répondras rien. La sentinelle tirera sur toi un coup de fusil et manquera. — Oui, mon colonel. — À ton tour tu tireras. Tu la tueras ! — Oui, mon colonel. — Et derrière toi, je me précipiterai dans la ville, suivi de tout mon régiment ! » Les choses se passèrent exactement comme avait dit Chevert, et la ville de Prague fut prise[1].

On l'a compris, faire partie des proches d'un tel personnage est une image de marque dont Louis Antoine va se montrer digne, si l'on en juge d'après la note suivante de son supérieur : « M. de Bougainville est rempli de mérite et d'esprit ; il n'a cessé de me le prouver tout le temps[2]. »

Mais tandis qu'à Sarrelouis Bougainville s'initie au métier d'officier, de l'autre côté de l'Atlantique, aux confins des actuels Canada et États-Unis, les événements se précipitent avec l'« affaire de la vallée de l'Ohio ». D'origine mineure, elle va pourtant provoquer la dramatique guerre de Sept Ans, dont la grande victime sera le Canada français. Ainsi donc, le 23 mai 1754, le commandant de Fort Duquesne (actuel Pittsburgh, en Pennsylvanie) est informé qu'une importante force américaine vient de pénétrer dans des territoires situés dans la vallée de l'Ohio, et revendiqués comme français. Cet officier, joliment nommé Pécaudy de Contrecœur, a reçu des instructions relativement claires : éviter toute hostilité à l'encontre des Américains, mais, en cas d'attaque, défendre le fort. Il dépêche donc une patrouille de trente hommes sous le commandement de l'enseigne Joseph de Jumonville[3], avec pour consigne d'intimer aux intrus l'ordre de faire demi-tour. En vérité, on estime alors que cette incursion n'est pas forcément inquiétante. Même si, depuis plusieurs années déjà, les colons anglais de Virginie affichent leur convoitise pour ces terres, ils ne se montrent pas pour autant agressifs. L'année précédente, George Washington, alors officier dans la milice coloniale anglaise, a pris la tête d'une délégation militaire pour exiger le départ des Français de la région. Il lui a été répondu par un « non » aussi poli que ferme, et il s'est retiré.

En envoyant une trentaine d'hommes à la rencontre des Virginiens, Pécaudy de Contrecœur estime que l'affaire va se solder aussi simplement qu'en 1753. Les ordres donnés à Jumonville sont donc stricts : d'abord, s'assurer de la réalité d'une invasion américaine. Ensuite, si tel est bien le cas, envoyer un coursier prévenir le fort, tandis que lui-même adressera aux Américains une injonction solennelle de quitter les lieux. À défaut, le *casus belli* sera avéré ; et alors seulement on entrera en conflit. Mais cette hypothèse paraît hautement improbable, dans la mesure où, pour la première fois depuis longtemps, l'Angleterre et la France se trouvent en paix. On imagine mal en effet que les colons d'Amérique puissent envisager de rompre la trêve.

Pour cette raison, le soir du 27 mai, lorsqu'ils établissent leur bivouac sur le site de l'actuelle ville de Jumonville (Pennsylvanie) — car la cité a pris le nom de l'officier qui y perdit la vie —, les Français n'engagent aucune mesure de défense particulière. Or le 28, au petit matin, George Washington attaque le campement à la tête de quarante miliciens virginiens, ouvrant le feu sans sommation. Comme l'écrit W. J. Eccles pour sa notice du *Dictionnary of Canadian Biography* : « Les Canadiens qui réussirent à échapper à la rafale se jetèrent sur leurs armes mais ils furent rapidement réduits à l'impuissance. Les Français soutinrent par la suite que Jumonville fut abattu pendant qu'il signifiait sa mise en demeure officielle. Dix Canadiens furent tués, un fut blessé et les autres, à une exception près, faits prisonniers. Washington et ses hommes se retirèrent, abandonnant aux loups les cadavres de leurs victimes. Un détachement de 500 Canadiens des troupes régulières et de la milice furent envoyés pour venger l'attaque et chasser les Américains : Louis Coulon de Villiers, frère de Jumonville, en avait le commandement[4]. »

Cette affaire éclaire d'un jour singulier les circonstances qui amèneront, une vingtaine d'années plus tard, le même Washington à demander l'aide de la France pour chasser les Anglais d'Amérique ! Mais cela est encore une autre histoire, qui viendra en son temps. En 1754-1755, l'affaire de la vallée de l'Ohio prend donc de l'ampleur, tant en France qu'en Angleterre. Louis XV, parce que les finances du royaume se trouvent au plus bas, ne veut surtout pas entrer en guerre. Cela explique l'attitude du duc de Mirepoix, ambassadeur de France à Londres, dont la pusillanimité conduit la marquise de Pompadour à lui écrire : « On a peur que vous ne soyez pas assez vigilant pour observer les démarches des Anglais. Il paraît évident qu'ils ont quelque grand dessein en vue. Ils font passer en Amérique des troupes et des munitions de toute espèce. Cependant, on trouve extraordinaire que vous répétiez sans cesse dans toutes vos dépêches que le roi d'Angleterre est toujours notre ami et n'a aucune mauvaise intention contre nous*. » Et elle insiste, se fondant sur l'émotion levée en France par la traîtrise des Américains : « Les badauds de Paris, dans leur babil oisif, peuvent quelquefois donner de bonnes idées et de bons conseils[5]. » On notera au passage que la favorite affiche là le réalisme politique et diplomatique qui fait tant défaut à son royal amant.

Le message de la Pompadour met en évidence le malentendu qui entoure la présence française en Amérique du Nord. Bien que des colons s'y soient installés depuis le début du XVIIe siècle, le pouvoir royal ne s'y est pour ainsi dire jamais intéressé. En Angleterre en revanche, c'est tout l'inverse. D'où

---

* Les textes du XVIIIe siècle cités dans le présent volume sont retranscrits en respectant l'orthographe en cours aujourd'hui.

l'énorme déséquilibre des populations en Amérique du Nord : en 1755, le Canada et la Louisane totalisent 80 000 Français seulement, pour faire face à un million d'Anglais ! Or, depuis la fin du XVIIe siècle, il est clair que l'Anglerre n'a aucune intention de partager l'Amérique du Nord avec la France. Pour cette raison, lorsqu'en 1713 — sous le règne de Louis XIV donc — le traité d'Utrecht a soldé la guerre de la Succession d'Espagne, les Français d'Amérique du Nord se sont vus condamnés à court terme. De fait, en abandonnant à l'Angleterre les postes de la baie d'Hudson, de Terre-Neuve et d'Acadie, la France a perdu l'accès à l'estuaire du Saint-Laurent.

On peut s'interroger sur les raisons qui conduisent la Pompadour à s'intéresser au destin du Canada, sur lequel elle montre une vision très lucide. On peut aussi se demander comment il se fait que l'on ait choisi comme troisième secrétaire d'une mission diplomatique spéciale, envoyée renforcer la position de Mirepoix, le tout jeune militaire qu'est alors Louis Antoine de Bougainville. Les deux faits peuvent être rapprochés d'un troisième événement : en 1754, Jean-Pierre de Bougainville, son frère, a été successivement élu secrétaire perpétuel de l'Académie royale des inscriptions et belles-lettres, et à l'Académie française, où il a pris le fauteuil n° 17. Il semble que Mme de Pompadour ait joué un rôle déterminant dans ces nominations*. Or on sait quelles ambitions de grands espaces et

---

* Selon la notice sur le site de l'Académie française (www.académie-francaise.fr/

de conquêtes au nom du roi entretient Louis Antoine et, par procuration, son aîné.

Au mois d'octobre 1754, voici donc Louis Antoine de Bougainville diplomate à Londres. Beau début de carrière pour un jeune homme de tout juste vingt-cinq ans. Mais il y a mieux encore. Cette même année 1754, il a publié le premier volume d'un *Traité du calcul intégral, pour servir de suite à l'Analyse des infiniment petits, de M. le marquis de L'Hôpital*. Premier biographe de Bougainville, Charles de La Roncière insiste sur l'ambition de cette étude, en expliquant que, « opposé au calcul différentiel qui descend du fini à l'infiniment petit, il s'élevait, sans en tirer vanité, dans les hautes sphères où planaient de grands esprits comme Leibniz, Newton, Bernouilli, d'Alembert[6] ». En tout cas, très adroitement, l'auteur se montre modeste en mettant « la satisfaction d'être utile au-dessus de l'honneur d'être admiré », tout en ayant l'habileté de dédier son ouvrage à un membre honoraire de l'Académie des sciences, qui se trouve être, de surcroît, son chef, le secrétaire d'État à la Guerre, comte d'Argenson. Bougainville écrit ainsi : « C'est sous vos ordres, Monseigneur, que je suis entré dans la carrière des sciences : je dois vous offrir les premiers fruits de mes travaux. »

On peut se demander aussi ce qui a amené un mousquetaire du roi à se lancer dans une étude

---

les-immortels/jean-pierre-de-bougainville) : « Il fut, à 32 ans, le candidat du parti religieux et de la reine ; ses adversaires le firent échouer en faisant nommer le comte de Clermont ; il rechercha alors la protection de Mme de Pompadour et le 27 avril 1754 il fut élu en remplacement de La Chaussée. »

aussi aride. Sans doute le désir de ne pas demeurer en reste vis-à-vis de son frère Jean-Pierre, l'académicien. Et puis surtout, le fait qu'en lui apportant une certaine notoriété ce précis de mathématiques lui permettra de se lancer dans les voyages d'exploration auxquels il aspire. S'il a choisi de faire carrière dans l'armée, rappelons-le, ce n'est pas pour la gloire et les honneurs militaires, mais parce que ce statut est obligatoire s'il veut se voir confier des missions lointaines. Et dès sa publication, comme on va le voir, le *Traité du calcul intégral* servira grandement la cause de Bougainville — mais pas forcément celle de sa mission — auprès des Britanniques. Car la société intellectuelle londonienne est au courant du travail de mathématicien effectué par le troisième secrétaire de la mission diplomatique. Mieux, le 9 avril 1755, sur les recommandations de Clairaut (son ancien professeur), auquel se sont joints d'Alembert, l'astronome Pierre Charles Le Monnier et le philosophe Jean-Paul de Gua de Malves, il est proposé pour être admis à la Royal Society of London, qui équivaut à l'Académie des sciences française. Quatre scientifiques anglais soutiennent cette demande, qui sera formellement agréée le 12 janvier 1756. Lorsque, cette même année, il publiera le tome II du *Traité du calcul intégral*, la signature en sera : « M. de Bougainville, le jeune, de la Société royale de Londres ».

On ne dispose d'aucune précision quant à la capacité de Louis Antoine de Bougainville à se faire comprendre en anglais ni sur sa découverte de cette langue, mais les résultats sont là : le voici accueilli dans la plus choisie des sociétés londoniennes. Comme on peut s'en douter, la mission diplomatique ne parviendra ni à empêcher la guerre, ni à freiner les ambitions britanniques sur l'Amérique du Nord. Mais elle permettra à Bougainville de rencontrer un personnage déterminant pour son propre avenir : l'amiral George Anson. Célèbre pour le tour du monde qu'il a accompli de 1740 à 1744, ce dernier exerce alors depuis quelques années la fonction de Premier lord de l'Amirauté. En Angleterre, ce titre va bien au-delà de ce que peuvent représenter ses équivalents en France : à la fois chef d'état-major de l'armée navale, et secrétaire d'État à la Marine. Le Premier lord de l'Amirauté est un personnage clé du royaume. Et que Bougainville ait pu rencontrer une personnalité de si haut rang donne une idée de l'entregent dont dispose ce troisième secrétaire d'une mission diplomatique ! Il est vraisemblable que, passionné de géographie et d'explorations, il a tout mis en œuvre pour lui être présenté. En effet, le *Voyage autour du monde* d'Anson, publié dès 1748, a tout de suite fait l'objet d'une traduction française. Laquelle a connu un succès dont on appréciera la popularité en sachant que Voltaire lui consacre tout le chapitre XXVIII de son *Précis du siècle de Louis XV*[7].

Le récit a de quoi faire rêver un jeune homme en quête de nouveaux espaces.

Cependant, en doublant le cap Horn, après avoir passé le détroit de Le Maire, des tempêtes extraordinaires battent les vaisseaux d'Anson, et les dispersent. Un scorbut d'une nature affreuse fait périr la moitié de l'équipage ; le seul vaisseau du commodore aborde dans l'île déserte de Juan Fernandez, dans la mer du Sud, en remontant vers le tropique du Capricorne. Un lecteur raisonnable, qui voit avec quelque horreur ces soins prodigieux que prennent les hommes pour se rendre malheureux, eux et leurs semblables, apprendra peut-être avec satisfaction que George Anson, trouvant dans cette île déserte le climat le plus doux et le terrain le plus fertile, y sema des légumes et des fruits dont il avait apporté les semences et les noyaux, et qui bientôt couvrirent l'île entière [...]. On trouva sur la côte beaucoup de lions de mer, dont les mâles se battent entre eux pour les femelles ; et on fut étonné d'y voir dans les plaines des chèvres qui avaient les oreilles coupées, et qui par là servirent de preuve aux aventures d'un Anglais nommé Selkirk, qui, abandonné dans cette île, y avait vécu seul plusieurs années. Qu'il soit permis d'adoucir par ces petites circonstances la tristesse d'une histoire qui n'est qu'un récit de meurtres et de calamités[8]*.

Voltaire a raison : la circumnavigation d'Anson est un voyage de rapines, à peine moins empreint de piraterie que celui accompli par Francis Drake, entre 1577 et 1580. C'est aussi une expédition au bilan humain effrayant : des 2 000 marins embarqués (sur sept navires) ne revinrent, trois ans et neuf mois plus tard, que 188 survivants, à bord d'un seul bâtiment. On gardera ce chiffre à l'esprit lorsqu'on analysera le tour du monde que Bougainville, à Londres en cet hiver 1754-1755, est encore bien loin d'imaginer.

En quels termes Anson présente-t-il sa navigation ? Au chapitre X de son *Voyage autour du monde*, on lit :

* Pour la définition des termes empruntés au lexique de la navigation, voir glossaire p. 291.

Ce serait abuser de la patience du lecteur que de vouloir descendre dans le détail des accidents, des frayeurs et de la fatigue que nous eûmes à essuyer sur cette côte, et qui ne firent qu'augmenter jusqu'au 22 de mai, qu'on eût dit que toutes les tempêtes que nous avions endurées jusqu'alors s'étaient réunies et avaient conspiré notre perte. Cet ouragan nous déchira presque toutes nos voiles, et mit en pièces la plus grande partie de nos agrès. Vers les huit heures du soir, une vague, telle qu'une montagne, vint fondre sur nous à tribord, et nous donna une si furieuse secousse que plusieurs de nos haubans sautèrent, par où nos mâts furent en grand danger de rompre : notre lest et nos provisions furent si dérangés que notre vaisseau se trouva considérablement sur le côté à bâbord. Ce coup nous consterna, car nous nous attendions à tout moment à couler à fond ; et quoique le vent s'abaissât peu d'heures après, comme il ne nous restait plus de voiles en état de servir, notre vaisseau resta exposé aux vagues d'une grosse mer. Les roulis étaient si violents que nous comptions à tout moment de voir tomber nos mâts, qui n'étaient plus que très faiblement soutenus. Cependant, nous employions tout ce que nous avions de forces à assurer nos haubans, à mettre des palanquins de ris, et à raccommoder nos voiles ; mais tandis que nous étions occupés de ces travaux nécessaires, nous courûmes grand risque d'être affalés sur la côte de l'île de Chiloé, dont nous n'étions pas fort éloignés. Par bonheur le vent sauta au sud, et nous donna lieu de sortir de ce péril, et de nous éloigner de la côte, en ne nous servant que de la grande voile seule. Je me joignis au maître, et l'aidai à régir le gouvernail, pendant que tout le reste de nos gens s'occupait à assurer nos mâts, et à tendre les voiles, aussitôt qu'elles étaient réparées. Cette tempête fut la dernière que nous eûmes à essuyer en sortant de ces climats orageux, car deux jours après nous nous trouvâmes en pleine mer avec le temps le plus doux que nous eussions eu depuis que nous eûmes passé le détroit de Le Maire. Après avoir croisé vainement en cet endroit, pendant plus de quinze jours, pour y attendre les autres vaisseaux de notre escadre, il fut résolu de profiter du temps favorable qui nous avait déja si bien servi à nous dégager de ces côtes terribles, et de gagner le plus tôt possible l'île de Juan Fernandez[9].

On le voit, Anson apporte un discours angoissant sur les parages du cap Horn. Gardons ces textes à l'esprit, et n'oublions jamais que Bougainville a dû s'entretenir avec leur auteur. Car cette lecture l'influencera un jour, lorsque lui-même aura à fréquenter l'extrémité méridionale de l'Amérique. Mais cela est une autre histoire. Pour l'heure, à Londres, Bougainville a en face de lui un héros national. Et sans doute ne mesure-t-il pas bien encore comment lord Anson est en train de réorganiser la Royal Navy pour en faire une formidable machine de guerre qu'il aura, lui, à affronter. Et sous peu.

Dans le courant de l'été 1755, Bougainville est de retour en France où il retrouve son affectation. Mais la chronique, telle que la rapporte Étienne Taillemite dans son *Bougainville*, retient qu'au lieu d'assister le lieutenant général de Chevert il « séjourna le plus souvent à Paris où il mena, semble-t-il, une vie fort mondaine en compagnie de son fidèle ami Hérault ». On peut imaginer qu'avec son camarade d'enfance Jean-Baptiste Hérault de Séchelles, lui-même officier, ils retrouvent les soirées du chevalier de Chailly. Là, au lieu de seulement écouter les propos de ses aînés et en faire son profit, sans doute parle-t-il à son tour d'une récente mais sûre expérience. Et, très certainement, il sait que de nouveaux horizons l'attendent.

L'horrible guerre du Canada
(1756-1760)

De retour à Paris après son séjour à Londres, Louis Antoine de Bougainville sait bien que l'ambassade envoyée en Angleterre pour résoudre pacifiquement la crise « de la vallée de l'Ohio » n'a obtenu aucun résultat tangible. Pour ce jeune homme de bonne culture historique, bien informé par les discussions londoniennes et les contacts qu'il entretient au ministère des Affaires étrangères, sans parler des soirées chez le chevalier de Chailly, la situation est claire. À Versailles, afin de ne pas déplaire au roi, qui ne veut pas entendre parler de guerre, on parle toujours d'une « crise ». Bel euphémisme ! Car les diplomates et les militaires sont convaincus que les Anglais et les colons américains ne manqueront pas d'user de la force pour atteindre leur but : chasser les Français d'un territoire qu'ils estiment leur appartenir. Mais la cour sous-estime ou ne veut pas voir les antagonismes et les enjeux dont il est question en Amérique du Nord. Elle ne prend absolument pas la mesure de l'étendue des possessions qu'y détient la France. Elle ne veut même pas imaginer quelles richesses elles représentent. Mais les frères Bougainville, en géographes compétents, visualisent bien cet empire, et même ils s'en émerveillent : un territoire qui s'étend depuis la région du Canada et des Grands Lacs au Nord, jusqu'au golfe du Mexique au Sud. Il dessine un immense croissant qui développe une longueur totale de 3 500 kilomètres et atteint 1 200 de large, et, sur toute sa longueur, une chaîne de postes réunit le Canada à l'actuelle Louisiane.

Pour les Anglais comme pour les colons américains, là réside le problème. Cette zone française encercle en effet l'ensemble des colonies britanniques établies le long de la côte atlantique. Avec pour conséquence que les colons américains nouvellement arrivés du Vieux Continent, faute de pouvoir prendre la route de l'Ouest, s'entassent dans ces régions littorales. C'est pourquoi les Anglais, qui encouragent l'émigration en Amérique, veulent à tout prix s'emparer des territoires français qui bloquent leur extension. À ce vaste enjeu géopolitique s'ajoute une concurrence commerciale immédiate : l'Europe connaît une forte demande de fourrure, provoquée par un excès de chasse dans les espaces sauvages du Vieux Continent, qui se restreignent. Or, en Amérique, les territoires où piéger castor, lynx, lièvre, loup… sont inépuisables. Mais, de tout cela, Versailles ne veut rien comprendre.

Au Canada et dans la vallée de l'Ohio, Louis Antoine de Bougainville en est certain, il faudra combattre. D'ailleurs, ce conflit vient à point pour satisfaire ses désirs d'inconnu et de grands espaces ; ce pourquoi il a choisi la carrière des armes. À son retour de Londres, Bougainville a repris son poste auprès de Chevert. À la fin de l'année 1755, il bénéficie d'une promotion : le voici désormais capitaine au régiment d'Apchon dragons. C'est un bon grade pour prendre quelques responsabilités dans l'inévitable guerre en Amérique du Nord. Et il sait qu'il possède deux atouts pour y recevoir une affectation : d'une part sa connaissance du dossier, acquise en tant que secrétaire d'ambassade ; et d'autre part le fait que les quelques mois passés à Londres l'ont familiarisé avec la langue anglaise.

Bougainville voit les choses avec lucidité : en Ohio, la situation dégénère. En juin 1754, après le massacre de la patrouille française menée par Jumonville, on assiste à une escalade des affrontements. Loin de se retirer, George Washington bâtit Fort Necessity, qui ne tarde pas à être repris par des Canadiens et des Français commandés, on l'a vu, par le frère de Jumonville. Plusieurs tentatives britanniques de reprendre ce fort ayant échoué, d'Angleterre arrivent deux régiments en renfort, ainsi que l'argent et les armes nécessaires pour enrôler 2 000 miliciens. Dès lors, dans la vallée de l'Ohio, les affrontements entre Français et Britanniques se multiplient. Parce qu'ils utilisent les méthodes de combat du Vieux Continent — les fameuses batailles rangées —, les Britanniques sont vaincus par des Français pratiquant une guérilla systématique. Ce mode de combat, les Français l'ont appris de leurs alliés amérindiens. De fait — et cela va peser lourdement dans le conflit qui apparaît de plus en plus inéluctable —, la France est parvenue à s'allier avec la majorité des tribus indiennes, qui ont favorisé l'établissement des colons.

Dans le même temps, l'ancienne Acadie française, devenue Nouvelle-Écosse depuis le traité d'Utrecht (1713), connaît un drame. Les Anglais veulent obliger les Acadiens à se soumettre à la Couronne, autrement dit à accepter l'enrôlement dans l'armée britannique. Les Acadiens qui refusent sont déportés ; d'autres se réfugient au Québec ou reviennent en France. De plus, l'affrontement prend de l'ampleur au niveau maritime. La Royal Navy, non seulement cherche à instaurer un blocus de la Nouvelle-France, mais elle effectue des enrôlements forcés d'équipages sur les navires de commerce qui traversent l'Atlantique, ainsi que sur les morutiers qui fréquentent Terre-Neuve.

En ce début d'année 1756, l'Amérique du Nord est une véritable poudrière. En prévision de l'inévitable affrontement à venir, les Britanniques nomment un commandant en chef de leurs forces : le général John Campbell, comte de Loudoun. Heureusement, Versailles réagit vite, en choisissant pour généralissime Louis Joseph de Saint-Véran, marquis de Montcalm. On ne sait pas exactement les circonstances dans lesquelles Louis Antoine de Bougainville est choisi pour l'accompagner comme aide de camp. Mais on peut supposer qu'une fois la nomination de Montcalm connue, Bougainville s'est présenté comme volontaire, et que sa candidature a reçu les mêmes appuis que ceux qui l'avaient fait envoyer à Londres : Mme Hérault de Séchelles, l'oncle d'Arboulin, la marquise de Pompadour...

Le 27 février 1756, voici donc Bougainville nommé aide de camp de Montcalm. Curieuse coïncidence, c'est précisément à l'époque où il se prépare à combattre l'armée britannique que Louis Antoine a reçu d'Angleterre, le 12 janvier 1756, un courrier lui annonçant qu'il a été élu membre de la Société royale de Londres.

En mars 1756, au moment où ils se préparent à mettre à la voile de Brest pour le Saint-Laurent, Montcalm et Bougainville ne se doutent sans doute pas de la tournure que la guerre va prendre. Selon eux, elle se limitera aux territoires américains. Mais, à la même époque, d'autres événements se profilent en Europe, qui n'ont rien à voir avec la vallée de l'Ohio : la Prusse attaque la Saxe. Or, il se trouve que par un jeu d'alliances complexe, ce conflit localisé en Europe orientale amène l'Angleterre à entrer en guerre à son tour, se trouvant alors dans un camp opposé à celui de la France. Ainsi commence la guerre de Sept Ans. À l'époque, il faudrait à la fois un esprit machiavélique et une fine connaissance des mœurs diplomatiques anglaises pour comprendre que l'Angleterre veut profiter de ce conflit, qui ne concerne pourtant que le Vieux Continent, pour régler définitivement la question nord-américaine. Le but des Anglais est clair : s'assurer une mainmise totale sur l'ensemble du continent, depuis la baie d'Hudson jusqu'aux Antilles. Leur stratégie est simple : amener la France à combattre sur plusieurs fronts. En Europe, contre la Prusse (avec pour alliées l'Autriche et la Russie) ; en Inde et en Amérique, contre l'Angleterre. C'est pourquoi, lorsque la guerre s'éternisera en Europe, la France désargentée en sera réduite à oublier ses colonies. Elle sacrifiera alors le Canada, que l'Angleterre cueillera comme un fruit mûr.

L'aventure extraordinaire vécue par le soldat Louis Antoine de Bougainville au Canada est aujourd'hui bien connue parce qu'il était aussi un homme de plume et même un remarquable analyste géopolitique. Non seulement il s'astreignit à tenir un journal de campagne et écrivit de nombreuses lettres très pertinentes à son frère et à Mme Hérault de Séchelles. Mais, de plus, il consacra les longs mois d'hiver — où la neige empêche toute activité — à rédiger de passionnants mémoires sur le Canada. Grâce à Bougainville, on dispose donc d'un témoignage de première main, *a priori* sincère, pour comprendre le drame canadien. En outre, avec le récit de la traversée de Brest à Montréal, nous découvrons comment Bougainville s'est initié aux choses de la navigation. Et c'est passionnant.

Avant même que le navire quitte la France, l'aventure est déjà commencée. Car Louis Antoine n'a quitté Paris qu'une seule fois : pour découvrir Londres. C'est en s'y rendant que pour la première fois il a vu la mer, mais la traversée d'une rive à l'autre du pas de Calais ne lui a pas permis d'en comprendre grand-chose. En vérité cependant, Bougainville connaît un certain aspect de la navigation, puisque ses études de mathématiques et d'astronomie l'ont amené à lire les ouvrages de Maupertuis : l'*Astronomie nautique* et le *Traité de loxodromie tracée sur la véritable surface de la mer*[1].

Mais cela reste pures théorie et connaissance livresque ; l'élément marin lui est totalement étranger.

Le voici donc à Brest au terme d'un long voyage en diligence qui lui a fait découvrir les terres d'Armorique, à l'époque fort sauvages. Le port de Brest se limite à l'estuaire de la Penfeld, au pied du château médiéval et de la tour Tanguy. Depuis les chemins de ronde ou depuis la frégate la *Licorne*, sur laquelle il a embarqué, il admire une immense baie complètement fermée, que dominent des reliefs arrondis et tapissés de landes rousses. C'est la fin de l'hiver. En ce mois de mars, les vents s'orientent soit au secteur ouest, doux et violents, chargés de l'humidité océanique ; soit à l'est, et il fait alors plus sec, mais terriblement froid. Si la *Licorne* est mouillée assez loin du rivage, Bougainville aperçoit à l'ouest une échancrure dans les falaises : c'est le goulet, l'entrée de la rade, la porte de l'Atlantique. Veut-on se faire une idée du Brest que découvre alors Louis Antoine de Bougainville ? On lira avec profit le merveilleux roman de Pierre Mac Orlan *L'ancre de Miséricorde* et la série de bandes dessinées de Patrice Pellerin *L'Épervier*, résultat d'un travail de recherche sérieux à l'extrême. Et si on se déplace à Brest, il ne faudra pas manquer, dans la tour Tanguy, les dioramas naïfs mais bien documentés exécutés par Jim Sévellec.

En attente des vents d'amont qui autoriseront l'appareillage, Louis Antoine écrit à son frère :

> Le froid, la pluie, le vent ne me font absolument rien, et bien m'en prend car rien n'est comparable au temps affreux

qu'il fait ici. On n'est pas à son aise, j'en conviens, dans dame *Licorne*. Eh bien ! On souffre. [...] Nous sommes actuellement en rade, aux ordres du vent. Le commandant de la *Licorne*, M. le chevalier de La Rigaudière, est très aimable et un officier de la plus grande distinction. [...] Il m'a promis de m'apprendre autant de marine que faire se pourrait pendant le trajet. Le vent est aujourd'hui contraire, aussi je ne crois pas que nous partions avant deux jours[2].

Toutefois, l'esprit d'aventure maritime qui l'anime n'empêche pas Bougainville de songer à une autre affaire qui, à ce moment-là, prend pour lui une importance capitale : la publication du second volume du *Traité du calcul intégral, pour servir de suite à l'Analyse des infiniment petits, de M. le marquis de L'Hôpital*. Apparemment, tout ne se passe pas bien avec son éditeur (précisons qu'il s'agit, comme c'est très généralement le cas à l'époque, d'une édition à compte d'auteur). Il écrit donc à Jean-Pierre : « N'oubliez pas, mon cher frère, de retirer mes livres chez Prault, et faites-le attendre pour le payement autant de temps qu'il m'en a fait attendre pour me les rendre. » Mais le plus étonnant suit : c'est justement au moment où il part se battre contre les Anglais qu'il demande, « quand vous enverrez un exemplaire de ma deuxième partie à la Société royale, d'y en joindre un pour le président Milord Maulesfield, avec une lettre à ce milord, de ces lettres qui ont huit lignes et qui disent ce que vous saurez bien écrire, laquelle vous ferez traduire en anglais par Vivant, s'il est encore à Paris, ou par Clairaut ».

Enfin, des vents favorables s'établissent et la *Licorne* lève l'ancre. Nous disposons d'une ample information sur la traversée, grâce à une autre lettre adressée à Jean-Pierre depuis Montréal, peu après son arrivée. Ce texte est particulièrement intéressant parce qu'il constitue le premier écrit nautique signé de Bougainville :

> Nous mîmes à la voile le 3 avril, à cinq heures du soir, de concert avec le *Héros*. Les premiers jours de notre navigation furent admirables : beau ciel, belle mer, bon vent qui sans être trop fort nous faisait faire un grand chemin. Nous rencontrâmes fort peu de vaisseaux de guerre anglais, et aucun de ceux que nous rencontrâmes ne nous donna chasse. Le mercredi saint nous étions par notre estime aux accores du Grand Banc et vous observerez que ces mers, avec celles du cap Horn, passent pour les plus grosses qui soient au monde. Là, nous fûmes accueillis d'un coup de vent qui nous a menés tambour battant jusqu'au jour de Pâques. Force nous fut d'abandonner le *Héros* qui, étant beaucoup plus gros que nous, soutenait par conséquent beaucoup mieux et la lame et le vent, de faire vent arrière en courant vers la Martinique, de ne laisser qu'une seule voile dehors avec laquelle toute seule nous fîmes 87 lieues en vingt-quatre heures en surmontant des lames plus hautes que notre navire. Pendant les heures que dura ce coup de vent, il était impossible ni de manger, ni de dormir, le roulis était insoutenable, à tout moment les coups de mer nous remplissaient d'onde salée, et deux fois nous eûmes notre gaillard d'arrière engagé dans l'eau. Enfin le jour de Pâques vint et avec lui un beau soleil, un temps et une mer calmes, une chaleur d'été. Nous étions par le 38e degré de latitude. Tout fut oublié et la joie revint dans tout l'équipage. Depuis, nous avons presque toujours eu vent favorable. Nous n'avons eu à combattre que les bancs de glace dont une fois nous comptâmes 16 autour de nous, et les brumes du Grand Banc aussi froides que la glace. Nous sommes entrés dans

Québec le 38ᵉ jour de notre départ ; traversée d'une brièveté incroyable presque [...]. J'ai oublié de vous dire que je n'ai été incommodé du mal de mer que les deux premiers jours. Du reste, même pendant les plus gros temps je me suis mieux porté qu'à terre, ayant un fort gros appétit et pas le moindre ressentiment d'asthme[3].

Ce récit nous en dit considérablement sur Bougainville. D'abord, pour qui sait ce que naviguer signifie, on découvre un personnage peu sensible au mal de mer : l'heureux homme ! Et comme les marins le savent bien, lorsqu'en mer on n'est pas incommodé, on a en revanche très faim : le futur circumnavigateur n'échappe pas à la règle. Ensuite, il apparaît que le capitaine de la *Licorne* a tenu la promesse faite à son passager : lui « apprendre autant de marine que faire se pourrait ». Ayant la chance de ne pas être incommodé et donc de se trouver intellectuellement dispos, Bougainville a enregistré beaucoup de choses. Le vocabulaire dont il use le démontre. Comme un marin, il parle de lames et non de vagues ; il évoque un gaillard d'arrière engagé dans l'eau et non submergé par l'eau. En revanche, la phonétique lui joue des tours : les navigateurs ont sûrement parlé d'un appareillage « de conserve avec le *Héros* », une expression devenue « de concert avec le *Héros* ». Or la signification maritime de l'expression n'est pas la même. En effet, « de concert » signifie que les deux bâtiments se sont accordés pour appareiller au même moment (ils se sont concertés pour prendre la décision), alors que « de conserve » signifie qu'ils ont l'intention d'effectuer la traversée ensemble, en vue l'un de l'autre, prêts à se porter mutuellement assistance. Mais tout cela n'est que détails, nous voici au Canada.

Montcalm et ses troupes se trouvent donc à pied d'œuvre. Comment les choses se présentent-elles ? Tel qu'on le connaît aujourd'hui, le rapport des forces en Amérique se trouve nettement déséquilibré au désavantage de la France qui aligne 6 000 hommes de troupe, plus 15 000 miliciens, appuyés par une flotte de 45 vaisseaux et 30 frégates ; tandis que l'Angleterre dispose déjà de 12 000 hommes de troupe, plus 20 000 miliciens, avec 89 vaisseaux et 70 frégates[4]. Et elle en recevra encore ! La situation clairement défavorable de l'armée française par rapport à l'ennemi ne laisserait pas imaginer qu'en 1756-1757 Montcalm remporte des victoires fameuses grâce aux techniques de guérilla évoquées plus haut ! De plus, l'homme est apprécié de ses troupes. C'est encore l'époque heureuse de la guerre du Canada, ce qui amène Bougainville à écrire à son frère : « Je vis à merveille avec mon général. Il réussit beaucoup ici. Tout le monde l'aime et montre une grande ardeur à marcher sous ses ordres. M. le marquis de Vaudreuil me témoigne toutes sortes de bontés. »

Vaudreuil est le gouverneur général du Canada, qui ne va pas tarder à se montrer moins attentionné. De fait, dès son arrivée, Montcalm constate que la première urgence est de maintenir à tout prix la communication entre les rives du Saint-Laurent dont l'estuaire permet de communiquer avec la France, et la vallée de l'Ohio qui assure la liaison avec les possessions du Sud. Or cette communication est menacée par la présence du fort britannique d'Oswego (dit aussi Chouagen), situé sur la rive sud-est du lac Ontario. Sans attendre que les Anglais lancent une offensive, les Français attaquent les premiers. Le 14 août, ils emportent la place. Pour Louis Antoine, c'est le baptême du feu, qu'il raconte avec la sobriété d'un homme modeste :

> Les ennemis ont fait un feu très vif toute la nuit et surtout la matinée. Notre batterie n'a pu tirer que fort tard et avec très peu de pièces. Ordre donné à M. de Rigaud d'aller avec les Canadiens et les sauvages passer la rivière, à trois quarts de lieue, et harceler les ennemis. À neuf heures, le colonel Mercer, qui commandait dans Chouagen, a été tué. Une heure après, les ennemis ont arboré le pavillon blanc et deux officiers sont venus faire des propositions pour capituler. J'ai été envoyé pour poser les articles [les conditions de la reddition] et rester en otage[5].

Lors de cette première bataille, Louis Antoine a effectivement montré les meilleures dispositions pour les fonctions qui l'attendent, puisque Montcalm écrit au ministre de la Guerre :

> Vous ne pourriez croire les ressources que je trouve en lui. Il est en état de bien rendre ce qu'il voit. Il se présente de bonne grâce au coup de fusil, article sur lequel il a plus besoin d'être contenu que d'être excité. Ou je serai bien trompé ou il aura la tête bien militaire quand l'expérience lui aura fait entrevoir la possibilité de difficultés. En attendant, il n'y a guère de jeune homme qui, n'ayant eu que de la théorie, en sache autant que lui[6].

Bougainville n'est donc pas seulement une tête, mais un vrai baroudeur — et on songe à la salle d'armes qui s'improvisait le soir à Paris, rue Vieille-du-Temple, chez le chevalier de Chailly.

Bougainville a d'autant plus de mérite à se montrer hardi combattant qu'il se trouve plongé dans un univers non seulement exotique, mais réellement hostile. D'abord il découvre le climat estival du Canada, chaud et orageux, particulièrement pénible à supporter. Et encore... la touffeur ne serait rien s'il n'y avait pas, en plus, les redoutables maringouins, ces mouches microscopiques qui vous mordent partout, chacune des plaies minuscules qu'elles infligent s'infectant à toute vitesse. Une horreur insoupçonnable tant qu'on ne l'a pas vécue ! Tout de suite aussi, le jeune homme né et élevé à Paris constate qu'il ne connaît même pas la vie à la campagne, et *a fortiori* encore moins la nature sauvage. Et celle-ci se montre redoutable. En débarquant au Canada, il plonge d'un coup dans ce qu'il appelle « le bois », une forêt presque impénétrable dans laquelle on s'égare en quelques minutes et dont il est parfois impossible de ressortir. Alors on meurt vite d'épuisement, à moins que ça ne soit sous les griffes et la mâchoire d'un ours ou d'un carcajou, le redoutable glouton qu'une intelligence féroce amène à s'attaquer à l'homme. Dans la forêt canadienne, aucun soldat anglais ou français ne peut pénétrer sans guide. Et ces guides, ce sont les Indiens, alliés des Français contre les Anglais. Devant leur indicible barbarie, Louis Antoine va découvrir le comble de l'horreur. La cruauté, le mépris de la vie dont ces Amérindiens font preuve sont tels que les soldats doivent s'interposer, avec violence parfois, pour protéger les Anglais vaincus contre les Indiens. Drôle de guerre, vraiment :

> Soyez bien persuadé, mon frère, que nous avons frémi de l'horrible action des sauvages après la capitulation. Le spectacle en fut affreux. La peinture seule ferait frissonner et la peinture serait mille fois au-dessous de la chose même. Hélas ! votre frère demeurera-t-il encore longtemps au milieu des barbares ? Sans doute le général et les officiers français ont exposé leur vie pour sauver celle des malheureux Anglais. Nous avons partagé avec eux le peu que nous avions, ils le publient et s'en louent. Mais ces sauvages et ces autres plus que sauvages sont nos alliés et leur infamie souille notre gloire[7].

En tout cas, ce n'est pas Bougainville qui se laissera prendre au mythe du « bon sauvage » et on imagine quelle situation morale sera la sienne le jour où il se retrouvera naturalisé Iroquois ! Il écrira à Mme de Séchelles :

> J'ai beaucoup étendu votre famille et, sans vanité, je vous ai donné d'assez vilains parents. Les Iroquois du Sault-Saint-Louis ont naturalisé votre enfant adoptif et l'ont nommé *Garoniatsigoa*, c'est-à-dire le Grand Ciel en courroux. Mon air céleste a donc l'air bien méchant. Ma nouvelle famille est celle de la Tortue, la deuxième pour la guerre, mais la première pour les conseils et l'éloquence. Vous reconnaîtrez dans ce choix le frère d'un académicien et le prétendant à l'être[8].

Tout cela n'empêche pas le militaire de se comporter comme un ethnologue des siècles à venir, accumulant les détails sur la vie quotidienne des diverses tribus qu'il fréquente :

> Nous avons trouvé de plus, avec les Outaouais, des Sauteux de la pointe de Chagoamigon... et trois Micmacs. Tous ces sauvages passent le temps où ils sont arrêtés à se baigner et à se divertir. Ils nagent comme des poissons, plongent et restent longtemps sous l'eau. [...] Les sauvages des pays d'en haut sont, de tous, les plus superstitieux. Il faut être extrêmement sur ses gardes pour ne rien faire de ce qu'ils regardent comme présages funestes. Par exemple, si on touchait aux armes d'un guerrier qui va en parti, il se croirait menacé de périr et ne prendrait aucune part à l'expédition[9].

À la misère physique et à l'horreur des combats va bientôt s'ajouter l'atmosphère délétère qui s'est instaurée dès la victoire de Chouagen. Car le marquis de Vaudreuil cherche à évincer Montcalm de son succès militaire. La jalousie dont fait montre le gouverneur général du Canada est la première manifestation d'un désaccord définitif entre les deux personnages. Cette mésentente n'a rien que de très normal. Pour Vaudreuil, dont la famille est canadienne depuis le siècle précédent, et dont le père était avant lui gouverneur du Canada, Montcalm apparaît comme un intrus qui n'a aucune légitimité à commander ici. L'homme du pays connaît depuis toujours le terrain et la façon particulière dont on y fait la guerre ; il maîtrise notamment le comportement des miliciens canadiens et des alliés indiens. En revanche, Vaudreuil ne possède pas de formation militaire classique. Or, pour faire face aux Anglais qui se battent selon les méthodes du

Vieux Continent, cela paraît utile si l'on veut comprendre leurs intentions. Le plus grave reste que Versailles n'a délivré aucun ordre précis fixant les champs de compétence de chacun des deux hommes, qui se trouveront donc pour ainsi dire toujours en situation conflictuelle.

Bougainville a rapidement à souffrir de cette mésentente, et ce d'autant plus que sa situation semble assez particulière. Le tout jeune aide de camp du maréchal n'est pas un simple capitaine ; tout le monde sait qu'il connaît du monde en haut lieu, qu'il a exercé des fonctions diplomatiques... Son statut paraît certes avantageux, mais pas forcément confortable. Bougainville le subit tout particulièrement lorsque le beau-frère de Mme Hérault de Séchelles, Peyrenc de Moras, est nommé secrétaire d'État à la Marine. Dans une lettre adressée à sa mère adoptive le 20 septembre 1757, Bougainville se livre :

> Le changement dans le ministère de la Marine m'a procuré ici nombre de révérences auxquelles j'ai répondu par d'autres révérences. Je n'en suis cependant pas mieux avec M. le marquis de Vaudreuil. J'ignore ce qui l'a indisposé contre moi ; mais il l'est beaucoup. Est-ce parce que je vois trop clair, parce que les apparences ne m'éblouissent pas, parce que je commence à être un peu plus instruit ? Est-ce aussi parce que je suis attaché à mon général ? Car il a trouvé mauvais cet attachement à une personne à laquelle mon devoir me lie[10].

L'aide de camp du maréchal de Montcalm est lucide : au bout de quelques mois, le jeune officier a compris bien des choses, comme on peut s'en rendre compte à la lecture du *Mémoire sur l'état de la Nouvelle-France*, rédigé en 1757. Pour comprendre la guerre du Canada, pour cerner pourquoi quatre années se sont écoulées entre l'arrivée de Montcalm et la reddition définitive des Français, il faut garder à l'esprit le climat si particulier du Québec. D'aucuns affirment que cette contrée ne connaît que deux saisons : l'hiver et l'été, au mois de juillet. C'est un peu exagéré bien sûr, mais il n'en demeure pas moins vrai que, nonobstant les splendeurs de l'été indien, en dehors d'un court été, l'intersaison est faite de pluies diluviennes et l'hiver de neige si épaisse accompagnée d'un froid si vif qu'il n'est plus question de rester dehors. Chacun se calfeutre, la guerre devient tout simplement impossible. De plus, chaque hiver, le fleuve Saint-Laurent, par lequel transitent les communications avec l'Europe, est pris par les glaces ; la navigation est stoppée jusqu'à la débâcle qui survient tard au printemps.

La guerre a beau devenir impossible en hiver, un autre ennemi guette alors les belligérants : le cafard et l'oisiveté. On imagine le sentiment d'isolement absolu, lorsque vous séparent des vôtres le froid et la glace, avant même de songer à l'Atlantique ! Ce n'est pas avant la débâcle du printemps 1757 que Bougainville apprend le décès de son père, survenu à la fin de l'année 1756. De l'oisiveté, Louis Antoine saisit vite le danger. « L'hiver a été et est encore fort rude, écrit Bougainville. On a joué les jeux de hasard avec fureur. L'intendant a perdu des sommes immenses, les officiers ne s'en trouvent pas mal. À Montréal, un officier de la colonie a ruiné son beau-frère, exemple réservé à ce climat barbare. Il paraît que les chefs maintenant se repentent d'avoir toléré ces jeux que M. de Montcalm voulait empêcher et sur lesquels il a fait plusieurs fois ses représentations. »

À cet ennemi de l'intérieur s'en ajoute un autre, sordide celui-là : le petit monde des prévaricateurs et des concussionnaires. Au Canada, le ravitaillement de la colonie et des troupes fait l'objet de monopoles, avec pour conséquences une flambée des prix qui met la population et les militaires eux-mêmes dans la gêne. Stupéfait, Bougainville découvre que ces commerçants interfèrent dans les décisons militaires elles-mêmes ! Il s'en confie à Mme de Séchelles :

> On a fait le détachement de M. de Rigaud beaucoup plus considérable que ne le demandait l'exécution de ce dont il était chargé : consommation inutile de vivres. Mon général avait ensuite proposé une recherche de grains dans les côtes dès la fin de l'hiver. Ce n'était point l'intérêt des munitionnaires. Elle a été rejetée[11].

Et dans le *Journal de l'expédition d'Amérique*, il précise :

> La Grande Société envoie à 15 et 20 lieues en mer des commissionnaires qui achètent la cargaison de tous les vaisseaux qui viennent à Québec. C'est ainsi qu'en se rendant maîtres de toutes les denrées et marchandises d'un pays ces insatiable sangsues imposent le tarif et tiennent notre vie même à leur discrétion[12].

C'est seulement après la guerre, lorsqu'ils seront condamnés en France, qu'on mesurera l'énormité de leurs détournements : l'intendant Bigot dut restituer 1,5 million de livres, et fut banni à vie ; le munitionnaire Cadet, 6 millions, et fut banni pour neuf ans[13] ! Quel est donc ce conflit dans lequel un corps expéditionnaire non seulement ne reçoit pas de renforts, mais manque de ravitaillement parce que des spéculateurs officiellement nommés font fortune ?

En 1757, les Anglais échouent dans leur tentative de prendre la forteresse de Louisbourg, qui présente un intérêt stratégique considérable. Mais l'intervention de la Marine française met à mal ce projet. Donnant sur la mer à la hauteur de l'estuaire du Saint-Laurent, non soumise aux glaces hivernales (à la différence du fleuve), elle constitue une porte d'entrée du Québec et contrôle les zones de pêche françaises. De plus, Montcalm profite de ce que l'armée britannique est fixée près de Louisbourg pour renforcer les positions françaises au niveau des Grands Lacs.

C'est en 1758 que les Anglais prennent le dessus. En effet, outré par l'avantage qu'ont acquis les Français, le gouvernement britannique nomme un nouveau commandant et, surtout, il consent un effort important. Non seulement il dépêche de nouveaux renforts, mais la Royal Navy établit un blocus efficace qui interdit l'arrivée de toute aide française. Dès la fin de l'hiver, le général Abercromby lance une campagne simultanée sur trois axes : Fort

Carillon, Louisbourg et Fort Duquesne. Pour l'armée française, en nette infériorité numérique comme on le sait, commence alors une guerre de mouvement et de guérilla épuisante, héroïque, mais efficace. La bataille de Fort Carillon en est un exemple superbe puisque, avec 3 000 hommes, Montcalm parvient à stopper une armée constituée de 7 000 soldats réguliers et 9 000 miliciens américains. Il est vrai qu'elle avait eu le tort de vouloir agir comme en Europe, en ordre serré... alors que les troupes françaises continuaient à se battre « à la canadienne », c'est-à-dire selon les méthodes apprises des Indiens. Mais de quel prix ces quelques succès se payent-ils ! Dans une lettre à son frère, Louis Antoine se confie : « Pour moi, je suis fatigué de la campagne. Depuis mon arrivée en Canada j'ai fait près de 500 lieues. Ces voyages continuels, la mauvaise nourriture, les veilles fréquentes, les nuits passées dans les bois à la belle étoile, les courses avec les sauvages ont un peu altéré ma poitrine, j'ai même craché du sang à la fin du mois dernier et cette nuit encore que j'ai passée au milieu de l'eau dans le chemin de Montréal à Québec j'ai eu une attaque d'asthme[14]. » Mais cette guerre éprouvante est efficace, ajoute-t-il dans la même lettre, où il évoque la prise de Chouagen, le 14 août : « Nous avons eu beaucoup de malades et M. de Montcalm a sa santé fort dérangée. Il faudrait en effet un corps de fer pour ne pas se ressentir de ces fatigues. Je continue à bien vivre avec mon général. Il me comble de bontés ; je fais aussi tout mon possible pour le satisfaire ; il doit être content de sa campagne.

Elle a été heureuse et même brillante, puisque partout très inférieurs en nombre nous avons enlevé aux Anglais une des places les plus importantes de ce pays et qu'ils n'ont pu nous entamer en aucune partie. »

À Louisbourg en revanche, pas question de guerre de mouvement et de guérilla puisqu'il s'agit de défendre une forteresse. Pour cette nouvelle tentative, la Royal Navy débarque 14 600 hommes qui établissent un siège drastique. Au bout de six semaines, la garnison de Louisbourg se rend, tandis que dans la région des lacs et la vallée de l'Ohio, Fort Frontenac puis Fort Duquesne sont pris facilement, du simple fait de l'immense supériorité numérique britannique. C'est donc bien l'hiver qui va faire durer la résistance française. Ainsi, à l'automne 1758, lorsque l'hiver se prépare à immobiliser Français et Anglais sous la neige, le destin des Français est déjà fixé pour l'année suivante. Comme Louisbourg est désormais anglaise et que la Royal Navy tient l'estuaire du Saint-Laurent, la France ne peut plus envoyer de renforts. La frontière ouest elle-même est bloquée.

À l'automne 1758, dans l'espoir d'un miracle, Montcalm depêche toutefois Bougainville à Versailles pour y mendier des renforts. Il ne pouvait exister meilleur ambassadeur : le jeune officier connaît parfaitement le dossier et possède l'entregent nécessaire pour le faire connaître. Mais tout se ligue contre Montcalm et son envoyé. À commencer par le fait que Vaudreuil aussi dépêche un émissaire. Officiellement, il s'agit de diviser les risques. En réalité, les deux chefs n'ont pas du tout la même vision de la stratégie à adopter pour tenter de sauver la Nouvelle-France. Vaudreuil ne veut pas envisager que la supériorité en nombre des Anglais empêche de garantir l'intégralité des territoires français. Montcalm estime que les forces dont il dispose ne lui permettent que de tenir la vallée du Saint-Laurent. Sauf si on lui envoie des renforts en nombre.

Pour Bougainville, la traversée qu'il va accomplir, en cet automne bien avancé de l'an 1758, aura une importance déterminante pour ses projets à venir. Dans son *Mémoire depuis le 15 novembre 1758*, il évoque une navigation cataclysmique en peu de mots, mais qui veulent beaucoup dire : « Je partis de Québec le 15 septembre dans un corsaire de 18 canons, nommé la *Victoire*, pour aller rendre compte à la cour de la situation du Canada et solliciter des secours. La traversée fut de cinquante-deux jours, le temps détestable. Deux vœux faits par l'équipage attestent qu'il ne fit pas beau. » Et si ce n'était que cela ! car il ajoute : « Presque pris à l'atterrage, nous n'échappâmes aux corsaires que par les risques d'un naufrage sur les Sorlingues. »

Heureusement, car le récit en vaut la peine, il existe une version détaillée de ce voyage : le précieux *Journal de navigation de Québec en France*. On y trouve d'abord des précisions d'ordre technique sur la *Victoire* : « Corsaire construit à Saint-Malo, percé pour 24 canons, monté de 18, du port de 150 tonneaux[15]. » Il s'agit donc d'un tout petit bâtiment, vraisemblablement un brick dont la coque n'atteignait pas les 30 mètres de long. Et surtout, voici un vrai récit de mer décrivant une traversée pour le moins difficile, dont Bougainville analyse parfaitement les dangers tels que le commandant de la *Victoire*, sans doute, les commente. Le passager ne le nomme jamais et pourtant une solide sympathie s'établit entre eux. L'homme s'appelle Nicolas Pierre Duclos-Guyot, c'est un navigateur de Saint-Malo qui bourlingue depuis sa plus tendre enfance : un authentique loup de mer.

Ce texte est donc très riche d'enseignements. Bougainville découvre ainsi qu'il existe de grandes différences de mentalité entre les navires armés en course et les bâtiments militaires.

> Le capitaine de notre navire a fait la répartition de l'équipage en cas de combat. Nous avons été obligés de mettre 2 canons à la cale, n'ayant de monde que pour en servir 16. Ma place a été marquée sur le gaillard d'arrière. À cinq heures, le vent de S.O. ayant fraîchi et la marée baissant, nous avons appareillé, le plein de la lune dans un ciel serein nous permettant de gouverner à vue des terres. L'*Outarde*, en sa qualité de vaisseau du roi auquel il est défendu de naviguer la nuit en rivière, est restée à l'ancre.

Un passager de marque réquisitionné comme canonnier ; deux pièces d'artillerie sans servants transformées en lest permettant au navire de tenir plus de voilure ; naviguer de nuit sur un fleuve... Bougainville découvre la hardiesse des corsaires malouins !

Par ailleurs, le récit prend les formes d'un journal

de mer, dans lequel Bougainville note scrupuleusement les combinaisons de voilure portées et les évolutions du vent, dont il a intégré les expressions décrivant sa force. Mais, dans le même temps, ses descriptions sont vivantes et non dénuées d'humour. Un exemple :

> Du jeudi au vendredi 24
> Les vents ont continué du S. au S.O. grand frais jusqu'à six heures qu'ils sont venus à l'O. et à l'O.N.O., grand vent ; temps très couvert, de la pluie juqu'à minuit. On a gouverné à l'E.1/4S.E. mais, ne pouvant pas tenir par rapport à la mer et à la tourmente, le capitaine a fait fuir à la lame.
> À midi : route estimée est l'E.5d.N., 57 lieues 1/3. Latitude estimée : 47°. Longitude estimée : 337° 40'.
> Comme nous prenions notre route par le N. des Açores, il faut s'attendre à des mers plus grosses et des vents plus lourds encore. Dans cette saison surtout la navigation y est affreuse, mais elle est plus prompte que par le S. et on court moins de risques d'y rencontrer des ennemis. Nous souffrons dans cette misérable machine au-delà de ce qu'on peut exprimer. Le roulis est horrible et continuel. On ne sait où se mettre ni comment se tenir. On est en danger de se rompre le col à chaque instant. Les coups de mer, qui se succèdent presque sans relâche, nous inondent de cette vilaine eau salée. Ajoutez qu'il n'est plus question de chaudière ; que nos bestiaux et volailles meurent en foule. Je ne parle pas de l'humidité et du froid qu'il faut endurer sans feu et toute la journée à l'air. Détestable position et qui serait un supplice très proportionné à des crimes même considérables.

Toujours à propos du mauvais temps enduré, pour la journée du dimanche 26 au lundi 27 on peut lire :

Nous avons été cette nuit horriblement ballottés. Je le donne en cent à l'imagination la plus féconde en idées importunes, elle ne pourrait esquisser tous les insupportables détails de notre position. Le despotique roulis tyrannise non seulement notre vie, nos mouvements, nos attitudes, notre repos ; il faut encore lutter contre lui à chaque morceau que l'on veut manger et quelque besoin qu'on ait à satisfaire.

Ici encore, ceux qui savent ce que naviguer veut dire apprécieront la justesse et la sincérité du propos.

Et si le *Mémoire depuis le 15 novembre 1758* signale que « deux vœux faits par l'équipage attestent qu'il ne fit pas beau », le détail de l'affaire ne manque pas d'intérêt. De fait, concernant une période qui a duré cinq jours, Bougainville raconte :

Les vents ont continué tout ce temps du S.E. à l'E., tempête continuelle ou presque continuelle. Nous sommes restés en travers ou à la cape tantôt à sec, tantôt sous deux focs. Que le temps est long dans une position aussi violente que critique ! Le vendredi l'équipage fit un vœu et se cotisa pour une messe solennelle à l'arrivée à la première terre afin d'obtenir changement de temps. Qu'on juge par cette démarche de cette gent indévote combien notre situation était mauvaise.

Encore le pire n'est-il pas atteint, puisque quelques jours plus tard :

La mort était devant nos yeux et quelle mort ! Car jetés à la côte dans une tourmente pareille il n'y avait aucune expérience de salut. Le marin fait des vœux quand il n'a plus d'autre ressource, on en fit donc un. L'équipage voua d'aller processionnellement nu-pieds et en chemise entendre la messe déjà promise...

Le navire échappe à d'autres périls encore, car non seulement le mauvais temps contrarie sa route et le met en danger, mais un défaut du compas de route les fait suivre des caps erronés, avec des conséquences énormes : « Le dimanche à minuit nous sondâmes et trouvâmes 70 brasses fond de sable fin, tacheté de noir et vaseux. Toutes les sondes que nous eûmes jusqu'à lundi à midi furent de 70 à 60 brasses et toutes de la même espèce, excepté celles qui nous donnèrent fond de gros gravier mêlé de pierres de diverses couleurs et luisantes. Or ces deux fonds conviennent également aux approches de Belle-Île dans le Cul-de-Sac et à celles des Sorlingues à l'ouvert de la Manche. » En latitude, on mesure une différence de 160 milles nautiques (près de 300 kilomètres!) entre ce qu'on appelle aujourd'hui Belle-Île-en-Mer et les îles Scilly! Tout les portait à croire qu'ils se trouvaient devant la Bretagne sud; en fait, ils avaient déjà commencé à entrer dans le canal de Bristol, infesté de corsaires anglais!

Au terme de cette navigation épique, Bougainville débarque à Morlaix (côte nord du département du Finistère) le 20 décembre 1758[16] et prend sans tarder la route de Paris. On peut imaginer que, dans la diligence qui l'emporte de relais en relais, il songe à tous les rapports qu'il a fait parvenir à Versailles ces derniers mois. Il ne veut pas imaginer que son ministre n'ait pas pris la mesure de ce qui se joue au Canada. À la cour, l'accueil est chaleureux : c'est un air d'aventures lointaines que fait souffler sur elle l'envoyé de Montcalm. On l'écoute argumenter, non seulement l'envoi de renforts au Canada, mais — pourquoi pas ? — une opération de diversion menée en Caroline. Tout cela est bien beau, mais il n'obtiendra rien de concret. Plus grave, Bougainville constate qu'il doit se méfier de tout le monde. Il communique donc avec Montcalm par courriers chiffrés ! En témoigne cette missive :

> Blaye, 18 mars 1758.
> (Pour vous seul)

21. 425*. 264.36. 513. 568. 628. 312. 433*. 453*.
L'incorporation de la milice approuvée et recom-
223. 10. 37. 568*. 300. 10. l2. 568*. 37. 568. 431*.
mandée retraite à la Louisiane admirée, non
14.5.97.207.449.568*.10. 476.204. 266.29.618.12.
acceptée.
691. 568*. 449. 35. 1. 433* 615. 312. 480. 71.
Officier d'artillerie remis à la suite de nous M. de
200.
Vallier sans crédit.
667. 37. 568. 43l*. 10. 447*. 42000. 75. 24000.
Votre traitement 42000 M. le chevalier de Lévis
76.18000. 643.616.433*. 326. 10. 3. 39. 15. 447*. 5.
24000. M. de Bourlamaque 18000 troupe suivant la
628. 312. 75. 417. 34. 312. 35. 357. 12. 359. 537.
dernière augmentation de M. Bigot, hardes envoyées
440. 362. 336. 359. 230. 541. 41. 312. 83.
pour leur être données aux prix de la France[17].

Mauvaise surprise ? Mais depuis le Canada, on ne soupçonnait pas non plus à quel point, en Europe, la guerre était difficile aussi. De plus, le ministre de la Marine n'est plus M. de Moras, le beau-frère de Mme Hérault de Séchelles. Dans le *Journal de l'expédition d'Amérique*, on lit donc :

> Mon voyage fut heureux pour moi puisque j'obtins un brevet de colonel et la croix de Saint-Louis. Cette dernière grâce me fut accordée par Sa Majesté elle-même, le maréchal de Belle-Île ne m'ayant proposé sur la feuille que pour un brevet de colonel. Mme de Pompadour me marqua les plus grandes bontés et, comme elle était alors Premier ministre, je travaillai souvent avec elle sur l'objet de ma mission. Je ne réussis pas, à beaucoup près, aussi bien pour la cause commune que pour mes intérêts particuliers. M. Berryer qui, de lieutenant de police de Paris, avait été fait ministre de la Marine ne voulut jamais comprendre que le Canada était la barrière de nos autres colonies et que les Anglais n'en attaqueraient jamais aucune autre tant qu'ils ne nous auraient pas chassés de celle-là. [...] Ce ministre aimait les paraboles et me dit fort pertinemment qu'on ne cherchait point à sauver les écuries quand le feu était à la maison. Je ne pus obtenir pour ces pauvres écuries que 400 hommes de recrue et quelques munitions de guerre[18].

400 hommes ! Selon Charles de La Roncière, Bougainville aurait répondu au ministre : « On ne dira pas, du moins, Monsieur, que vous parlez comme un cheval[19] » et seule l'intervention de Mme de Pompadour aurait calmé la fureur du ministre. Mais n'est-ce pas ce même Berryer qui propose le projet de débarquement en Angleterre, avec pour conséquence le désastre de la bataille des Cardinaux (20 novembre 1759), qui réduit presque à néant la flotte ? Les « pauvres écuries », en effet, vont tomber aux mains des Anglais.

Le même *Journal de l'expédition d'Amérique* donne le récit du retour :

> Je pris congé à la fin de février et me rendis à Bordeaux pour m'y embarquer sur la *Chézine*, frégate de 26 canons, faisant partie d'une flotte de 23 voiles que le Sr Cadet, munitionnaire du Canada, avait armée pour y apporter des vivres. Je fis à Blaye la revue des 400 hommes de recrue destinés à la colonie ; ils s'y embarquèrent sur la flotte du munitionnaire et nous mîmes à la voile à la fin de mars. Huit jours après, je quittai la flotte et fis route seul. Nous fûmes arrêtés vingt-deux jours entre le cap de Ray et le cap de Nord, enclavés dans les glaces, et nous arrivâmes à Québec le 10 mai. Le reste de la flotte y arriva quelques jours après et bientôt on eut nouvelles de l'armée navale des Anglais qui venaient faire le siège de Québec.

Par ailleurs, une lettre à Mme Hérault de Séchelles, écrite à Montréal le 16 mai 1759, apporte cette précision complémentaire : « Les Anglais ne me prendront jamais, m'ayant manqué cette fois. J'avais quitté la flotte à 200 lieues des atterrages de France pour faire seul ma route[20]. » Mais ce que Bougainville ne précise pas, c'est que le commandant de la *Chézine* n'est autre que le capitaine malouin Nicolas Pierre Duclos-Guyot, avec lequel il a fait la traversée du Canada en France, et a tant appris, tout en liant des rapports d'amitié solide. Ni lui-même ni Bougainville ne peuvent alors imaginer quelles prodigieuses aventures ils vivront ensemble dans les années qui viennent.

Terrible printemps 1759. Peu après que la flotte française a atteint Québec, une flotte britannique, transportant un corps d'armée nombreux, remonte le Saint-Laurent et établit un siège en règle. Mais les 15 000 Français qui tiennent la forteresse opposent une résistance farouche jusqu'au mois de septembre. C'est alors que les Anglais mènent une attaque dans une zone mal défendue, ce qui oblige les défenseurs de la forteresse à faire une sortie ; ce sera la défaite française des Plaines d'Abraham, durant laquelle Montcalm est mortellement blessé. Pour l'armée française, le choc est rude, et pour Louis Antoine de Bougainville, la douleur immense. Le 18 septembre, Québec doit se rendre. Par ailleurs, dans le courant de l'été, Fort Carillon ainsi que tous les postes de la vallée de l'Ohio ont été emportés par les Anglais. Les lacs George et Champlain sont contrôlés, et seule l'arrivée de la mauvaise saison décide les Anglais à reporter l'attaque de Montréal à l'année suivante. En 1760 pourtant, avant même la fin réelle de l'hiver, une offensive est menée par les Français avec quelque succès aux portes mêmes de Québec. Mais avec l'arrivée d'une nouvelle flotte anglaise sur le Saint-Laurent, tout espoir est abandonné, et la ville de Montréal est directement menacée à son tour. Elle capitulera le 8 septembre.

Le 22 septembre 1759 Bougainville écrit à Mme Hérault de Séchelles :

> J'ai deux mois défendu la communication, contre une escadre et des forces bien supérieures à ce que j'avais, avec 350 hommes. J'en ai, deux fois en un même jour, repoussé 1 500 et leur en ai tué ou blessé 300. Après la défaite du 13 septembre, j'ai couvert la retraite de notre armée, et quand

Québec a capitulé je n'en étais qu'à trois quarts de lieue, et je me jetais dedans la nuit suivante avec un corps d'élite qui l'eût pu sauver. Maintenant, on m'a confié une réserve de 1 200 hommes et je continue une campagne pénible, puisque nous y avons été trois mois au bivouac, sans savoir quand, comment elle finira et si l'hiver, avec les glaces, nous amènera quelque repos[21].

Depuis maintenant longtemps, Bougainville a tout compris : en France, le sentiment officiel est ainsi résumé par Voltaire, qui fait dire à un des personnages de *Candide* : « Vous savez que ces deux nations sont en guerre pour quelques arpents de neige vers le Canada, et qu'elles dépensent pour cette belle guerre beaucoup plus que tout le Canada ne vaut. » Une fois l'Angleterre victorieuse, Voltaire écrira d'ailleurs au comte Gabriel de Choiseul, secrétaire d'État aux Affaires étrangères : « J'aime mieux la paix que le Canada et je crois que la France peut être heureuse sans Québec[22]. » Dans son *Mémoire sur le Canada*, en janvier 1759, Bougainville avait argumenté par avance :

On n'en connaît pas encore les richesses, les plus beaux endroits ne sont pas encore établis, la gloire du roi semble exiger qu'on conserve un pays si étendu malgré les dépenses immenses qu'on y fait ; [...] il serait même facile à ceux qui ont connaissance des finances de montrer que le commerce et la consommation des denrées qui se fait en Canada produit au roi en temps de paix beaucoup plus qu'il ne dépense.

Il insiste :

Faut-il compter pour rien que d'empêcher une nation rivale de s'agrandir, d'établir sur les mers un empire despotique et de s'emparer de tout le commerce ? Les Anglais, une fois maîtres du Canada, prendront nécessairement la Louisiane, les îles, parce que, n'étant plus inquiétés par les habitants du Canada, ils porteront toutes leurs forces du côté des îles, qui sont pour la France un objet important[23].

Cela ne se fera pas, et Bougainville n'aura dès lors plus qu'une idée en tête : créer un nouveau Canada. Reste à déterminer où.

Une colonie française aux îles Malouines
(1761-1766)

Bougainville achève son *Journal de l'expédition d'Amérique* sur ces phrases :

> On me fit l'honneur de me proposer le gouvernement de Cayenne, dont je remerciai, ayant alors un projet qu'il m'a été permis d'exécuter. L'Angleterre, maîtresse du Canada, par le traité de paix ; de la mer, par une marine incomparablement plus forte que celles réunies de toutes les puissances de l'Europe, me parut n'avoir plus à désirer que les établissements de la mer du Sud. S'emparant avec eux des sources de l'argent, elle effectuait ce projet de monarchie universelle faussement imputé à Louis XIV. Anson avait conseillé à sa nation de s'établir aux îles Malouines, que leur position rend la clé de la mer du Sud. Qu'avaient à faire autre chose les Anglais dans l'intervalle d'une paix telle quelle que de s'emparer d'un entrepôt qui les mît dans le cas au premier mouvement de guerre d'être les arbitres de l'Europe ? J'ai cru que la France devait les prévenir et j'ai obtenu la liberté de faire à mes dépens et à ceux de MM. de Nerville et d'Arboulin, l'un mon cousin germain et l'autre mon oncle, la reconnaissance de ces îles et un établissement qui en assurât à la France la possession. Ainsi donnait-on autrefois aux zélés la permission de vendre leur bien pour le voyage de la Terre-Sainte. Je partis de Saint-Malo, le 22 septembre 1763, avec les frégates l'*Aigle* et le *Sphinx*[1].

Le retour du Canada, en cet automne 1760, est triste au possible. Bougainville retrouve Mme de Séchelles, sa « seconde maman », mais la joie des retrouvailles est ternie par le deuil survenu l'année précédente. Jean-Baptiste, son fils et meilleur ami de Louis Antoine, avec qui il était aux Mousquetaires, colonel au régiment de Rouergue-Infanterie, a été tué le 1er août à la bataille de Minden. Aussi, maman Hérault « s'est retirée du monde ». Il emménage rue Neuve-des-Bons-Enfants, non loin de la rue du Croissant, où réside son frère Jean-Pierre, dans la maison où son père s'était retiré. Là vivent aussi Charlotte de Bougainville, leur tante, et toujours le vieux et fidèle serviteur : Balthazar[2].

Par l'entremise de son frère, Louis Antoine de Bougainville fréquente l'entourage de Choiseul, qui est alors arrivé au faîte de sa gloire, occupant le rang de ministre des Affaires étrangères. Mais notre fougueux militaire connaît quelques tracas liés à ses fréquentations amoureuses. « On m'avait fait pendant mon absence une tracasserie atroce dans l'intérieur du duc de Choiseul. Le prétexte en était une liaison trop intime dont on m'avait accusé avec une personne considérable. La duchesse de G… me reçut fort mal et ma disgrâce auprès d'elle a continué depuis* », écrit-il dans les dernières pages de son *Journal de l'expédition d'Amérique*. Sur les frasques de Bougainville à Paris, Charles de La

---

* Jean-Étienne Martin-Allanic reprend cette citation dans *Bougainville navigateur et les découvertes de son temps* (Presses universitaires de France, 1964), en précisant qu'il s'agit de la duchesse de Gramont, sœur du duc de Choiseul.

Roncière apporte des précisions dont il ne cite malheureusement pas les sources. Mais comme elles dressent de Louis Antoine un portrait humain, pourquoi les dissimuler ? Dans la « tracasserie atroce » évoquée plus haut figure le fait qu'il est surveillé par la police, dont un rapport daté de 1763 signalerait que « M. le marquis de Bougainville traite grand train avec la demoiselle Dumirey, danseuse à l'Opéra, qui a succédé, dans ses relations, à une autre danseuse, Mlle Arnould ». Il est question aussi d'une « demoiselle Reybbres, de Düsseldorf, que Bougainville installe dans un très bel appartement de la rue Neuve-des-Petits-Champs, ayant vue sur le Palais-Royal, en lui servant, en grand seigneur, une pension de 60 livres par mois[3]... »

On pourrait avoir la sensation qu'après sa rude campagne au Canada Bougainville s'abandonne au repos du guerrier. Ce n'est pas tout à fait cela. La vérité est qu'il est revenu de Montréal avec un statut de prisonnier sur parole. Il lui est donc interdit de combattre. Avec son grade de colonel, obtenu lors de son passage à Versailles lorsqu'il était venu implorer des secours pour le Canada, il pourrait pourtant rendre de grands services dans cette guerre qui s'éternise. Alors on cherche à l'employer utilement. Mais rien ne se passe comme il le faudrait. Et, par conséquent, il s'ennuie. À un moment, il est question qu'il parte pour Malte avec d'autres officiers de l'armée du Canada, pour défendre l'île d'une menace turque. Mais, en définitive, on le garde en France dans l'idée de l'envoyer accompagner le duc de Praslin à un congrès tenu à

Augsbourg. Or ce dernier est annulé. Alors on l'envoie en Allemagne porter des instructions particulières aux maréchaux d'Estrées et de Soubise, puis il est attaché à l'état-major du comte de Stainville. Choiseul lui propose de devenir gouverneur de la Guyane, et on parle aussi d'une opération à mener contre Rio de Janeiro : « Une formation de 7 vaisseaux et 2 frégates commandée par le capitaine de vaisseau Beaussier de Lisle se constitua à Brest pendant l'été 1762 avec une dizaine de transports qui devaient acheminer 8 bataillons d'infanterie, 200 canonniers, des dragons, soit 20 000 hommes. Il est permis de penser que, si un tel armement avait été rassemblé pour le Canada, les événements auraient pu prendre une autre tournure[4] », écrit Étienne Taillemite. Pour des raisons aussi obscures que celles qui l'avaient fait naître, l'expédition finit par être annulée. De quoi s'agissait-il ? C'est peu clair, mais on est tenté de penser à une réédition de la razzia menée en 1711 par le corsaire malouin René Duguay-Trouin. Il faut se souvenir que cette affaire, si elle rapporta à ses financiers un bénéfice proche de 100 %, aurait pu tourner à la catastrophe, du simple fait de la configuration des lieux. Un étroit goulet donne accès à la baie de Rio, de telle sorte que la flotte assaillante peut facilement s'y trouver enfermée. De plus, l'expédition y laissa 500 hommes... Sans doute quelqu'un y songea-t-il ? Alors, de nouveau, Bougainville se voit proposer de partir en Guyane. Il refuse, cette fois parce qu'il a bâti un projet : installer une colonie aux îles Malouines.

En 1762, lorsqu'il présente son projet de colonisation des Malouines à Choiseul, qui maintenant cumule les secrétariats d'État à la Guerre et à la Marine, Louis Antoine de Bougainville n'a que trente-trois ans. Mais il garde le dossier en tête depuis ses années d'enfance. Parmi les grandes questions géographiques de ce temps figurait le mystère des terres australes, déjà évoqué, dont l'existence était supposée à partir d'un raisonnement simple. Puisque la planète est réputée sphérique et puisqu'elle tourne sur elle-même dans un mouvement régulier, c'est qu'elle est équilibrée, avec des terres réparties sur l'ensemble du globe. Pour équilibrer les terres connues dans l'hémisphère Nord, il existait forcément un continent Antarctique. Dans l'esprit de Bougainville, c'est là que la France pourrait créer un nouveau Canada, une terre d'accueil pour les Acadiens victimes du Grand Dérangement, et les Canadiens fidèles à la France. De plus, cette terre pourrait servir de point d'escale pour les navires en route pour l'Asie — les Indes, comme on disait alors. On le sait, la question passionnait tous les savants et érudits, l'idée la plus communément retenue étant que ce continent n'était autre que la terre de Gonneville, repérée en 1503, mais jamais retrouvée depuis. Bouvet de Lozier l'avait cherchée en 1738, repérant alors une terre qu'il baptisa cap de la Circoncision. Ce repérage signifiait selon lui que le continent Antarctique était situé trop au sud pour laisser espérer une escale possible sur la route des Indes. Il fallait donc s'assurer que cette terre de Gonneville n'existait vraiment pas, dans le nord de l'Antarctique. Par l'entregent de Fréret, on fit fouiller toutes les archives susceptibles d'avoir accueilli la relation originale du voyage de Gonneville : on ne trouva rien. Mais cela ne signifiait pas qu'il n'y avait pas de nouvelles terres à découvrir.

En 1749, Buffon publie le tome Ier de son *Histoire naturelle*, dans lequel il expose : « Presque toutes les terres qui sont du côté du pôle Antarctique nous sont inconnues : on sait seulement qu'il y en a et qu'elles sont séparées de tous les autres continents par l'océan. » Il encourage les explorateurs : « Car ce qui nous reste à connaître du côté du pôle austral est si considérable qu'on peut, sans se tromper, l'évaluer à plus du quart de la superficie du globe, en sorte qu'il peut y avoir dans ces climats un continent terrestre aussi grand que l'Europe, l'Asie et l'Afrique prises toutes trois ensemble », et leur apporte même un conseil : « Comme les glaces et les brumes paraissent avoir arrêté tous les navigateurs qui ont entrepris la découverte des terres australes par l'océan Atlantique, et que les glaces se sont présentées dans l'été de ces climats aussi bien que dans les autres saisons, ne pourrait-on pas se promettre un meilleur succès en changeant de route ? Il me semble qu'on pourrait tenter d'arriver à ces terres par la mer Pacifique, en partant de Valdivia ou d'un autre port de la côte du Chili[5]… »

À la suite, en 1752, c'est Moreau de Maupertuis (dont il faut noter qu'il est malouin) qui insiste, en tant que membre de l'Académie des sciences et président de l'Académie de Berlin, dans un mémoire adressé à Frédéric II. Il y développe l'aspect commercial de l'exploration des mers australes (l'existence vraisemblable d'îles où sans doute pousseraient des plantes à épices), mais aussi une idée plus fantaisiste : l'existence d'un peuple de géants en Patagonie. Ce texte marqua Bougainville, souligne Étienne Taillemite dans son *Bougainville et ses compagnons autour du monde* : « Découvertes de terres nouvelles, commerce des épices, recherche ethnologique, Maupertuis avait tracé le programme que Bougainville s'efforça de réaliser[6]. »

En 1754, nouvel encouragement à mettre le cap vers les mers australes, avec le *Mémoire pour la France servant à la découverte des terres australes*, signé par Jean-Baptiste Bénard de La Harpe[7]. Ce navigateur, malouin lui aussi, explorateur de la Louisiane, se passionna toute sa vie pour un projet de découverte des mers australes, qu'il n'eut pas les moyens de mettre en œuvre lui-même.

Enfin, en 1756, paraît l'*Histoire des navigations aux terres australes*[8], signé par Charles de Brosses, président du parlement de Bourgogne, et membre de l'Académie des inscriptions et belles-lettres dont Jean-Pierre de Bougainville est le secrétaire perpétuel. Ce monument, état des lieux de ce qui est connu dans les mers australes, se présente comme un programme de découverte pour ce qui demeure inconnu. Or le cinquième livre de cette somme évoque les « moyens de former un établissement aux terres australes » dans lequel sont citées les îles Malouines.

Ainsi s'explique la fascination exercée sur Bougainville par les hautes latitudes australes. Mais pourquoi les Malouines en particulier ? Il est plus que vraisemblable que le projet est né de la relation nouée entre Louis Antoine de Bougainville et Nicolas Pierre Duclos-Guyot, le capitaine qui lui a fait traverser l'Atlantique à deux reprises. Après ces navigations, Duclos-Guyot est resté au Canada où il a reçu le commandement d'une division de chaloupes canonnières sur le Saint-Laurent. Il y a servi jusqu'à l'accomplissement de la défaite française, et sans doute les deux hommes se sont-ils revus là-bas. Bougainville, qui lors de son séjour à Londres a rencontré l'amiral Anson et lu son récit, ne manque pas d'interroger Duclos-Guyot sur sa propre connaissance des mers australes. Le capitaine malouin se trouve alors sur un terrain qu'il maîtrise depuis une certaine navigation accomplie de 1749 à 1756, comme second capitaine sur le navire malouin *Aimable Marie*, « à destination de la mer du Sud ». À l'époque, le terme désigne le Pacifique : en effet, l'isthme de Darien sépare la mer des Caraïbes, au nord, et le Pacifique, au sud. Mais à Saint-Malo, l'expression recouvre plus précisément les voyages de contrebande à destination des colonies que l'Espagne détient en Amérique du Sud, et vis-à-vis desquelles la Couronne détient un monopole absolu. Les abominables mers du cap Horn, il les a fréquentées ! Mais peut-être Duclos-Guyot a-t-il quelques bonnes raisons de ne pas s'appesantir sur cette expérience. On en reparlera plus loin.

En revanche, si la conversation dérive vers des îles qui offriraient une base de départ pour l'exploration des mers australes ou un relais sur la route des Indes, Duclos-Guyot peut parler des Malouines, cet archipel découvert par ses compatriotes malouins, dont son propre frère, Alexandre Michel, fait partie. Et Bougainville d'évoquer, dans le récit d'Anson, le chapitre intitulé « Avis aux navigateurs qui voudront doubler le cap Horn ». Il y a lu que « toutes nos entreprises dans la mer du Sud courent grand risque d'échouer tant qu'on sera obligé de relâcher au Brésil » et que « le meilleur expédient à proposer serait sans doute de trouver quelque autre endroit plus au sud, où les vaisseaux pussent relâcher et se pourvoir des choses nécessaires pour leur voyage autour du cap Horn » : « le premier serait l'île Pepys... le second serait aux îles Falkland... » Et le capitaine malouin lui rétorque : « Les Falkland ? Mais ce sont nos Malouines ! »

L'archipel, qui porte aujourd'hui le nom de Falkland après s'être appelé Malvinas, est situé 300 milles nautiques à l'est de l'entrée du détroit de Magellan et 320 milles au nord-est du cap Horn. S'étendant sur 250 kilomètres d'est en ouest, et 125 kilomètres du nord au sud, il se compose de deux grandes îles principales et de dizaines d'îlots. Avec ses côtes découpées, l'archipel offre de nombreux mouillages abrités : lorsque les Malouins commencèrent à fréquenter intensément les parages du Horn, les Malouines devinrent donc un jalon. Certes, le premier à les repérer fut Amerigo Vespucci, en 1502, mais ce sont bien des Malouins qui en firent l'exploration, parmi lesquels les plus connus sont Gouin de Beauchesne, Éon de Carman et Alain Porée, et c'est pour rendre hommage à ces derniers que Guillaume Delisle, géographe du roi Louis XIV, baptisa ces îles : Malouines. En 1698 donc, à l'occasion de la première expédition vers les mines d'argent du Pérou, Gouin de Beauchesne repère les îles Malouines et franchit le détroit de Magellan. En 1701, il sera le premier navigateur français à franchir le cap Horn (d'ouest en est), et il découvrira une partie des îles Malouines ainsi que l'île Beauchêne. Cette terre solitaire se trouve 30 milles nautiques au sud de l'archipel. En 1705, Julien Éon de Carman repère plusieurs îles de l'archipel, qu'il baptise îles Danycan (du nom de son armateur) ; c'est aujourd'hui l'île de Sea Lion. Alain Porée, corsaire fameux et premier Français à avoir franchi le cap Horn d'est en ouest, a, quant à lui, reconnu la partie septentrionale de l'archipel des Malouines.

On l'a remarqué, dans ce domaine des navigations australes, tout dirige Bougainville vers Saint-Malo : son mentor en navigation Duclos-Guyot ; les savants et explorateurs Maupertuis ainsi que Bénard de La Harpe ; et la réputation de ce port de marchands, de corsaires et de découvreurs. On ne s'étonnera donc pas que, dans le premier mémoire qu'il rédige à l'intention du ministre de la Marine, il précise d'emblée : « Il faut construire à Saint-Malo une frégate de 24 canons et une caiche de 8[9]. » En fait, on totalise trois documents décrivant le projet des Malouines, le dernier, daté de 1763, s'avérant le plus explicite. On notera qu'il est rédigé non par Louis de Bougainville, mais par son cousin germain, Bougainville de Nerville, qui se trouve être cofinanceur de l'opération, avec son oncle et bienfaiteur d'Arboulin. Ce document est passionnant : tous les aspects du projet y apparaissent de manière claire et réfléchie. En revanche, la logique suivie pour sa rédaction ne paraît pas aussi structurée que les rapports établis par Bougainville à l'époque où il combattait au Canada. Et, bien entendu, ce mémoire ne peut être apprécié à son exacte valeur que si l'on se situe dans l'état de connaissances géographiques et climatologiques de l'époque.

En ce qui concerne la géographie, il faut savoir que les distances à parcourir entre deux continents étaient sous-estimées, et les routes à suivre à travers les mers du Sud, erronées. Mais c'est surtout la climatologie qui péchait. En effet, on estimait qu'à latitudes égales les climats étaient les mêmes dans les deux hémisphères. On pensait donc trouver aux Malouines un climat identique à celui d'Amsterdam, toutes deux à environ 52 degrés de latitude. Le cap de la Circoncision, qui n'est autre que l'île Bouvet, par 55 degrés sud, était supposé bénéficier du même climat que le Danemark ! La réalité est que les mers australes connaissent un climat particulier, dû à la présence du continent Antarctique. La rigueur climatique de ce dernier tient non seulement à sa latitude, mais à son relief élevé. Ainsi donc se voit entretenue une immense étendue de glace, laquelle refroidit les masses d'air qui se trouvent à son contact. Ensuite, ce continent immense et élevé empêche la circulation de courants atmosphériques ou marins, qui viendraient réchauffer les lieux, ainsi que cela se passe en Arctique. Enfin, dans les mers australes, la seule terre venant faire obstacle à la circulation du vent est la pointe sud du continent américain, qui s'achève sur le redoutable cap Horn. Les vents y soufflent donc en tempête, aggravant encore les effets du froid. Tout cela avait pourtant été observé par les premiers navigateurs qui y avaient bourlingué. Mais c'est un curieux aveuglement qui prévalut, durable au-delà du raisonnable.

Bougainville présente ainsi trois raisons fondamentales de partir à la découverte des terres australes. D'abord, pour les situations de conflit (comme la guerre de Sept Ans !), ouvrir une route maritime nouvelle pour « les vaisseaux qui naviguent dans l'Inde ». N'insistons pas sur le décalage géographique, pour passer à un autre argument, bien plus intéressant, en l'occurrence la création de pêcheries qui, elles-mêmes, permettraient trois choses : disposer d'une « pépinière de matelots » (utile aussi pour armer une flotte de guerre en cas de conflit) ; apporter des revenus commerciaux (l'équivalent de ceux que procurait la morue à Terre-Neuve, désormais anglaise) ; servir de relâche pour que les navires puissent franchir les mers du Sud dans les meilleures conditions. Un dernier argument, d'ordre géopolitique, témoigne de la justesse des vues de Bougainville : l'Angleterre, qui s'est intéressée au nord de l'Amérique et a fini par l'accaparer, ne manquera pas de vouloir s'emparer aussi de l'extrémité sud du continent, puisque ce sont deux passages possibles vers l'Asie.

En 1762, lorsque le projet de colonisation des Malouines est présenté à Choiseul, avec le soutien de la Pompadour, le conflit que l'on appellera plus tard la guerre de Sept Ans n'est pas achevé (il durera encore un an). La réponse du ministre est donc simple : il est prêt à donner toutes les autorisations, mais les caisses du royaume sont vides. Cela ne surprend pas Bougainville outre mesure : il n'a pas oublié la façon dont ses demandes avaient été ignorées à l'époque où, aide de camp de Montcalm, il était venu chercher de l'aide pour le Canada ! Mais il sait aussi que l'installation d'une colonie aux îles Malouines peut résoudre le problème financier que connaît la Couronne avec l'arrivée en France des familles chassées d'Acadie par les Anglais : il faut bien les entretenir. Trouver un territoire de remplacement constituerait une solution idéale pour tout le monde ! Par ailleurs, fournir à l'expédition des armements, agrès et autres équipements se trouvant dans les arsenaux ne coûte rien aux finances. De tout cela, le ministre de la Marine convient volontiers.

Toutefois, un problème demeure, et de taille. Comment l'Espagne prendra-t-elle cette incursion dans sa sphère d'influence ? D'autant plus qu'elle sait pertinemment que les négociants malouins pratiquent la contrebande avec ses colonies d'Amérique du Sud, malgré le strict monopole qu'elle entend y maintenir. La Couronne espagnole ne manquera pas de craindre que les Malouines deviennent un entrepôt pour le commerce interlope qui finirait par ruiner ses propres intérêts. Quant à l'Angleterre, à l'instar de l'amiral Anson, elle tient elle aussi à contrôler ce point stratégique à l'échelle planétaire. Mais Bougainville ne veut pas s'arrêter un instant sur les possibles récriminations de l'Espagne, et il estime qu'en ce qui concerne l'Angleterre, justement, il importe de la prendre de vitesse. Un peu cynique, Choiseul pense aussi, sans doute, que si l'affaire prenait une mauvaise tournure diplomatique, il serait facile de désavouer Bougainville sans que le royaume ait à en souffrir dans sa fierté. Quoi qu'il en soit, les risques diplomatiques exigent que l'opération soit montée dans la clandestinité. Il ne s'agit surtout pas d'alerter l'Espagne ou l'Angleterre.

À partir de l'autorisation accordée par Choiseul, le projet « Malouines » devient une affaire... malouine. En février 1763, Bougainville arrive à Saint-Malo, où il commence un premier journal consacré à cette aventure par cette phrase : « J'ai été à Saint-Malo dans le carnaval de 1763, pour passer le marché de la construction de ces navires, j'y suis retourné en juin pour les faire armer, et en août pour m'embarquer[10]. » Bougainville ne connaît pas encore le fameux port des armateurs, des négociants et des corsaires, le Saint-Malo-en-l'Isle, d'où ont appareillé tant de découvreurs de la planète ! La chronique passée des capitaines et négociants malouins est saisissante. Dès 1240, ils ont établi des rapports réguliers avec Hambourg et Lübeck ; dans les années 1400, ils commercent avec Lisbonne, l'Andalousie et Madère. Vers 1500, alors que Christophe Colomb a tout juste « découvert » l'Amérique, ils pêchent la morue devant Terre-Neuve. En 1534, Jacques Cartier lance la première de ses trois expéditions au Canada. En 1609, Saint-Malo obtient l'agrément royal pour lancer un raid sur les pirates barbaresques de Tunis, afin de sauvegarder le commerce en Méditerranée. En effet, une partie de la morue pêchée à Terre-Neuve était livrée en Italie, les navires revenant à Saint-Malo avec du vin et de l'huile d'olive ! En 1616-1617 est réussie une première expédition commerciale en Insulinde, et en 1634 est créée la Compagnie malouine de Guinée, pour pratiquer la traite des Noirs. En 1698, la Compagnie de la Chine arme le navire *Amphitrite* pour la Chine, et plus précisément Canton. Cette même année, à l'occasion de la première expédition vers les mines d'argent du Pérou, Gouin de Beauchesne découvre les îles Malouines et franchit le canal de Magellan. Cinq ans plus tard, Alain Porée passe le cap Horn d'est en ouest pour atteindre le Pérou, dont il rapporte une riche cargaison. Entre 1706 et 1708, au retour d'un voyage en Chine, La Merveille et Champloret touchent la mer Rouge et ouvrent le port de Moka (Yémen) au commerce. Ainsi le café est-il largement introduit en France. En 1710 : Bénard de La Harpe remonte le Mississippi et l'Arkansas. Enfin — et on en reparlera —, dans le courant du mois de juillet 1713, le *Grand Dauphin* rentre à Saint-Malo après un voyage de deux ans qui l'a amené au Pérou puis en Chine, avec retour par le cap de Bonne-Espérance. C'est le premier navire français à avoir accompli un tour du monde : voilà qui jette un nouvel éclairage sur la future circumnavigation de Bougainville, puisque nombre de Malouins avaient déjà ouvert la route.

Aujourd'hui, tel qu'il se présente à marée basse depuis le fort National, Saint-Malo en ses remparts ne présente pas une image très différente de celle que Bougainville a pu lui connaître. À l'époque, la ville était le premier port marchand du royaume, tant par le nombre de ses navires que par le volume des marchandises qui y transitaient. Mais là où de nos jours se trouvent quatre bassins à flot s'étendait alors un simple havre d'échouage où galions, frégates et autres vaisseaux mouillaient l'ancre devant une dérisoire longueur de quais. En ces mêmes temps, Saint-Malo intra-muros était une île accrochée au rivage par une étroite langue de terre : le Sillon. Au XVIIIe siècle, là où s'alignent maintenant le casino, les thermes, les hôtels et les grandes villas Belle Époque, s'allongeait un simple cordon de dunes et de galets, né des effets conjugués de la houle et des courants de marée. Il protégeait plus ou moins le port et une chaussée l'empruntait, mais c'est seulement au milieu du XIXe siècle qu'y apparaîtront les premières constructions. Bougainville ne manque pas de faire le tour des remparts, d'où il découvre les véritables défenses de la ville : les récifs innombrables. À marée basse, on lui désigne les sept chenaux qui permettent d'approcher le port, ainsi que les quelques forts judicieusement placés qui les contrôlent de leurs batteries. Le colonel, ancien des campagnes du Canada, apprécie en connaisseur.

Bougainville est introduit dans le milieu des capitaines et des négociants. Il apprend que la réussite malouine ne tient pas seulement aux compétences et au courage des capitaines, mais aussi à l'esprit d'entreprise et d'association des armateurs. Il comprend que la fonction des compagnies qu'ils fondent par dizaines n'est pas seulement de réunir des capitaux pour monter des opérations commerciales ambitieuses. Il s'agit aussi de mutualiser les risques. Exemple : dix armateurs se groupent pour armer autant de navires, chacun possédant 10 % de chaque bâtiment. L'un d'entre eux fait-il naufrage ? Chacun perd un dixième de son capital, et personne n'est ruiné ! Bougainville découvre ainsi la solide cohérence de cette société malouine, où les intérêts de chacun sont mêlés à ceux des autres, dans des jeux de participations croisées qui font que tout le monde connaît tout le monde. Aujourd'hui encore, au-dessus de la porte Saint-Louis, les chemins de ronde offrent une vue plongeante sur un bâtiment de belle architecture, avec cour et grand escalier : l'hôtel d'Asfeld. Par miracle, cet hôtel d'armateur tout à fait représentatif de l'ancien Saint-Malo a échappé aux obus incendiaires d'août 1944. Le premier maître des lieux fut l'un des importants négociants dont la chronique malouine ait retenu le nom : François-Auguste Magon de La Lande. Par une étonnante coïncidence, l'ami d'enfance de Louis Antoine de Bougainville, Jean-Baptiste Hérault, a épousé une de ses filles (le 11 avril 1758) : Marguerite-Marie Magon de La Lande. Bien entendu, la première personne que

Bougainville rencontre est Nicolas Pierre Duclos-Guyot, son mentor maritime. Entre eux, l'affaire est vite réglée. Il s'agit de mettre en chantier deux bâtiments, l'un de 300 tonneaux et 12 canons, l'autre de 120 tonneaux et 8 canons, dont l'armateur officiel sera Duclos-Guyot. L'usage de ce prête-nom permet de garder le secret absolu sur le but réel du voyage. En effet, à Saint-Malo, il se monte tant d'armements confiés à tant de capitaines que les deux bâtiments commandés à Benjamin Dubois dans son chantier de l'anse de Saint-Père, au pied de la tour Solidor, n'exciteront pas plus de curiosité qu'il n'en faut. Et, tout naturellement, Nicolas Pierre Duclos-Guyot se chargera d'engager les équipages pour les deux bâtiments.

À l'origine, Louis Antoine avait pensé qu'une association avec son cousin germain Bougainville de Nerville suffirait à financer l'opération — on mesure que le fils de notaire et ancien aide de camp de Montcalm disposait de revenus considérables ! Mais après avoir mis en chantier les deux navires nécessaires, ils se rendirent compte qu'ils se trouvaient bien loin du compte. Ils se tournèrent donc vers le fidèle oncle d'Arboulin, auquel tint à se joindre le gendre de Mme Hérault, l'ancien lieutenant de police de Marville. Ce dernier avait en effet suivi le montage du projet, qui le faisait rêver. Ainsi, c'est devant le notaire qui a pris la succession du père de Bougainville — maître Dupré — qu'est signé l'acte constitutif de la Compagnie de Saint-Malo. Son capital de 200 000 livres se décompose comme suit : 95 000 apportés par Louis Antoine,

70 000 par son cousin, 31 000 par d'Arboulin, et 4 000 par Marville. C'est ce même Dupré qui assurera la gestion financière de la Compagnie, avec pour banquiers deux associés malouins : Sébire des Saudrais et Le Breton de Blessin, cousin germain de Bénard de La Harpe.

Que Duclos-Guyot soit le représentant officiel de la Compagnie n'empêche pas Bougainville de rencontrer assez souvent le constructeur de ses navires pour lier amitié avec lui. Des années plus tard, à l'époque de la guerre de l'Indépendance américaine, lorsque Benjamin Dubois armera plusieurs corsaires, l'un d'entre eux sera baptisé le *Bougainville*[11] ! Et dans les temps dangereux de la Révolution, on le verra plus loin, Benjamin Dubois sera d'un grand secours pour les Bougainville. Mais, pour l'heure, le chantier des deux bâtiments occupe pour ainsi dire toute l'étroite anse de Saint-Père : par chance, les deux commandes sont arrivées au moment où Dubois était disponible, car il ne dispose pas d'assez de place pour construire plus de deux navires à la fois.

Le plus grand des deux bâtiments est baptisé l'*Aigle*. Ce nom a été choisi en l'honneur de deux autres *Aigle* qui avaient déjà bourlingué dans les mers australes : celui de Roggeveen et celui de Bouvet du Lozier. Et puis : les armes des Bougainville ne sont-elles pas « d'argent à aigle éployé de sable » ? Par son tonnage (300 tonneaux) et ses dimensions (99 pieds et 6 pouces entre verticales), c'est une petite frégate, de 20 canons seulement. En revanche, elle porte toute la toile d'un bâtiment destiné à tailler de la route, chaque mât étant doté de huniers, de perroquets et même de bonnettes. L'autre navire s'appelle le *Sphinx*. Cette corvette ne jauge que 120 tonneaux, et son armement se limite à 8 canons et 6 pierriers. Son gréement est celui d'une caiche, avec donc un grand mât nettement plus haut que la misaine et l'artimon, ce dernier étant doté d'une voile latine. Et pourquoi le *Sphinx* ? Ce nom aurait été choisi pour souligner le caractère mystérieux de l'expédition aux Malouines. Mais comme arrive le moment d'enrôler états-majors et équipages, le secret d'un grand voyage vers le sud ne sera pas gardé longtemps. Bougainville sans doute s'en émeut et Duclos-Guyot le rassure : en vérité, Saint-Malo bruisse de secrets de polichinelle ; mieux, ce sont précisément ces voyages à demi clandestins qui font la fortune de son port.

Une explication s'impose. La prospérité malouine remonte au Moyen Âge, lorsque la ville, établie sur un rocher (facile à défendre contre les incursions des Vikings), devient ce qu'on appelle un *minihy* : un site où la justice royale ne s'exerce pas. C'est une population de moralité peut-être douteuse, mais entreprenante, qui vit là, avec pour activité l'armement de navires assurant des transports pour le compte de tous négociants, y compris étrangers. Les navires de Saint-Malo se font bientôt une solide réputation internationale, parce qu'ils sont bien construits, bien gréés, et dotés d'un armement dont l'équipage sait se servir. Autant dire qu'une cargaison confiée à une frégate malouine met toutes les chances de son côté pour arriver à bon port. En conséquence, les taux du fret (le coût du transport) étaient élevés. Sa flotte marchande a fait de Saint-Malo le premier port français sous Louis XIV, tant par le nombre de ses navires que par l'importance de son trafic. Dans Saint-Malo, tout le monde pense, et sans que cela émeuve personne, que l'*Aigle* et le *Sphinx* partent pour un voyage de contrebande au Pérou. Les marins, qui en ont vu d'autres, ne s'interrogent pas plus que cela. Mais quels équipages ! Au total, l'expédition réunit 168 personnes dont les deux tiers sont bretons, pour ne pas dire malouins. S'y ajoutent une quarantaine d'Acadiens. Le reste étant normand ou parisien. De plus, certaines familles se trouvent fortement représentées, et les compétences sont nombreuses et reconnues.

Ainsi, sur l'*Aigle*, placé sous le commandement du capitaine Nicolas Pierre Duclos-Guyot, le premier lieutenant est Alexandre Michel Duclos-Guyot, frère de Nicolas. Grand connaisseur de ces parages, il est même descendu jusqu'à la Géorgie du Sud ! Lorsque l'*Aigle* fera son second voyage aux Malouines, c'est lui qui le commandera, avec pour second son jeune frère Baptiste-François. Son fils Alexandre Jean est à bord. Et on notera que Marin Éloi est un cousin de Chenard de La Giraudais, commandant du *Sphinx*. Sur ce navire, le premier lieutenant est Henri Donat, cousin de son capitaine. Les seconds lieutenants sont : Jean Baptiste Duclos-Guyot (fils du capitaine de l'*Aigle*) et Jean Baptiste Donat (autre parent du capitaine).

Mais revenons aux capitaines des navires, à commencer par Nicolas Pierre Duclos-Guyot, commandant l'*Aigle*, dont on peut se demander si, sans lui, Bougainville aurait rencontré le destin que l'on connaît. Au moment d'appareiller pour les Malouines, ce rude marin a déjà une longue et belle carrière derrière lui. À douze ans, il embarque sur la *Duchesse*, armée par la Compagnie des Indes pour le Bengale. Jusqu'en 1742, il accomplit traversée sur traversée en océan Indien, à bord du *Condé* puis du *Saint Géran* que commande le fameux Porée. Il a vingt ans lorsque la Compagnie le nomme enseigne ; un an plus tard, le voici lieutenant sur le *Saint Michel*. Survient alors la guerre de la Succession d'Autriche : le jeune officier ne veut pas manquer sa chance de faire fortune à la course, comme tant d'autres Malouins qui un jour firent une belle prise. Il renonce donc à son poste de lieutenant pour embarquer comme enseigne sur un premier corsaire : l'*Astrée* (1744-1745). Le voici ensuite lieutenant sur le *Prince de Conti* (1745-1746), second capitaine sur le *Loup* (1746-1747), puis le *Dauphin* et le *Mars*. Quand revient la paix, il embarque comme second capitaine sur l'*Aimable Marie* vers la mer du Sud via le Pérou. Cette navigation dure de 1749 à 1756* : cela voudrait-il dire qu'ils auraient fait le grand tour par la Chine ? C'est très possible, en sept ans, on fait même deux fois le voyage ! Le 18 décembre 1756 est le grand jour de

---

* Étienne Taillemite écrit dans *Bougainville et ses compagnons autour du monde* (t. Ier, Imprimerie nationale, 1977) : « une longue campagne commerciale au Pérou ».

sa vie puisque l'Amirauté de Saint-Malo l'admet comme capitaine. Nicolas Pierre Duclos-Guyot a alors trente-quatre ans. En 1757, pendant la guerre de Sept Ans donc, il commande le corsaire la *Victoire* avec le grade de lieutenant de frégate. En 1758, toujours avec le grade de lieutenant de frégate, il commande la *Victoire*, affrétée par le roi pour transporter des hommes et du ravitaillement au Canada. C'est à l'occasion de son retour de Québec qu'il embarque Bougainville comme passager. En 1759, il reçoit le commandement d'une frégate de 26 canons : la *Chézine*, incorporée à l'escadre Canon. On l'envoie à Québec avec pour passager de nouveau Bougainville, qui revient peu satisfait de ses négociations à Versailles. Durant ces deux traversées, Bougainville apprend beaucoup des choses de la mer et de la navigation. De l'amitié ainsi née entre le professeur de trente-sept ans et l'élève de trente viendra l'association future.

Le *Sphinx* est donc commandé par François-Pierre Chenard de La Giraudais. Malouin né en 1725, c'est l'ami de Nicolas Pierre Duclos-Guyot, lequel a navigué sous le commandement de son père (François Chenard de La Giraudais). Outre un riche passé de corsaire, négociant et pêcheur à Terre-Neuve, il est l'auteur de hauts faits d'armes durant la guerre du Canada, et c'est ainsi qu'il fera la connaissance de Bougainville. Durant le siège de Québec en 1759, il s'empare d'une goélette anglaise à l'équipage et armement supérieurs au sien. En 1760, il mène une opération de ravitaillement désespérée sur le Saint-Laurent. Cette même année, c'est aussi lui qui portera en France la nouvelle de la capitulation de Vaudreuil.

Parmi les scientifiques embarqués pour l'expédition aux Malouines figure un personnage étonnant : un moine bénédictin de Saint-Maur, qui a été recommandé par la duchesse de Choiseul. Il semble que le personnage soit un original aux compétences éclectiques, quoique inégales. Mais le révérend père dom Pernetty s'avère excellent compagnon, ce qui, dans une expédition comme celle-ci, est capital. De plus, il rapportera du voyage un récit détaillé[12]. Il faut encore noter que, parmi les passagers, se trouve le cousin Bougainville de Nerville, qui ne se contente donc pas de financer le voyage : il y participe en tant que gouverneur de la colonie des Malouines !

Comme le mois de septembre, réservé à l'appareillage, approche, la préparation de l'expédition se déroule comme prévu. Le 15 juin 1763, le colonel de Bougainville est nommé capitaine de vaisseau pour la durée de la campagne. Cette nomination lui apporte sans aucun doute une immense satisfaction : n'est-il pas en train d'accomplir son projet de jeunesse ? Malheureusement, à ce plaisir succède rapidement une immense peine. Le 24 juin, alors qu'il est revenu à Paris achever ses préparatifs, notamment au Dépôt des cartes, Bougainville apprend que son frère vient de décéder de maladie, à Loches, où il s'était retiré près de sa sœur. Cette expédition aux Malouines et les projets qui en découleraient, à destination des mers australes, Jean-Pierre ne les connaîtra pas. Après la mort au combat de son ami Hérault, en 1759, Louis Antoine doit se sentir bien seul...

Mais un événement heureux, à quelques jours du départ, va lui mettre du baume au cœur : il rencontre Bénard de La Harpe, l'explorateur du Mississippi et de l'Arkansas, auteur du *Mémoire pour la France servant à la découverte des terres australes*, qui a beaucoup compté dans le montage du projet Malouines. Après ses aventures américaines, l'homme s'est retiré à Saint-Malo, sa ville natale. Et c'est parce qu'il est le cousin germain de Le Breton de Blessin, un des banquiers de la Compagnie de Saint-Malo, que les deux hommes sont amenés à se rencontrer. En cet été 1763, Bénard de La Harpe a quatre-vingts ans mais bon pied et bon œil ; on imagine avec quel plaisir il voit cet homme de trente-quatre ans se lancer dans l'aventure qu'il a appelée de tous ses vœux.

Le plan de Bougainville était de toucher les Malouines au printemps austral, ce qui impliquait de quitter la France en fin d'été. Le programme de préparation de l'expédition fut tenu, mais il n'avait pas été prévu de navigation d'essai pour les deux bâtiments. Si étonnant que cela puisse paraître aujourd'hui, à l'époque, on n'y pensait pas ! C'est donc seulement lorsque l'*Aigle* et le *Sphinx* prirent leur route en droiture vers le Brésil qu'il apparut que les deux navires présentaient des qualités marines très différentes, ce qui allait rendre la navigation de conserve difficile. Avec pour éventuelle conséquence de se priver de la possibilité d'assistance mutuelle. Partir de Saint-Malo en fin d'été pouvait aussi poser un problème d'ordre météorologique : avec l'approche de l'équinoxe, les risques de mauvais temps de secteur ouest s'aggravaient considérablement. Or, tant que la pointe de Bretagne ne serait pas doublée, le golfe de Gascogne traversé et le cap Finisterre laissé dans le sillage, le risque d'être dépalé vers la terre serait à craindre. Et plus la saison s'avancerait, plus il deviendrait tangible.

L'expédition sort donc de la Rance le 9 septembre, mais le vent de sud-ouest l'oblige à jeter l'ancre en baie de la Fresnaye, dans le mouillage d'attente bien connu des Malouins, au pied du fort de la Latte. Ils y resteront jusqu'au 15, appareilleront une deuxième fois, reviendront, feront une troisième tentative le 19, et enfin, le 22 au soir, pourront prendre la route du large. Pour bien mesurer ces péripéties, il faut bien voir que, chaque fois, l'équipage devait tourner au cabestan les deux lignes de mouillage, ce qui représentait un travail épuisant de plusieurs heures ! Cette succession de difficultés à l'appareillage possède cependant la vertu de révéler les faiblesses humaines susceptibles de nuire à l'installation future sur les Malouines. Ainsi, cette famille d'Acadiens dont les hommes refusent de participer à la manœuvre alors que la sécurité du navire se trouve mise en danger. Elle demande à être débarquée et Bougainville accède sans hésiter à sa demande, sans même réclamer le remboursement des sommes qui lui ont été versées pour son installation sur les îles. Un enseigne, malade, est aussi mis à terre, ainsi qu'un domestique dont la paresse s'annonce flagrante.

Le 8 octobre, après quinze jours de mer, il apparaît que l'*Aigle* marche décidément beaucoup plus vite que le *Sphinx*, et doit continuellement naviguer sous-voilé ou mettre en panne pour l'attendre. Chaque nuit, garder le contact pose un vrai problème. Bougainville modifie donc les plans de la croisière : les deux bâtiments prennent leur indépendance jusqu'à Montevideo, où ils se retrouveront. Par la suite, cette séparation aurait pu avoir une conséquence funeste pour le *Sphinx*, qui s'échouera sur les hauts-fonds des Abrolhos, archipel situé à mi-route entre Salvador de Bahia et Rio de Janeiro, une quarantaine de milles au large. Cette zone était réputée mal cartographiée et si La Giraudais avait cru prendre du large, ce n'était pas encore assez ! Sa chance fut de toucher par beau temps une roche friable, et surtout de pouvoir disposer de l'aide des indigènes, nombreux et de bonne volonté. Malgré ces circonstances favorables, il fallut trois jours pour remettre le navire à flot !

Hormis cela et nonobstant la saison maintenant avancée, les traversées des deux bâtiments ne posent pas de difficultés particulières. Concernant celle de l'*Aigle*, on peut remercier la duchesse de Choiseul d'avoir imposé dom Pernetty comme naturaliste. Car le révérend tient un journal détaillé de la traversée et saisit avec talent le pittoresque des événements, que ce soit une alerte lorsqu'on se prépare à repousser l'attaque de pirates de Salé (Maroc) ou la cérémonie du passage de l'Équateur.

Le récit de dom Pernetty semble être le premier descriptif détaillé du rituel de bizutage des marins qui n'ont jamais encore « passé la Ligne ».

Un autre événement vient illustrer la générosité qui caractérise Bougainville. Un mousse est passé par-dessus bord ; malgré l'efficacité de l'équipage pour arrêter l'*Aigle*, jeter à la mer des flotteurs, mettre à l'eau une embarcation… on n'a pas retrouvé l'enfant. Selon la règle maritime, on procède à l'inventaire de ses maigres biens, qui sont mis aux enchères, la somme obtenue devant être conservée par le capitaine qui, au retour, la fera remettre à la famille. Bougainville achète tout et le distribue « aux plus pauvres et aux plus industrieux » des mousses.

Dom Pernetty remarque aussi que le capitaine Duclos-Guyot possède une grande expérience des navigations au très long cours. Dans les calmes tropicaux, pendant lesquels les grains sont nombreux, il fait laver non seulement tous les vêtements de l'équipage et des passagers, mais les hamacs ainsi que les toiles des cadres. Car il sait que le maintien de la propreté à bord est capital pour éviter les maladies.

Il y a peu à dire sur les deux escales de l'*Aigle*. Sur l'île Sainte-Catherine ainsi que prévu, on complète les vivres, les pleins d'eau et les réserves de bois (pour la cuisine du bord). On fait une grande lessive et, le temps de la relâche (une quinzaine de jours), les familles acadiennes sont logées à terre. Avant l'escale de Montevideo, Bougainville mouille à l'entrée du Rio de la Plata pour y demander d'éventuelles nouvelles du *Sphinx*. La réponse est négative, mais voici que survient un phénomène météorologique typique de ces parages : un *pampero*. Dans l'histoire de la navigation à voile, ces violents coups de vent nés dans les pampas argentines ont valu à nombre de navires de démâter ou de chavirer. Au mouillage, l'*Aigle* court le risque d'être jeté à la côte. Avant que les éléments se déchaînent, le capitaine trouve le temps de faire caler bas les mâts de hune et même les vergues, ainsi que d'affourcher le navire sur quatre ancres. Ces mesures exceptionnelles, exécutées dans l'urgence, démontrent l'expérience et le savoir-faire de Duclos-Guyot. Le mouillage commençant à déraper, une manœuvre rarissime est envisagée : les canons sont amarrés les uns aux autres, en chapelet, parés à être jetés à l'eau pour faire office d'ancres. Mais le *pampero* se calme, et l'*Aigle* remonte l'estuaire jusqu'à Montevideo où il mouille le 28 décembre.

Cette escale dans une colonie espagnole n'était peut-être pas une bonne idée. Lorsqu'un navire malouin fait relâche dans l'empire d'Amérique du Sud, c'est toujours pour commercer en contrebande ! Or, soumis à surveillance, l'*Aigle* ne s'y prête pas, ce que Bougainville confirme d'ailleurs aux autorités. Et voici bientôt un second navire français : c'est bien le *Sphinx*. Le gouverneur, intrigué, ne manque pas de rédiger un rapport qui partira pour l'Espagne par le premier navire de passage. Quant aux bâtiments français, ils appareillent ensemble le 17 janvier 1764, et arrivent en vue du nord des Malouines le 2 février.

La veille de l'appareillage de Sainte-Catherine, Bougainville a profité de ce qu'un navire se préparait à faire route sur l'Europe pour adresser un courrier à Choiseul :

> Je n'ai pas un malade à bord. Je compte remettre demain à la voile. Aller d'abord reconnaître l'île Pepys, puis les îles Malouines, y fonder l'établissement, aller découvrir les terres australes, relâcher à la Guadeloupe, et revenir en France vers septembre-octobre. Si l'établissement aux îles Malouines a lieu, je pourrai y laisser le *Sphinx* pour connaître la terre des Patagons et la Terre de Feu. Je dois, Monseigneur, vous représenter que cet armement a employé tout mon bien, celui d'un de mes parents et les secours que peut me donner un oncle zélé pour le bien public. Comme je ne considère pas que je puisse dans ce voyage faire aucun commerce, je serai peut-être hors d'état de payer le désarmement de mes vaisseaux, mais si j'ai bien servi l'État, j'ai pour mon retour toute confiance en vos bontés[13]…

Ici, Bougainville se livre. Que l'information selon laquelle il n'ait pas un malade à bord figure en début de lettre montre le soin qu'il accorde aux hommes. Lorsqu'il écrira le récit de son voyage autour du monde, la dernière phrase du livre finira ainsi : « n'ayant perdu que sept hommes pendant deux ans et quatre mois écoulés depuis notre sortie de Nantes ». On apprend surtout que Bougainville et son cousin germain ont investi toute leur fortune dans l'affaire et vont se trouver en difficulté au retour. C'est tout simplement la ruine qui les menace. Et c'est seulement une fois en route que

Bougainville y songe ? Est-il soudain effrayé par le risque considérable qu'il prend et fait prendre à ses proches ?

En ce 2 février 1764, l'*Aigle* et le *Sphinx* se trouvent en vue des îles Malouines, par temps calme et en butte à un puissant courant de marée. Une embarcation est dépêchée à terre afin de récolter le foin nécessaire pour nourrir les chevaux et les bœufs chargés à Montevideo. Elle doit aussi repérer l'existence de bois. Les marins reviennent avec du foin à profusion, signalent avoir vu de nombreuses moules et autres coquillages, aperçu beaucoup de gibier divers et un énorme lion de mer. En revanche, de bois, on n'a pas du tout trouvé trace. Cela est préoccupant, mais pas encore inquiétant. Pour l'heure, la première urgence est de suivre le rivage vers l'est, le long de la côte que Porée, en 1708, avait baptisée de l'Assomption (du nom de son bâtiment, le *Notre Dame de l'Assomption*[14]). On doit arriver ainsi à une baie bien abritée, dite le port Saint-Louis, où il avait fait aiguade. Ils la trouvent le lendemain midi. C'est une baie étroite qui s'enfonce de 15 milles à l'intérieur des terres, pour 4 de largeur à l'entrée. Non seulement elle est parfaitement abritée de vents d'ouest dominants, mais sur sa côte nord s'ouvre un bassin auquel donne accès un étroit goulet (une quarantaine de mètres). Le site est parfait pour accueillir même une escadre ! Les jours qui suivent, Bougainville et les officiers explorent les environs, puis ils lancent une exploration de plusieurs jours. Bilan : herbages, gibier et phoques à profusion, mais absolument pas de bois.

Pour le chauffage, on pourra certes compter sur une tourbe efficace ; mais, pour la construction, il faudra aller chercher des grumes dans le détroit de Magellan, 400 milles à l'ouest. Sachant que les vents dominants sont le nord-ouest et le sud-ouest, il faudra prévoir un louvoyage qui multipliera la distance par deux si ce n'est trois !

Le 17 février, l'emplacement de l'établissement est fixé et on met en chantier une grande maison de 30 mètres sur 12, adossée au relief et couverte de chaume. Pour ce faire, on utilise le bois qui avait été transporté depuis Saint-Malo, et on sacrifie quelques agrès des navires. S'y ajoute un fort avec une batterie en demi-lune qui reçoit 14 canons. Au milieu se dresse un obélisque portant un médaillon avec en exergue ces mots : *Tibi serviat Ultima Thule* : « Que l'Ultima Thulé te soit soumise. » Empruntée à Virgile et plus précisément au livre Ier des *Georgiques*, cette phrase est bien sûr un salut de Bougainville à son frère Jean-Pierre, décédé juste avant le départ de l'expédition, dont la première étude publiée à l'occasion de son admission à l'Académie des inscriptions et belles-lettres fut les *Éclaircissements sur la vie et les voyages de Pythéas, de Marseille*. Pythéas, l'homme qui avait atteint l'Ultima Thulé…

Le temps passe à une vitesse folle et Bougainville ainsi sans doute que son cousin Nerville continuent à faire leurs comptes. Pour eux, la question immédiate se pose en termes crus : comment éviter la banqueroute ? Déjà ils envisagent les expédients : le *Sphinx* remontera en Guadeloupe avec une cargaison d'huile de phoque ainsi qu'une partie de la cargaison destinée à l'établissement de la colonie des Malouines : savon, vin, eau-de-vie… ; ces « divers » (pour employer le langage maritime) y seront négociés et il faudra de surcroît trouver un fret à rapporter en France. L'*Aigle* fera route directe sur la France, avec une cargaison de pelleterie et d'huile de phoque. Bougainville de Nerville restera aux Malouines où il prendra la direction de l'établissement. Louis Antoine, remonté à bord de l'*Aigle*, verra en France comment gérer au mieux le devenir de la colonie.

Dans son journal, Bougainville rapporte :

> Les premiers jours du mois d'avril ont été employés à construire une poudrière dans le fort, à transporter dans le magasin les vivres et marchandises qui doivent rester, à faire pour les colons un amas de tourbe, et le 5, l'eau, le bois, les rafraîchissements des navires étant prêts, l'habitation et le fort achevés, j'ai pris solennellement possession de cette terre nouvelle au nom du roi[15].

Au cours de cette cérémonie, le site est baptisé Fort Louis, et Louis Antoine remet à son cousin la lettre du roi qui le nomme commandant de l'établissement. Encore quelques préparatifs et le 8 avril 1764, alors que s'instaure l'automne austral, l'*Aigle* et le *Sphinx* lèvent l'ancre, laissant derrière eux les vingt-neuf premiers habitants des îles Malouines.

Comme l'archipel finit par disparaître dans le sillage de l'*Aigle*, à quoi Bougainville peut-il bien penser ? À son cousin germain, qui s'est lancé à corps perdu dans l'aventure de la colonie et qui porte maintenant sur ses épaules la responsabilité de l'établissement. Lui et les deux familles acadiennes — les Boucher et les Benoît —, que vont-ils tirer des lieux ? Parviendront-ils à trouver de la terre à défricher, sauront-ils y faire pousser quelque chose ? Le bétail apporté de Montevideo survivra-t-il ? Pourra-t-il se reproduire ? Les Malouines ont-elles une chance de parvenir à l'état d'autarcie alimentaire sans lequel aucune colonie ne survit longtemps ? Louis Antoine résume son point de vue en quelques phrases :

Le climat de ces îles est de la plus grande salubrité. [...] Il pleut rarement et le ciel est toujours pur, mais le vent est continuel et presque toujours de la même partie. Le terrain est partagé en vallons, tous arrosés d'une eau excellente. Le gibier est abondant [...]. Pendant notre séjour, on n'a point touché aux vivres des navires. Il y a des indices de mines de plusieurs espèces. On a trouvé au plain, en divers endroits, plusieurs arbres entiers et, quoique dans les parties de l'île on n'ait point trouvé de bois, nous avons tué plusieurs loups qui sembleraient indiquer que plusieurs endroits de l'île sont boisés. Les loups, vaches, lions marins se montrent partout en foule et j'en ai fait faire quelques barriques d'huile[16].

L'optimisme de Bougainville paraît un peu forcé, et son discours s'offre à une critique facile. S'il fait toujours beau sous un ciel pur, comment se fait-il que les rivières y soient aussi nombreuses, et les terrains aussi détrempés ? Le gibier est abondant, soit. Mais le restera-t-il après quelques mois de chasse au même rythme de prédation que celui des semaines qui viennent de s'écouler ? On a trouvé quelques arbres échoués sur la côte : cela ne suffira jamais à fournir du bois d'œuvre ! Et tirer de la présence de quelques loups la conclusion qu'il existe une forêt paraît bien hâtif. Quant aux mines, c'est bien d'indices que parle Bougainville... Non, il ne faut pas se bercer d'illusions, les Malouines ne deviendront pas une nouvelle Acadie. Pour se faire une idée plus juste des lieux, mieux vaut se référer à la description qu'en fait, avec une grande sobriété, dom Pernetty : « Un horizon terminé par des montagnes pelées, des terrains entrecoupés par la mer, des campagnes inanimées, faute d'habitants, point de bois, un vaste silence quelquefois interrompu par le cri des monstres marins, partout une triste uniformité[17]. » Cette courte description est magnifiquement juste. Ce qui frappe surtout, aux Malouines, c'est le vent. Le vent qui fait que les seuls endroits où la végétation pousse plus haut que de l'herbe pour moutons sont les creux de terrain. Rien n'en dépasse sans trépasser ! La « triste uniformité » qu'évoque dom Pernetty mérite cependant une remarque : l'archipel possède un étonnant pouvoir de séduction si ce n'est de fascination. Dès que le ciel nuageux s'entrouvre, une lumière crue perce et illumine le vert et le jaune quasiment fluorescents de la végétation. Il arrive même que, dans les baies, la mer se teinte de turquoise. Mais qu'on ne s'y trompe pas, ces couleurs chatoyantes évoquent ici plus les glaciers que les tropiques.

Idylliques ou non, il n'en demeure pas moins que les Malouines restent le point de départ stratégique pour l'exploration des terres australes. Et ce d'autant plus que des mouillages sûrs, tel le port Saint-Louis, sont nombreux dans l'archipel. Cependant, cessant de se leurrer sur les réalités climatologiques des Malouines, Bougainville estime que les îles qui seront découvertes en Atlantique, sans même parler du continent Antarctique, offriront des conditions de vie plus rudes encore que celles des Malouines, dans la mesure où elles se trouvent encore plus au sud. Conclusion : c'est dans le Pacifique qu'il faut chercher ces nouvelles terres. Dès lors, l'établissement d'une base navale aux Malouines présente un bien moindre intérêt. Il le sait parfaitement. Est-il pour autant possible de faire marche arrière ? Sûrement pas. Trop de frais déjà ont été engagés. Et peut-être l'exploitation de l'huile de mammifères marins dégagera-t-elle des bénéfices substantiels ? Il faut donc aller de l'avant et, pour cela, assurer la possession des Malouines par une décision du roi et faire venir d'autre familles acadiennes.

Bougainville ne perd pas un instant. Comme il commence à remonter la Manche par faibles brises de secteur est, bien que l'*Aigle* ait pour destination son port d'attache de Saint-Malo, Bougainville hèle un bateau devant l'île de Batz et se fait débarquer à Morlaix le 25 juin. Ayant acheté un cabriolet, il file à Versailles et de là à Compiègne où se trouve alors la cour (le roi chasse...). Il y arrive le 28. À partir de ce moment, tout se complique.

D'abord, la marquise de Pompadour, que Bougainville peut considérer comme sa protectrice, est décédée depuis quelques semaines. Cela ne semble cependant pas affecter son propre crédit auprès du roi tandis que Choiseul, qui soutient le projet de colonisation des Malouines, demeure lui aussi bien en cour. Il apporte d'ailleurs à Bougainville une information d'une importance capitale, qu'il a apprise par la presse : les Anglais aussi s'intéressent aux Malouines, qu'ils s'acharnent à appeler Falkland, et une petite escadre, croit-on savoir, est en route pour la pointe méridionale du continent américain. Son intention finale serait d'accomplir une navigation autour du monde.

En réalité qu'importe, car dans l'immédiat le problème diplomatique se situe plutôt au niveau de la Couronne espagnole, à qui il conviendrait maintenant de demander l'autorisation d'installer un établissement aux Malouines. Bougainville n'a pas voulu envisager un seul instant que l'Espagne puisse revendiquer cet archipel si éloigné de ses colonies. Mais les Espagnols ne voient pas la chose de la même manière, ainsi que Choiseul est en train de l'apprendre. Le 6 juillet[18], l'ambassadeur d'Espagne, qui a reçu un rapport de Montevideo, demande quelles étaient les intentions des navires français qui se sont avitaillés là-bas, et y ont embarqué une telle quantité de bétail sur pied. Il paraît difficile de lui cacher la vérité. Dieu sait pourquoi, dans un premier temps, la Couronne espagnole ne s'en alarme pas. Ce qui encourage un Choiseul résolument optimiste à considérer que, parce que la France est alliée de l'Espagne, cette dernière ne sera que trop heureuse de voir une colonie s'y installer, ne serait-ce que pour empêcher les Anglais d'y venir eux-mêmes. Malheureusement, les diplomates consultés, bons connaisseurs de la société ibère, expliquent que la bonne entente entre les deux peuples n'est qu'apparence. Une négociation s'impose et, préviennent-ils, elle sera délicate. Ainsi, le très écouté abbé Beliardi précise : « Les Espagnols regardent généralement les étrangers comme la ruine principale de l'État. Ils haïssent et vexent particulièrement les Français parce qu'il y en a un grand nombre d'établis parmi eux, qui y ont des maisons très riches, vivent dans l'aisance et à la française et condamnent les mœurs et les usages des Espagnols. Ils les taxent surtout de leur enlever des projets qui doivent être réservés aux seuls nationaux[19]. »

La critique paraît viser tout spécialement les négociants et armateurs de Saint-Malo. Cela nous ramène au commerce très rentable que, dès le XVIe siècle, le port breton avait établi avec les colonies espagnoles d'Amérique du Sud. À l'origine, la Couronne d'Espagne s'imposait comme intermédiaire obligée, faisant valoir son monopole sur tout commerce avec l'empire. La procédure, incontournable, était la suivante. La flotte d'Espagne effectuait régulièrement l'aller-retour entre Cadix et l'Amérique du Sud. À l'aller, elle emportait des marchandises venant non seulement d'Espagne, mais encore d'Angleterre, de France et de Hollande. Un organisme espagnol appelé Casa de Contratación se chargeait de collecter ces marchandises, mais sans pour autant les acheter. Elle demeurait une simple intermédiaire qui ne courait donc aucun risque en cas de fortune de mer ! Son monopole était absolu, non seulement en Espagne, mais aussi en Amérique où les colonies n'avaient le droit ni de produire des articles aussi usuels que les chaussures et les vêtements, ni de se les procurer ailleurs qu'auprès de la Casa de Contratación. Saint-Malo s'était donc fait une spécialité de livrer à Cadix des produits venant de toute la France. Les rapports entre les deux ports devinrent même si étroits que les familles de négociants malouins entretenaient des agents sur place, souvent leur fils aîné qui faisait ainsi son apprentissage du commerce international avant de prendre la succession du père. Ce sont ces familles qui, si l'on en croit l'abbé Beliardi, attisaient la rancœur des Espagnols.

La flotte d'Espagne appareillait au printemps de Cadix, et était de retour dix-huit mois plus tard. Saint-Malo envoyait alors des navires à Cadix afin de toucher les parts de bénéfices sur les ventes des marchandises qu'ils avaient livrées à leur précédent passage. Ils rapportaient ainsi de l'or, de l'argent, et diverses marchandises : vins, huiles et fruits séchés d'Espagne ; mais aussi bois précieux et indigo d'Amérique. Bien entendu, il arriva un jour où les négociants malouins se dirent qu'il était peut-être possible d'expédier des marchandises directement en Amérique du Sud. Les colonies espagnoles ne demandaient en effet pas mieux que de braver le monopole de la Casa de Contratación, qui pratiquait des prix de vente exagérément élevés. Et c'est ce commerce interlope — pour employer l'expression consacrée — qui contribua si grandement à la fortune de Saint-Malo, cette contrebande que l'abbé Beliardi évoquait sous l'expression « projets qui doivent être réservés aux seuls nationaux ».

À Versailles, Choiseul et Bougainville (qui n'a d'autre choix) estiment que la crainte d'une réaction espagnole négative ne doit pas empêcher d'aller de l'avant. Ignorer les problèmes n'est-il pas quelquefois une façon de les résoudre ? Bougainville fait don de la colonie au roi de France, lequel confirme Bougainville de Nerville dans son rang de gouverneur. Mais lorsqu'il s'agit d'apporter une compensation des frais engagés — pour ne pas parler d'aide financière —, la réponse tombe, cruelle : les caisses sont vides. À la fin du mois d'août 1764, quelle est donc la situation de la Compagnie de Saint-Malo ? L'*Aigle* a été désarmé à Solidor, et son équipage payé. Le *Sphinx* est rentré de Guadeloupe, mais le négoce aux Antilles et le fret de retour n'ont pas apporté de bénéfices significatifs. Comme, par ailleurs, les qualités de marche du bâtiment ont déçu, il a été désarmé et vendu. Ce sont d'ailleurs les banquiers de la Compagnie (Le Breton de Blessin et Sébire des Saudrais) qui s'en sont portés acquéreurs et l'ont rebaptisé le *Brocanteur*[20]. De semaine en semaine, de rencontre en rencontre à la cour, le projet de Bougainville perd de ses ambitions. Tandis qu'il a fallu demander à l'oncle d'Arboulin de nouveaux capitaux, et même accepter les apports des capitaines des navires, Duclos-Guyot et Chenard de La Giraudais.

Pendant qu'en France le projet d'installation définitive d'une colonie aux Malouines devient problématique, en Espagne, les choses s'accélèrent.

On vient d'y prendre connaissance de l'édition du 13 juillet 1764 de la *Gazette d'Amsterdam*. Après avoir signalé l'appareillage d'une expédition anglaise vers la mer du Sud (et sans doute vers les Malouines), elle détaille les projets français. Et là, soudain, la Couronne espagnole prend conscience de ce qui se met en place : une base française sur la route de l'empire colonial d'Amérique du Sud, mais aussi sur celle des Philippines ! Il n'est certes pas question de les laisser faire, mais la fermeté de ce point de vue est modérée par une autre réflexion : et si les Anglais adoptaient la même politique* ? La France est alliée de l'Espagne : on doit donc pouvoir faire valoir les vues de l'Espagne. L'Angleterre, en revanche, est ennemie ; depuis les Malouines, elle pourrait s'attaquer à l'empire d'Amérique du Sud. Il faut donc s'arranger, mais en restant ferme, avec la France.

Bougainville s'inquiète. L'été est passé, il faut reprendre la mer le plus vite possible : aux Malouines, les vivres commencent à s'épuiser, et, à Saint-Malo, il ne s'agirait pas de connaître les mêmes retards à l'appareillage qu'en septembre de l'année précédente. Or la saison avance : ce n'est que le 22 septembre que Bougainville est de retour à Saint-Malo, où de nouveau il salue Bénard de La Harpe, lequel s'empresse de rédiger, à l'intention du parlement de Bretagne, un nouveau mémoire sur la nécessité d'explorer les terres australes. Il y précise : « Sans mon âge de quatre-vingt-dix ans, j'aurais été

---

* En réalité, comme on le voit plus loin, ce sera fait en janvier 1765.

charmé d'accompagner cette troupe d'Argonautes bretons[21]... » Ainsi qu'on pouvait le craindre, les vents d'ouest empêchent toute tentative d'appareillage jusqu'au 6 octobre. À bord, ils sont 116 au total, dont 53 ouvriers destinés aux travaux d'amélioration de la colonie. Mais seules 28 personnes resteront aux Malouines, où l'*Aigle* arrive le 5 janvier 1765.

Comme l'*Aigle* s'engage dans la baie dont le fond abrite le port Saint-Louis, on comprend l'anxiété de Bougainville. Que s'est-il passé depuis le mois d'avril précédent ? Comment la colonie a-t-elle passé l'hiver austral ? Quelques heures plus tard, le voici rassuré puisque, durant l'hiver, on a célébré un mariage et deux baptêmes. Dans son journal, Bougainville écrit pour première observation qu'il n'y a qu'un mort à déplorer, et ce par accident. Il précise — et l'information est confortée par un courrier adressé par Bougainville de Nerville à dom Pernetty : « L'hiver n'a pas été rude, point de glace, fort peu de neige, beaucoup de gibier et de poisson. Les bestiaux ont passé tout l'hiver *sub dio*, et se portent à merveille. C'est un grand avantage pour ce pays qu'il n'y faille point d'étables. On ne peut rien décider sur les différents essais de culture. Les graines apportées de France étaient presque toutes de mauvaise qualité. D'ailleurs, les terres ne sont point préparées[22]. » Il n'en demeure pas moins que les conditions météorologiques restent rudes, comme en témoigne l'accident qui survient à la chaloupe qui, allant faire aiguade, est submergée par une vague et chavire. Bilan : cinq marins noyés.

Si l'on ajoute que de nouveaux travaux d'aménagement ont été réalisés, tout va donc pour le mieux au port Saint-Louis des Malouines. Mais en ce début janvier, l'été est déjà avancé et Bougainville a prévu un programme ambitieux : dès que l'*Aigle* sera déchargé, il mettra le cap sur le détroit de Magellan, afin d'y trouver une solution à l'approvisionnement en bois de la colonie. Ce sera aussi l'occasion de rencontrer les géants de Patagonie dont Maupertuis se montrait si curieux dans son mémoire de 1752. Entre-temps, il organise l'exploration systématique, par la terre comme par la mer, de l'île et de ses parages. C'est ainsi que sont aperçus deux navires. Pour Bougainville, il ne peut s'agir que de cette expédition anglaise en route pour un tour du monde, dont Choiseul l'avait informé.

Comme il songe toujours à l'île Pepys, dont l'existence reste certes à prouver, mais qu'il ne voudrait pas voir tomber entre les mains des Anglais, Bougainville décide d'appareiller le plus vite possible. Ce serait en effet un comble si Pepys se situait entre les Malouines et Magellan, et qu'Albion découvre l'île avant lui. Le 2 février, l'*Aigle* prend donc la mer et, aux approches de Magellan, repère trois navires, lesquels cherchent à l'éviter. Le capitaine* raisonne en Malouin : « Leur manœuvre peu commune à des vaisseaux qui n'ont rien à craindre nous fit croire que c'étaient des marchands interlopes qui fuyaient la rencontre des vaisseaux

---

* Pour le deuxième voyage aux Malouines, le capitaine de l'*Aigle* n'était pas Nicolas Pierre Duclos-Guyot, mais son frère Alexandre.

de guerre[23]. » Pour Bougainville, il s'agit vraiment d'une expédition anglaise, qui veut rester secrète. Et il va en avoir le cœur net quelques jours plus tard.

Dans les premiers retrécissements du détroit de Magellan, où le louvoyage est besogneux, l'*Aigle* rejoint les trois bâtiments inconnus, dont l'un s'est échoué. On met aussitôt la chaloupe à la mer avec une ancre à jet et un câblot, mouillage sur lequel le navire pourra se déhaler pour se remettre à flot. L'intention n'est pas seulement généreuse : elle permet surtout de s'informer sans paraître inquisiteur. Le bateau mystérieux s'en sort par ses propres moyens et c'est dans un anglais parfait qu'il décline l'offre d'aide. Bougainville a compris qu'il va peut-être devoir faire face à des concurrents. La situation est assez cocasse : dans toute cette partie du monde se trouvent seulement quatre navires, et trois d'entre eux cherchent à éviter le quatrième. Lequel à son tour joue au plus fin : « En m'enfonçant plus dans le détroit j'étais à portée de savoir s'ils voulaient le passer pour entrer dans la mer du Sud, ou s'ils ne venaient que faire du bois pour le porter à quelque nouvel établissement formé dans la mer du Nord*, et je les laissais dans l'incertitude de ma destination[24]. »

Par la suite, occupé à sa véritable mission, qui est de trouver du bois pour les Malouines, Bougainville vérifiera que les deux plus forts bâtiments

---

* C'est par rapport à l'isthme de Darien que l'on désigna l'Atlantique sous l'expression « mer du Nord », et que l'on nomma le Pacifique « mer du Sud ».

anglais font route vers le Pacifique, le troisième, qui leur servait d'annexe pour transporter des vivres, ayant rebroussé chemin*. L'*Aigle* se trouve bientôt rempli de bois. Cales, ponts, porte-haubans... il y en a partout, de toutes les essences et de toutes les formes, auxquelles s'ajoutent 10 000 plants d'arbres de différents âges, qu'on espère acclimater aux Malouines. Et les Patagons ? Ce n'est pas sans difficulté qu'ils seront approchés, mais le contact se révéla plutôt chaleureux. En tout cas, la rencontre tant attendue apporte une réponse à l'interrogation de Maupertuis. Non, les Patagons ne sont pas des géants. De plus, à l'évidence, la présence d'un navire européen ne les surprend pas. Le commerce interlope avec les colonies espagnoles d'Amérique du Sud serait-il encore plus intensif qu'on ne le soupçonnait ? Mais, sur cette question, les Malouins ont toujours fait preuve de discrétion...

Le 22 mars 1765, l'*Aigle* retrouve l'Atlantique et, plein vent arrrière, cingle vers les Malouines. Comme il longe le nord de l'archipel, repérant des terres où il serait commode de s'établir, il ne sait pas que les navires anglais, dont la découverte a précipité son propre appareillage pour le détroit de Magellan, avaient auparavant pris possession de ce qu'ils appelaient, eux, Falkland, en créant un établissement à Port Egmont, au nord-ouest de l'archipel, sur l'île aujourd'hui nommée Falkland occidentale. De retour à la colonie, il connaît deux

---

* On sait maintenant qu'il s'agissait de l'expédition de Byron dans le Pacifique (1764-1766), laquelle n'apporta aucune découverte notable.

grandes joies : déguster les premiers légumes à avoir poussé aux Malouines, et lancer le premier bateau construit sur place : la goélette *Croisade*. De nouveaux travaux d'aménagement ont été menés à bien, des barriques d'huile de loup-marin ont été remplies et, avant d'appareiller pour la France, Bougainville célèbre deux nouveaux mariages, tandis qu'on note que trois femmes sont enceintes. La population des Malouines se monte donc désormais à 75 personnes. Tout va donc plutôt bien.

En revanche, la traversée vers la France se montre difficile : avec l'approche de l'été, en Atlantique Nord, un régime anticyclonique s'est mis en place, générant des vents de nord-est, faibles de surcroît. Dans l'exaspérant et interminable louvoyage, une escale aux Açores s'impose. En effet, l'*Aigle* a laissé un maximum de vivres aux Malouines et se trouve donc lui-même à court, tandis que le scorbut commence à sévir. C'est seulement le 13 août que la frégate embouque les passes de Saint-Malo : elle avait quitté le port Saint-Louis le 27 avril !

À peine a-t-il posé le pied à terre, Bougainville ne songe qu'à filer à Paris, taraudé par un pressentiment. Quelque chose ne va pas. Ainsi, avant le dernier départ de l'*Aigle*, il avait été convenu avec le secrétaire d'État aux Colonies qu'un navire chargé de provisions et de ravitaillement à destination des Malouines quitterait Rochefort aux ordres de La Giraudais, l'ancien capitaine du *Sphinx*. Or on n'en a pas rencontré trace. Le duc de Choiseul étant absent de Paris, Bougainville se rend au ministère des Colonies. Une fois menée l'enquête auprès du secrétaire d'État du Buc, il apparaît que l'ordre n'a jamais quitté ses bureaux. Les explications vagues qui lui sont données laissent entendre que certaines difficultés avec l'Espagne pourraient expliquer la chose. Bougainville file aux Affaires étrangères. Là, on lui oppose un silence gêné. Alors il est pris de frayeur. Il n'ose pas l'admettre mais il le sent bien : le sort des Malouines est scellé. Bougainville perçoit peut-être alors le vrai problème. Entre les Bourbons de France et ceux d'Espagne, n'existe-t-il pas un accord appelé pacte de Famille* ? Pour le roi Louis XV, il n'est pas question qu'une discorde naisse de la peccadille que représente l'installation d'un établissement français dans un archipel perdu à l'autre bout du monde. Ce pacte de Famille n'a pas fini de faire des ravages contre la France...

Le 25 août, enfin, Bougainville peut voir Choiseul, dont il découvre soudain l'inconstance et la duplicité. Le ministre le laisse d'abord parler et s'alarme d'apprendre les visées anglaises sur les Malouines. Mais c'est pour affirmer tout de suite après que l'abandon de la colonie à l'Espagne a été décidé. Justement, ajoute-t-il, on l'attendait pour le dépêcher à Madrid, où il négocierait les conditions du transfert de souveraineté et l'évacuation de l'archipel. Bougainville réagit avec d'autant plus de panache que la nouvelle le sidère. Il argumente si

---

* Le pacte de Famille : pacte signé en 1761 au sein de la famille Bourbon, destiné à assurer l'hégémonie de ses diverses branches, en France, en Espagne et en Italie. Les accords qui en découlaient étaient susceptibles de faire passer l'intérêt de la famille avant celui de la nation.

bien pour le maintien de la colonie française que le ministre change d'avis ou, du moins, fait semblant. Et Bougainville n'a d'autre choix que de le croire ou… de faire semblant.

Qu'importe ce marché de dupes, l'urgence du moment reste d'assurer le ravitaillement de la colonie. Il est ainsi décidé que la flûte le *Salomon* appareillera dans les meilleurs délais de Rochefort, sous le commandement de La Giraudais. Une fois à la colonie, il repartira faire une provision de bois, là où Bougainville de Nerville le lui indiquera, puis il reviendra en France avec une cargaison de « denrées du pays ». En définitive, le *Salomon* se révèle d'une capacité de port trop faible pour charger tout ce qui a été prévu, il est donc remplacé par la flûte l'*Étoile*. Pendant ce temps, à Saint-Malo, l'*Aigle* est réarmé et reçoit aussi une cargaison. L'*Étoile* prend la mer le 9 novembre 1765, et l'*Aigle* le 25 du même mois.

Bougainville peut désormais se consacrer entièrement au sauvetage diplomatique des Malouines. Fin avril 1766, le voici à Aranjuez où il argumente finement. Se sachant en position de faiblesse et ayant compris que l'Espagne est surtout vexée de ne pas avoir été consultée avant l'installation de la colonie, il met l'accent sur le fait qu'il faut surtout empêcher l'Angleterre de s'emparer des lieux. À cela, il s'entend répliquer que l'Espagne craint tout autant la contrebande française. Sans doute en lui-même Bougainville maudit-il les Malouins. Depuis sa rencontre avec les Patagons, il sait bien que le trafic a de quoi inquiéter la Couronne d'Espagne. Alors, que répondre ? Le 5 mai, la décision espagnole est prise :

> Il vient d'être décidé que M. de Bougainville abandonnerait l'établissement [...] et que l'Espagne occuperait tout de suite ce poste important pour la commodité et pour la sûreté de la navigation de la mer du Sud. Il a été décidé en même temps que la cour de Madrid rembourserait les frais légitimement faits à cette occasion par M. de Bougainville[25].

Or, lorsque Louis Antoine de Bougainville revient en France après cette négociation pas si mal menée, c'est pour apprendre que les Anglais, ainsi qu'il le craignait, se sont établis aux Malouines, en l'occurrence à Port Egmont. Mais qu'y faire ?

L'important désormais est de garantir au mieux les intérêts des familles acadiennes et françaises qui se sont installées au port Saint-Louis. Pour ce faire, Bougainville propose de partir pour les Malouines, à bord de la frégate espagnole qui va s'y rendre, et il rappelle que l'*Aigle* appartient maintenant à Sa Majesté catholique. Côté espagnol, on lui signale que ses comptes sont attendus afin de solder définitivement la question de la cession de la colonie. Bougainville annonce qu'il va envoyer sous peu des justificatifs pour 500 000 à 600 000 livres, et il demande une avance nécessitée par un remboursement d'emprunts. Dans le fond, du point de vue financier tout au moins, le dénouement de l'affaire des Malouines pourrait donc ne pas être aussi dramatique que Louis Antoine de Bougainville et ses associés de la Compagnie de Saint-Malo ont pu le craindre.

Le voici donc prêt à partir pour l'Espagne avec les ordres de cession des Malouines, que le ministre lui aura remis. Et comme Bougainville vient chercher ces documents (toujours à Compiègne, car le roi chasse...), voici que le duc de Choiseul a une nouvelle idée. Et si l'on proposait à l'Espagne de concéder à la France les Philippines, dont elle semble se désintéresser ? Elle s'en désintéresse si bien qu'en 1743 elle a laissé le galion de Manille se faire capturer par l'amiral anglais Anson ! Le ministre insiste et développe son projet. Si Bougainville faisait accepter cette idée à Madrid, après avoir remis les Malouines aux Espagnols, il poursuivrait sa navigation à travers le Pacifique pour prendre possession des Philippines, dont il pourrait devenir le gouverneur...

Louis Antoine, sûrement plus réaliste que son ministre, voit dans cette proposition une autre opportunité, qui correspond tout à fait à ses propres aspirations. La recherche des terres australes l'intéresse, entre autres, parce qu'elles ouvrent une route vers les îles aux épices ou de nouvelles îles qui offriraient les mêmes richesses. Il profite donc de l'idée d'une traversée du Pacifique vers les Philippines pour faire agréer le principe de son propre projet. Il fait bien préciser à Choiseul que le détour par les Philippines ne sera fait qu'avec l'accord de l'Espagne, le principal du voyage étant la recherche de nouvelles îles comme les terres de Davis et de

Queirós*. Il se propose aussi de passer aux Moluques pour y prendre des plants d'épice qu'on pourrait acclimater dans d'autres îles, comme l'île de France (actuelle île Maurice) ou Bourbon (actuelle Réunion). Il reviendrait ensuite par l'océan Indien et le cap de Bonne-Espérance, ayant ainsi fait accomplir un premier tour du monde à un navire du roi. Telle est la genèse du fameux voyage autour du monde de Bougainville.

---

* Terres mythiques dont les géographes soupçonnaient l'existence, d'après les relations faites par les navigateurs Davis (1550-1605) et Queirós (1560-1614) de leurs navigations dans l'est de l'actuelle Australie.

Un homme de ressource
(1766-1767)

Dans le « Discours préliminaire » qui ouvre son *Voyage autour du monde par la frégate du roi la Boudeuse et la flûte l'Étoile*, Louis Antoine de Bougainville liste les circumnavigations qui ont précédé son propre tour du monde et conclut : « On voit que, de ces treize voyages autour du monde, aucun n'appartient à la nation française... En 1714, un Français, nommé La Barbinais Le Gentil, était parti sur un vaisseau particulier pour aller faire la contrebande sur les côtes du Chili et du Pérou. De là, il se rendit en Chine où, après avoir séjourné près d'un an dans divers comptoirs, il s'embarqua sur un autre bâtiment que celui qui l'y avait amené, et revint en Europe, ayant à la vérité fait de sa personne le tour du monde, mais sans qu'on puisse dire que ce soit un voyage autour du monde fait par la nation française. »

Ne prenons pas pour argent comptant ce qu'écrit Bougainville. Celui-ci connaît alors trop bien les négociants et navigateurs malouins pour ne pas savoir que, depuis des lustres, ils pratiquent le commerce avec la Chine via l'Amérique du Sud ! Mais alors, pourquoi cette erreur volontaire, ou plutôt ce mensonge par omission ? D'abord, bien entendu, afin de donner du lustre à son propre voyage. Mais aussi, et peut-être surtout, afin de rester *politiquement correct* : il ne faut pas oublier que sa circumnavigation est la conclusion d'une mauvaise histoire survenue entre la France et l'Espagne, par suite du commerce de contrebande pratiqué par les Malouins, dont les voyages interlopes étaient des tours du monde ! La Couronne française était bien obligée d'interdire la contrebande pour ne pas déplaire à la famille Bourbon espagnole. Mais elle n'allait pas non plus se passer des retombées pour la France du négoce clandestin exercé par les Malouins.

Il se trouve que cet aspect fort peu connu de l'histoire maritime française passionna, dans les dernières années du XIXe siècle, le Suédois Erik Wilhelm Dahlgren, futur directeur de la bibliothèque royale de Stockholm. L'histoire de cette étude est tout à fait romanesque, commençant par la découverte dans cette bibliothèque d'un manuscrit relatant une traversée aller-retour du Pacifique effectuée en 1708 par le *Saint-Antoine*, entre Pisco et la Chine. Les premiers travaux de Dahlgren lui vaudront de recevoir le prix Jomard de la Société de géographie de Paris, en 1901 ; à la suite de quoi le gouvernement suédois assurera au chercheur un financement qui lui permettra de séjourner longuement à Paris, Saint-Malo et Londres. Et la copie de plusieurs milliers de documents lui donnera matière à un ouvrage extrêmement documenté, qui sera traduit en français !

C'est donc un chercheur suédois qui analysera les bénéfices du commerce interlope malouin pour la Couronne royale française. Et les informations qu'il livre laissent rêveur :

> Si nous nous occupons du résultat économique, nous trouverons un grand nombre de rapports contemporains qui l'estiment à de très fortes sommes. Nous citerons comme exemple Jourdan, le fondateur de la Compagnie de la mer du Sud, qui, déjà en 1711, prétendait que les navires français avaient importé plus de 300 millions de livres en argent, et Bénard de La Harpe, qui, en sa qualité de député de Saint-Malo aux États de la Bretagne, doit avoir été bien informé : celui-ci fixe l'importation pour les seuls navires de cette ville, pendant les années de 1703 à 1720, à 400 millions. Pour donner une idée de l'importance de ces sommes, il suffit de rappeler que le total de la production d'argent du Pérou de 1701 à 1720, d'après le calcul de l'auteur allemand Soetbeer, se serait élevé à 685 millions de francs, et qu'à la mort de Colbert, en 1683, la somme du numéraire que possédait la France montait à 500 millions de livres ou 740 millions de francs. Par conséquent, une importation de 400 millions de livres, soit, en monnaie actuelle, environ un demi-milliard de francs, correspondrait à peu près aux deux tiers de tout l'argent que produisit le Pérou et aurait augmenté des quatre cinquièmes le numéraire de la France, en supposant, comme l'ordonnait la loi en vigueur, que toute cette somme eût été convertie en monnaie. Si les chiffres donnés étaient véridiques, nous nous trouverions donc en face d'un facteur d'une importance économique immense ; mais l'incertitude de ces données contemporaines nous fait soupçonner qu'elles sont exagérées ou du moins qu'il faut les admettre sous bénéfice d'inventaire[1].

Dahlgren dénombre déjà onze voyages autour du monde, effectués entre 1711 et 1719, avec cette précision :

> Après avoir quitté la côte du Pérou, la plupart de ces navires visitèrent Canton ou Amoy, en Chine ; deux d'entre eux, la *Grande Reine d'Espagne* et le *Saint Louis*, firent escale à Manille ; et l'un, la *Comtesse de Pontchartrain*, mérite une mention particulière, car, à l'encontre de tous les autres, il fit le tour du monde de l'Ouest à l'Est. On a prétendu que Cook, dans son second voyage (1772-1775), fut le premier à faire la circumnavigation dans ce sens : nous devons donc désormais lui contester cet honneur et l'attribuer à un Français, le capitaine Jean Forgeais de Langerie[2]...

Il ne faut donc pas considérer la croisière de Bougainville comme une première, et pas vraiment non plus comme un voyage d'exploration. Il est même vraisemblable que le capitaine en second de Bougainville, le Malouin Nicolas Pierre Duclos-Guyot, avait traversé le Pacifique en tant que capitaine en second de l'*Aimable Marie*, entre 1749 et 1756. Dès lors, quel était donc la raison de ce tour du monde ? Donner du panache à la triste tâche imposée par Louis XV à Bougainville, en l'occurrence livrer aux Espagnols l'établissement qu'il avait créé et dont on savait maintenant qu'il avait toutes les chances de perdurer ? Au vu de tout ce qui, dans cet ouvrage, a déjà été conté du fonctionnement de la cour et du royaume de France, on peut s'autoriser à répondre par l'affirmative.

Officiellement, la mission de Bougainville est triple : découvrir de nouvelles terres à coloniser (pour remplacer celles perdues par la guerre de Sept Ans) ; trouver une route « nouvelle » vers la Chine (mais on a vu ce qu'il en était) ; récupérer des plants d'épices à acclimater sur l'île de France (cet aspect seul de la mission pouvait justifier le voyage). Le programme du voyage affichait une ambition certaine, mais les ordres donnés au navigateur étaient fort peu contraignants.

> Après que le Sr de Bougainville aura mis les Espagnols en possession des îles Malouines et que la flûte l'*Étoile* s'y sera rendue à ses ordres, il en partira avec ses deux bâtiments et fera route pour la Chine par la mer du Sud. Il sera libre de traverser le détroit de Magellan, ou de doubler le cap Horn, selon que la saison et les vents lui feront préférer l'une ou l'autre route.

La latitude laissée à Bougainville du choix de sa route est louable. Mais il y a avait là une occasion d'étudier officiellement si, pour passer de l'Atlantique au Pacifique, la route du Horn était réellement plus dangereuse que celle du détroit de Magellan.

> En traversant pour se rendre en Chine, il reconnaîtra dans l'océan Pacifique, autant et du mieux qui lui sera possible, les terres gisantes entre les Indes et la côte occidentale de l'Amérique dont différentes parties ont été aperçues par des navigateurs et nommées Terre de Diemen, Nouvelle-Hollande, Carpentarie, Terre du Saint-Esprit, Nouvelle-Guinée, etc.

« Autant et du mieux qui lui sera possible » : la précaution tombait à pic, car ni par le temps alloué pour l'expédition, ni par les quantités de vivres disponibles, les moyens n'avaient été donnés à l'expédition d'avoir ne serait-ce que la possibilité d'effectuer des reconnaissances efficaces.

> Il dirigera sa navigation de manière à pouvoir partir de Chine au plus tard à la fin de janvier 1768, la mousson ne permettant pas d'en sortir après ce temps-là. Le Sr de Bougainville pourra relâcher aux Philippines si la navigation l'exige, il y conduira ses deux bâtiments ainsi qu'en Chine s'il le juge à propos, ou bien il fera passer l'*Étoile* par une route différente de la sienne s'il le croit nécessaire en quittant les terres situées entre l'Équateur et le tropique du Cancer.

La Chine n'est donc plus un but obligé de la croisière, puisque la date de départ en est formellement fixée. Tandis que la prise de possession des Philippines, dont le ministre rêvait, se transforme en une possible relâche. Et l'ordre qui suit peut même être lu comme une alternative au passage par la Chine :

> Sa Majesté recommande au Sr de Bougainville de reconnaître, s'il le peut, quelque île à portée de la côte de Chine qui puisse servir d'entrepôt à la Compagnie des Indes pour un commerce avec la Chine.

Le propos est même renforcé :

> Le terme de la navigation du Sr de Bougainville ne devant pas excéder deux ans, et les événements de la campagne pouvant exiger qu'il relâche directement à l'île de France, Sa Majesté lui laisse la liberté d'aborder ou de ne pas aborder à la côte de Chine. Il se règlera à cet égard sur les circonstances où il se trouvera[3].

Le projet du voyage confié à Bougainville inspire donc deux réflexions à partir desquelles on pourra apprécier l'ensemble de l'expédition. D'abord : le navigateur était tenu par peu d'obligations formelles. Ensuite : c'est heureux parce que les aléas de la première partie de sa mission — remettre les îles Malouines à l'Espagne — oblitéraient considérablement ses chances de mener le voyage d'exploration à bien.

Bougainville va donc partir avec deux bâtiments : la frégate la *Boudeuse* et la flûte l'*Étoile*. La frégate la *Boudeuse* sera le navire amiral, à bord duquel embarquera Louis Antoine de Bougainville. En tant que bâtiment de guerre, une frégate se caractérise par sa polyvalence puisqu'elle est à la fois rapide, manœuvrante et bien armée. Comme navire d'expédition, elle présente en revanche de nombreux inconvénients. Sa rapidité et sa manœuvrabilité exigent un équipage nombreux. Ce qui implique beaucoup de place à bord, pour les hommes et surtout pour leur avitaillement en vivres et en eau. Ses bonnes qualités manœuvrières tiennent par ailleurs à des lignes d'eau plutôt fines et un fort tirant d'eau. Ce type de carène n'est donc pas volumineuse, ce qui l'empêche d'emporter d'importantes quantités de vivres ; tandis que le tirant d'eau élevé rend délicate toute navigation en eaux côtières, surtout si elles sont inconnues. Enfin, pour une expédition, la capacité du bâtiment à pouvoir faire face à tous les temps s'impose, en respectant le précepte des vieux marins : « Trop fort n'a jamais manqué. »

Or la *Boudeuse* n'a pas été exactement conçue dans cette démarche.

C'est un spécialiste reconnu de ce type de bâtiments, Jean Hyacinthe Raffeau, qui l'a construite à Indret (6 kilomètres en aval de l'île de Nantes) entre 1765 et 1766. Pour ce faire, il a utilisé les meilleurs bois, tandis qu'en prévision de son long séjour dans les eaux tropicales, où abondent les redoutables tarets, la coque a été doublée d'un revêtement de sapin maintenu par des clous à très larges têtes. Malheureusement, dès son lancement, la *Boudeuse* s'est trouvée victime de son tirant d'eau élevé puisqu'elle a touché un banc de sable du fleuve, avec pour conséquence une déformation immédiate et irréparable de la coque. Le navire se révélera malgré tout rapide, mais sans doute aussi particulièrement sensible à la répartition des poids à bord, difficile à régler. Pour se faire une idée concrète du bâtiment, la *Boudeuse* atteint 40,6 m de long et 10,5 au maître bau, pour un tirant d'eau de 4,5 m.

La flûte l'*Étoile* est bien connue de Bougainville, puisqu'elle a remplacé le *Sphinx* pour la colonisation des Malouines. Une flûte est un bâtiment destiné au transport, ce qui signifie donc que sa coque est volumineuse, que son gréement est simplifié et son artillerie réduite. La comparaison avec la *Boudeuse* est frappante : si son tonnage (dont dépend sa capacité de port) est très proche de celui de la frégate, la flûte présente des dimensions nettement moindres (33,8 m de long pour 9,01 m de maître bau et 4,22 m de tirant d'eau), et surtout se contente d'un équipage de 120 hommes. Or la frégate en exige 90 de plus ; ce qui, pour la traversée d'un océan, représente des tonnes d'eau et de vivres supplémentaires ! Cette flûte a déjà bien servi aux Malouines, ayant assez baroudé pour être parfaitement au point, mais sans pour autant avoir déjà trop souffert. Malheureusement, étant passée à l'arsenal de Rochefort pour un radoub, elle en repart souffrant de voies d'eau à l'étrave, suite à un calfatage défectueux. Un comble ! Il va en résulter de sérieux retards et la perte d'une quantité non négligeable de vivres, et ce dès le début du voyage.

Ainsi donc, Bougainville part avec deux navires tout à fait dissemblables. La leçon des difficultés auxquelles, lors du premier voyage aux Malouines, la différence de marche entre l'*Aigle* et le *Sphinx* avait exposé Bougainville n'a pas été tirée. Pourtant, les deux bâtiments avaient été contraints de faire route séparément ! Or, pour ce tour du monde, il n'est pas question que la *Boudeuse* et l'*Étoile* se trouvent durablement éloignées l'une de l'autre, puisque la flûte transporte les vivres de la frégate. On n'ose penser à la situation de l'expédition — et tout particulièrement de la *Boudeuse* — si elle se présentait en plein océan Pacifique. Mais, avant de condamner définitivement un choix aux conséquences potentiellement aussi graves, il faut se souvenir qu'un autre découvreur déjà avait procédé de la sorte : Jacques Cartier, pour son exploration du Saint-Laurent, qu'il espérait être un détroit donnant accès au Pacifique par le nord du continent américain. Pour le deuxième de ses trois voyages, il avait réuni la *Grande Hermine* (120 tonneaux, navire grand mais lent), la *Petite Hermine* (60 tonneaux, une bonne unité polyvalente), l'*Émerillon* (petit bâtiment de 40 tonneaux, à faible tirant d'eau). En fait, Cartier les avait spécialement choisis afin de disposer toujours d'un navire mieux adapté que les deux autres aux circonstances de son exploration. Et pourquoi pas, en effet ? À un moment donné du tour du monde de Bougainville, les différences de caractéristiques entre les deux navires pourraient-elles rendre service ? Il ne semble pas.

Si les deux bâtiments paraissent bien hétérogènes, leurs équipages sont coulés dans le même moule : des marins pour une grande majorité d'entre eux bretons, autour d'un noyau de Malouins dont beaucoup sont liés par des rapports de parenté. Tous sont parfaitement expérimentés ; d'ailleurs, on compte nombre d'anciens des Malouines. Si l'expédition doit connaître des difficultés, celles-ci ne viendront pas des équipages !

La *Boudeuse* est placée sous le commandement de Louis Antoine de Bougainville, Nicolas Pierre Duclos-Guyot est donc le capitaine en second de la frégate. Situation étrange : Bougainville, qui a embarqué pour la première fois de sa vie à l'âge de vingt-six ans et a vécu l'essentiel de ses navigations en passager, commande-t-il vraiment à un homme qui, non seulement, a sept ans de plus que lui, mais bourlingue depuis l'âge de douze ans ? Donne-t-il des instructions au marin qui lui a appris le métier ?

C'est de plus une lourde charge que Bougainville s'impose ainsi ; n'aurait-il pas mieux fait de se « contenter » du commandement de l'expédition, avec pour capitaine de pavillon Duclos-Guyot ? On peut supposer que, dans les faits, les choses se sont en réalité passées ainsi. Encore que, à plusieurs reprises, la *Boudeuse* se soit mise dans des situations dont on a la sensation qu'un marin d'expérience comme Duclos-Guyot aurait su les éviter... Parmi les volontaires intégrés à l'état-major du navire se trouvent Alexandre Jean Duclos-Guyot, ancien de la première expédition aux Malouines, et son frère Pierre (qui passera ensuite sur l'*Étoile*) ; tous deux sont les fils de Nicolas Pierre, le capitaine en second[4]. Enfin, parmi les officiers mariniers du bord, 16 sont originaires de Saint-Malo et 19 de Saint-Servan* ; chez les matelots et les mousses, 44 viennent de Saint-Malo et 34 de Saint-Servan.

L'*Étoile* a pour capitaine François Pierre Chenard de La Giraudais. Dans le projet de colonisation des Malouines, il commandait le *Sphinx* lors du premier voyage de 1763. Après la vente de celui-ci, en 1764, il a commandé la flûte l'*Étoile*, qui le remplaçait. Avec l'*Étoile*, il a assuré le premier voyage de ravitaillement des Malouines en 1764, puis l'aller-retour à Rochefort en 1765. En 1766, lorsque l'*Étoile* est choisie comme second bâtiment pour le tour du monde de Bougainville, il est confirmé dans ses fonctions de commandant.

* Saint-Servan se trouve immédiatement en face de Saint-Malo.

Son équipage compte lui aussi nombre de Malouins et de Servanais.

À cette homogénéité des équipages, l'expédition de Bougainville ajoute une autre originalité qui est une véritable innovation : elle embarque trois savants : un astronome, un cartographe et un naturaliste. Ainsi se trouve affirmé le caractère exploratoire et scientifique du voyage. L'astronome aura pour fonction d'établir, par les techniques les plus sophistiquées — en l'occurrence la méthode des distances lunaires —, la longitude précise des terres découvertes. Pierre-Antoine Véron accomplira magnifiquement sa mission. L'ingénieur cartographe, Charles Routier de Romainville, est un ancien des Malouines, puisque jeune il faisait partie des premiers membres de l'établissement où il avait été dépêché comme ingénieur. Il y est demeuré jusqu'à l'arrivée des Espagnols, qui lui ont suggéré de rester, avec le grade de capitaine. Mais il a décliné l'offre, demandant à être rapatrié. C'est alors que Bougainville lui a proposé d'embarquer sur la *Boudeuse*. Le naturaliste tiendra un rôle fondamental : à lui de trouver des végétaux nouveaux dont l'exploitation puisse se révéler intéressante à tous niveaux. Lorsqu'il s'agira d'embarquer des plantes à épices, ses compétences seront irremplaçables. Philibert Commerson a été recommandé en haut lieu et nommé par un ordre ministériel, mais il n'a accepté de partir qu'après de longues hésitations, et après avoir rédigé un testament par lequel il léguait une somme confortable à sa gouvernante et fondait un prix de vertu. Ce personnage complexe va apparaître aussi remarquablement compétent que difficile à vivre et surprenant. On en reparlera !

Pour compléter le plan de table du commandant, il faut enfin citer deux invités de marque du bord. Le premier est un jeune homme de vingt et un ans, un garçon de très bonne famille : Charles Henri Nicolas Othon, prince de Nassau-Siegen et d'Orange. C'est un parent de Maurepas, l'ancien secrétaire d'État à la Marine, que sa famille voudrait mettre à l'écart de la vie parisienne, par suite de quelques frasques qui se sont achevées par des dettes vertigineuses. Contre toute attente, l'enfant gâté va se révéler excellent et endurant compagnon, bon observateur et auteur d'un journal de bord pertinent. Le second invité de marque est un fantôme puisque personne ne l'a vu, ni à bord de la *Boudeuse*, ni à bord de l'*Étoile*. Et pourtant, il a laissé un journal ! Cité par Charles de La Roncière, le chevalier Walsh n'a jamais existé et son *Journal* est un faux. Étienne Taillemite publie cependant ce texte parmi les autres journaux de ses compagnons[5], mais en ayant préalablement eu soin de préciser que ce texte est apparu en 1901, que dans le corps de la marine, en 1766-1769, aucun officier ne portait ce nom, et que le rôle d'équipage de la *Boudeuse* l'ignore aussi[6].

Fin octobre 1766, la date de l'appareillage approche. Selon le dispositif prévu, à la mi-novembre, la *Boudeuse* quittera l'estuaire de la Loire et mettra le cap sur le Rio de la Plata (Montevideo), où est fixé rendez-vous avec les deux frégates espagnoles qu'elle pilotera jusqu'aux Malouines. L'*Étoile*

— alors en grand carénage à Rochefort — l'y rejoindra. Ensuite, les deux bâtiments appareilleront de conserve pour le Pacifique.

15 octobre 1766 : Louis Antoine de Bougainville est à Paris, tout juste revenu d'Espagne, où il a achevé de régler l'affaire des Malouines. En définitive, il présentera une note de « 618 mille, 108 livres, 13 sous et 11 deniers[7] » qui correspondent aux frais des trois expéditions conduites aux Malouines. Si l'on se souvient que le capital de la Compagnie de Saint-Malo était de 200 000 livres, la question serait de savoir qui a apporté les fonds supplémentaires, qui représentent donc deux fois la mise initiale. On sait que les capitaines de Bougainville ont apporté des capitaux, le reste proviendrait donc de la fortune de l'oncle d'Arboulin. Justement, c'est lui qui, au retour de Bougainville d'Espagne, communique à son neveu les dernières nouvelles. L'*Étoile* est bien arrivée à Rochefort, où elle se trouve en grand carénage, réarmement et chargement de vivres. L'*Aigle* a quitté les Malouines, cap sur la France. La Giraudais, le capitaine de l'*Étoile*, se trouve aussi à Paris, et il apporte à Bougainville les dernières nouvelles de la colonie, de cet établissement des Malouines qui, désormais, appartient à l'Espagne. C'est un crève-cœur, car les premiers signes de succès étaient là, comme en témoignent les épis de blé et d'orge que le marin a rapportés[8]. Là-bas, c'est avec la plus grande anxiété sans doute que Bougainville de Nerville et ses compagnons attendent de savoir de quoi leur avenir sera fait. Louis Antoine a la conviction que les

Espagnols ne sauront rien faire de cette terre, dont les Anglais ne manqueront pas de s'emparer, et sous peu.

Mais pour l'heure, un nouveau souci apparaît : le chargement des vivres à bord de l'*Étoile*. On a vu que cette dernière était supposée servir d'annexe à la *Boudeuse*, dont elle transporterait une bonne partie du ravitaillement nécessaire au tour du monde. Mais comme il faut emporter, en plus, le ravitaillement des quelque 140 personnes à rapatrier des Malouines, les capacités de port de la flûte sont dépassées. De son côté, à Nantes, Duclos-Guyot constate que, malgré tout son savoir-faire de navigateur au commerce, il ne parvient pas à caser plus de neuf mois de vivres dans les cales de sa frégate.

Et si ce n'était que cela ! Le directeur des hôpitaux de la Marine et des Colonies — qui est aussi médecin consultant du roi — a mis au point un appareil à distiller l'eau de mer. C'est une sorte d'alambic qu'il veut faire expérimenter sur la *Boudeuse*. Bougainville n'a d'autre possibilité que d'accepter, d'autant plus que, si cette cucurbite se montre efficace, elle rendra d'immenses services pendant la traversée du Pacifique. Mais Duclos-Guyot s'inquiète de la place occupée par la machine et surtout la quantité de bois nécessaire à son fonctionnement ; sans parler des risques d'incendie, qui sont la hantise de tout navire... Et puis, à Saint-Malo, on a des méthodes pour conserver l'eau : en l'aérant dans ses futailles et en plongeant dans les charniers des boulets de canon chauffés à blanc. Mais lui aussi ne peut que s'incliner.

Dans les premiers jours de novembre, Bougainville rejoint la *Boudeuse* à Paimbœuf, qui sert d'avant-port à Nantes. C'est là qu'habituellement les navires terminent leur armement et attendent les vents favorables. Le chargement sera d'ailleurs achevé en rade de Mindin, plus en aval dans l'estuaire, le tirant d'eau de la frégate devenant trop important pour franchir sans risques les bancs de vase qui encombrent cette partie du fleuve. Le samedi 15 novembre 1766, la *Boudeuse* est parée à appareiller dans des conditions idéales : le vent est au nord-est. Aujourd'hui, on a peine à imaginer pareil moment : sur cette coque longue de 40 mètres pour 10 de large s'entassent près de 220 personnes, pour un voyage de deux ans dans le meilleur des cas. Sur les ponts comme dans le gréement, partout on se bouscule. D'autant plus que dans l'entrepont — dont la hauteur n'excède pas 1,6 m, on a logé le bétail sur pied qui sera consommé durant la première partie du voyage. Aux hommes s'ajoutent donc des bœufs, des moutons, des porcs, de la volaille… Après quelques heures de route, surtout si le mal de mer sévit chez les hommes comme chez les animaux, on peut imaginer l'ambiance. Telle était à l'époque la vie des marins.

À peine est-on dégagé de l'estuaire de la Loire et de ses dangereux parages, le vent tourne, virant au sud-ouest tandis que le ciel prend un aspect que les marins bretons connaissent comme annonciateur de fort coup de vent. Le vent forcit en effet et, pour un navire qui prend la mer pour la première fois, c'est une catastrophe. En effet, le haubanage neuf a beau être raidi au maximum, il ne peut pas manquer de s'allonger sous les premiers efforts, et reprendre le mou n'est possible que par temps calme. De plus, les formes de la frégate sont ainsi conçues que la partie supérieure de la coque est plus étroite que sa flottaison — les spécialistes disent qu'elle a « de la rentrée » —, il en résulte que les haubans ne se trouvent pas fixés assez à l'écart du mât pour bénéficier d'un angle de tire efficace. Erreur de conception ? Pas vraiment, c'est une théorie de l'époque, qu'évoquent clairement les capitaines de vaisseau Pâris et Bonnefoux dans leur *Dictionnaire de Marine à voiles* édité en 1847 : « La rentrée diminue l'espace à bord, elle rend la manœuvre moins aisée, la mâture est moins solidement tenue, et, dans un combat, les abordages sont presque inexécutables ; mais il y a plus d'économie et de solidité dans la construction, le poids de l'artillerie fatigue moins les ponts ou les murailles, et les bâtiments sont plus légers et naviguent, généralement, mieux ; il paraît donc convenable d'avoir de la rentrée à bord des vaisseaux et des frégates, mais il ne faut pas l'exagérer comme on l'a fait à la fin du siècle dernier[9]. » On pourrait croire que les auteurs du dictionnaire songeaient à la *Boudeuse* !

Dans le cas présent, la situation est encore aggravée par le fait que la *Boudeuse* est surchargée. Les vivres étant plutôt légers, il a fallu ajouter du lest, stocké au niveau de la carlingue. De plus, la frégate a conservé son artillerie de guerre, mais 12 de ses 26 canons ont été stockés à fond de cale, au niveau du lest. La conséquence est que la frégate est ce qu'on appelle « raide à la toile » : au lieu d'amortir les rafales en gîtant sous le vent, elle résiste. Aussi les voiles fatiguent et leurs points d'écoute et d'amure cèdent, tandis que le gréement s'allonge. On réduit la voilure, on amène les vergues au plus bas, rien n'y fait. Arrive le moment où il n'est d'autre solution que de prendre la cape, toute la voilure ayant été rentrée. Alors le navire roule, et l'interaction entre le lest trop lourd et la mâture très haute transforme la frégate en un métronome géant. On a beau raidir tous les cordages pour donner quelque efficacité aux haubans, le haut de la mâture commence à céder. Heureusement, l'équipage expérimenté manœuvre vite et bien. Finalement, on ne peut faire autrement que de fuir sous le vent et se réfugier à Brest pour réparer.

L'arsenal de Brest intervient en toute urgence : on répare la mâture qui perd un peu en hauteur ; et les canons sont remplacés par des pièces de moindre calibre, sensiblement plus légères donc. Malgré cela, Bougainville est inquiet : comment la *Boudeuse* se comportera-t-elle dans les redoutables parages du Horn ? Il envisage alors d'effectuer son voyage dans le Pacifique à bord de l'*Étoile*, en renvoyant la *Boudeuse* en France dès qu'il aura remis les Malouines aux Espagnols.

Le 5 décembre 1766, par un fort vent favorable du nord-nord-est, la *Boudeuse* prend son véritable départ et cingle au vent arrière vers l'Amérique du

Sud. Est-ce un signe du destin ? Après trois jours de mer, elle croise un navire qui fait route vers la France : c'est l'*Aigle** ! On imagine l'émotion de Bougainville mis en situation de pouvoir adresser un dernier salut au bâtiment à bord duquel le beau projet d'établissement aux îles Malouines commença. Sans doute se dit-il aussi que ce navire, qui a si bien fait ses preuves, aurait été mieux adapté que la *Boudeuse* à la navigation qui l'attend...

Au terme d'une traversée sans problème, le 31 janvier 1767, la *Boudeuse* arrive à Montevideo où l'attendent depuis un mois les deux frégates espagnoles, la *Liebre* et l'*Esmeralda*. Elles paraissent moins inquiètes du retard des Français que de celui des deux hourques transportant les 500 hommes destinés à constituer la garnison des Malouines. Sans attendre, Bougainville embarque sur une goélette pour remonter le Rio de la Plata jusqu'à Buenos Aires, afin d'y régler les détails de la remise de l'établissement aux autorités espagnoles.

Le récit de Bougainville détaille sans concessions, et avec un certain humour, les mœurs religieuses de Buenos Aires, et notamment celles que les Jésuites y entretiennent :

> Il y a dans Buenos Aires un grand nombre de communautés religieuses de l'un et de l'autre sexe. L'année y est remplie de fêtes de saints qu'on célèbre par des processions et des feux d'artifice. Les cérémonies du culte tiennent lieu de spectacles.

---

* En France, l'*Aigle* sera d'abord désarmé, avant de passer dans l'armada espagnole, qui le rebaptisera *Aguila* et le dépêchera comme stationnaire au Pérou. En 1772, il en partira pour des expéditions d'exploration vers Tahiti.

Les moines nomment les premières dames de la ville Majordomes de leurs fondateurs et de la Vierge. Cette charge leur donne le droit et le soin de parer l'église, d'habiller la statue et de porter l'habit de l'ordre. C'est pour un étranger un spectacle assez singulier de voir dans les églises de Saint-François ou de Saint-Dominique des dames de tout âge assister aux offices avec l'habit de ces saints instituteurs. Les jésuites offraient à la piété des femmes un moyen de sanctification plus austère que les précédents. Ils avaient attenant à leur couvent une maison nommée la *Casa de los ejercicios de las mujeres*, c'est-à-dire la Maison des exercices des femmes. Les femmes et les filles, sans le consentement des maris ni des parents, venaient s'y sanctifier par une retraite de douze jours. Elles y étaient logées et nourries aux dépens de la Compagnie. Nul homme ne pénétrait dans ce sanctuaire s'il n'était revêtu de l'habit de saint Ignace ; les domestiques, même du sexe féminin, n'y pouvaient accompagner leurs maîtresses. Les exercices pratiqués dans ce lieu saint étaient la méditation, la prière, les catéchismes, la confession et la flagellation. On nous a fait remarquer les murs de la chapelle encore teints du sang que faisaient, nous a-t-on dit, rejaillir les disciplines dont la pénitence armait les mains de ces Madeleines.

À côté de ces observations édifiantes, Bougainville offre des détails épiques sur la façon dont on voyage dans le pays :

Nous passâmes la rivière vis-à-vis de Buenos Aires, au-dessus de la colonie du Saint-Sacrement, et fîmes par terre le reste de la route jusqu'à Montevideo où nous avions laissé la frégate. Nous traversâmes ces plaines immenses dans lesquelles on se conduit par le coup d'œil, dirigeant son chemin de manière à ne pas manquer les gués des rivières, chassant devant soi trente ou quarante chevaux, parmi lesquels il faut prendre avec un lacs son relais lorsque celui qu'on monte est fatigué, se nourrissant de viande presque crue, et passant les nuits dans des cabanes faites de cuir, où le sommeil est à chaque instant interrompu par les hurlements des tigres qui rôdent aux environs. Je n'oublierai de ma vie la façon dont nous passâmes la rivière de Sainte-Lucie, rivière fort profonde, très rapide et beaucoup plus large que n'est la Seine vis-à-vis des Invalides. On vous fait entrer dans un canot étroit et long, et dont un des bords est de moitié plus haut que l'autre ; on force ensuite deux chevaux d'entrer dans l'eau, l'un à tribord, l'autre à bâbord du canot, et le maître du bac tout nu, précaution fort sage assurément, mais peu propre à rassurer ceux qui ne savent pas nager, soutient de son mieux au-dessus de la rivière la tête des deux chevaux, dont la besogne alors est de vous passer à la nage de l'autre côté, s'ils en ont la force[10].

En définitive, le départ du Rio de la Plata, de conserve avec les frégates espagnoles ainsi que la tartane *Nuestra Señora de les Remedios*, se fait le 28 février 1767 et, par la mer forte qu'on rencontre dans ces eaux, la *Boudeuse* connaît quelques avaries mineures qui amènent Bougainville à maudire encore son bâtiment : « Notre mâture exigeait le plus grand ménagement, la frégate dérivait outre mesure, sa marche n'était point égale sur les deux bords, et le gros temps ne nous permettait pas de tenter des changements dans son arrimage qui eussent pu la mettre mieux dans son assiette. En général les bâtiments fins et longs sont tellement capricieux ; leur marche est assujettie à un si grand nombre de causes souvent imperceptibles qu'il est fort difficile de démêler celles dont elle dépend. On n'y va qu'à tâtons, et les plus habiles y peuvent prendre le change[11]. » Était-ce un navire aussi particulier ? On a peine à croire qu'un Duclos-Guyot n'en soit pas venu à bout... Mais le commandant était Bougainville. Alors...

La frégate arrive aux Malouines le 23 mars. La *Liebre* et l'*Esmeralda* la suivent le lendemain. Mais c'est en vain qu'on attendra la tartane. Dans un premier temps, les Espagnols admirent le site, puis ils s'étonnent de ne pas y trouver de chapelle, enfin ils s'avisent que le climat est décidément rude et que les maisons qu'on leur propose ne sont pas les palais auxquels ils s'attendaient. Bougainville demande à chacun des Français s'il souhaite rester avec les Espagnols ou être rapatrié : sur les 135 habitants, 37 choisissent de demeurer sur place. Le 1er avril 1767 a lieu la cérémonie de remise de l'établissement français des îles Malouines à l'Espagne. La *Boudeuse* commence dès lors à se préparer pour la seconde partie du voyage, de façon à appareiller dans les meilleurs délais dès l'arrivée de l'*Étoile*.

L'attente commence puis dure. Bientôt, mesurant à quel point les vivres s'épuisent, Bougainville se livre à des calculs : lorsque arrivera la fin du mois de mai, il lui restera tout juste de quoi atteindre Rio de Janeiro, où il fera des vivres avant de prendre le chemin du retour en France. Sans un avitaillement transporté par l'*Étoile*, la *Boudeuse* ne peut pas remplir sa mission dans le Pacifique. Et pourquoi Rio de Janeiro ? Parce que les parages du Rio de la Plata sont difficiles, et ce d'autant plus que l'hiver approche. Lorsque la *Liebre* et l'*Esmeralda* appareillent, elles emportent des instructions destinées à l'*Étoile*, pour le cas où elle ferait relâche à

Montevideo : Bougainville demande à son capitaine de remonter à Rio de Janeiro et de l'y attendre. Ainsi, comme prévu, le 2 juin, la *Boudeuse* quitte les Malouines et passe le goulet de Rio le 21. Dans la rade, il trouve l'*Étoile* : le tour du monde est sauvé !

Que s'est-il donc passé ? La Giraudais explique que, d'abord, c'est seulement le 2 février et non fin décembre que l'*Étoile* a pu déraper ses ancres du mouillage de l'île d'Aix, la mauvaise volonté de l'arsenal de Rochefort expliquant ce retard. Puis, alors qu'ils se trouvaient en Atlantique Sud, de sérieuses avaries dans la mâture et une voie d'eau localisée sur l'avant du navire ont nécessité une escale dans le Rio de la Plata, à Montevideo, où il a mouillé le 30 avril. Pendant ses réparations, le 18 mai, sont arrivées les frégates espagnoles *Liebre* et *Esmeralda*, porteuses des instructions de Bougainville. Et le 29 mai, l'*Étoile* mettait à la voile pour Rio de Janeiro où elle arriva le 12 juin.

La question qui se pose aujourd'hui est de savoir si tout, dans l'affaire du retard de l'*Étoile*, est bien net. D'aucuns se demandent si, moyennant des réparations de fortune, la flûte n'aurait pas aussi bien fait de maintenir le cap sur les Malouines au lieu de se dérouter sur le Rio de la Plata, dont il n'est pas facile de sortir. Les trois semaines de réparations ont étonné, aussi. Et on a trouvé dans les écrits du naturaliste Commerson (embarqué sur l'*Étoile*) une information curieuse. « Pacquotiller, sur les vaisseaux du roi, est une chose absolument interdite aux officiers. On fermerait néammoins les yeux sur les abus, s'il n'était porté un point intolérable ; mais le pousser jusqu'au point de débarquer quantité de provisions nécessaires pour y substituer des ballots de marchandises[12]... » Le terme « pacotille » désigne des marchandises embarquées par un marin afin d'en faire commerce à titre personnel. Cette pratique faisait l'objet d'une certaine tolérance. Ainsi donc, si l'on en croit Commerson, l'*Étoile* aurait relâché à Montevideo pour écouler cette marchandise. Est-ce crédible ? Les avis respectifs de Martin-Allanic et de Taillemite, les mieux informés parmi les spécialistes de Bougainville, méritent qu'on s'y arrête. Le premier émet un jugement sans appel : « Ainsi, par esprit de lucre, La Giraudais et son état-major n'ont pas craint de compromettre le succès de l'expédition de Bougainville[13]. » Taillemite se montre plus circonspect quant aux accusations de pacotillage : « Elles ne sont pas invraisemblables, cette pratique étant alors assez répandue dans la Marine royale et officiellement reconnue sur les navires de la Compagnie des Indes sous le nom de "port permis". Toutefois, la hargne constante dont le botaniste fait preuve à l'égard des marins rend son témoignage quelque peu suspect. Un fait demeure certain : les avaries à l'étrave de la flûte étaient bien réelles et donneront encore beaucoup de soucis à son commandant[14]. » C'est exact, et le temps consacré à les réparer coûtera encore du temps à l'expédition.

Le 14 juillet, la *Boudeuse* et l'*Étoile* quittent Rio de Janeiro pour Montevideo où elles compléteront leurs vivres avant de prendre la route du Pacifique.

En fait, on constatera que les voies d'eau dont souffre l'*Étoile* sont bien plus graves que ce qu'il n'y paraissait, aussi ce sera seulement le 14 novembre 1767 que les deux bâtiments se lanceront vraiment dans leur grand voyage d'exploration.

De la Patagonie à Batavia, via Tahiti
(1767-1769)

Le samedi 14 novembre 1767, c'est avec soulagement sans doute que Louis Antoine de Bougainville écrit en titre dans son journal de mer : « Sortie de la rivière de la Plata[1] ». Cette fois enfin, les deux bâtiments se lancent pour de vrai dans leur grand voyage d'exploration. Sûrement y croit-il, mais il n'oublie pas qu'à un jour près, voici de cela un an, la *Boudeuse* quittait l'estuaire de la Loire. Cette fois-là aussi, il pensait vivre le grand départ. Même si l'imprévu fait par essence partie d'une navigation exceptionnelle, aurait-il pu imaginer alors les avaries qui attendaient son expédition ? Le fait est que huit mois de retard se sont accumulés. Quels choix peuvent-ils être faits pour accomplir la mission au moins mal ? Deux éléments doivent être pris en compte : selon les ordres du roi, le voyage ne doit pas durer plus de deux ans. Formellement, la question est donc de déterminer ce qu'il est possible de faire en seize mois. Mais, en pratique, il faut surtout savoir combien de jours de mer autorisent les vivres restants à bord de la *Boudeuse* et surtout de l'*Étoile*. Car s'il reste envisageable — et nécessaire — de trouver des rafraîchissements en cours de route, le fonds de l'avitaillement reste ce qui a été embarqué en quittant la France. Le vrai décideur est donc l'inventaire des vivres, et Bougainville peste contre tout ce qui a été gâté par suite des voies d'eau qu'il a été si difficile de réparer sur l'*Étoile*, et dont la responsabilité entière incombait à l'arsenal de Rochefort.

Justement, un autre facteur déterminant pour la suite du voyage est l'usure du matériel. Qu'il s'agisse du calfatage de la coque, de la bonne tenue du gréement dormant, de la fatigue des mâts et des vergues, de l'usure des voiles, de la propreté de la carène qui conditionnent largement la vitesse du navire, les huit mois écoulés ont laissé leur empreinte sur les deux bâtiments. Même si les dernières semaines ont été consacrées à de lourds travaux, on n'a fait que ce qui était possible avec les équipements et les rechanges existant à bord, alors qu'un passage entre les mains de spécialistes (compétents et bien intentionnés, cette fois…) aurait été nécessaire.

Quant aux hommes… ce sont heureusement de rudes loups de mer ; et les derniers temps se sont pour beaucoup passés en escales. Néanmoins, eux aussi accusent la fatigue. Leur moral est toutefois consolidé par l'idée que si lors des dernières traversées les conditions de navigation ont été rudes, avec ce mois de novembre, on entre dans l'été austral ! Les jours à venir ne pourront pas se montrer plus durs que ceux passés. Malheureusement, quarante-huit heures après le départ, le temps, à nouveau, se détériore.

Pour la période du jeudi 19 au samedi 21 novembre, le journal de Bougainville mentionne : « Toujours même temps et grosse mer. Le plus près sur les bords, l'*Étoile* à côté de nous et tout aussi ennuyée, je le pense, de cette allure funeste qui mine nos manœuvres, tue bestiaux, volailles et la patience la plus chrétienne[2]. » À bord des deux bâtiments, on apprécie de savoir que l'on ne fait pas route vers le cap Horn, mais vers le détroit de Magellan, dont on peut espérer que les eaux seront moins agitées.

En effet, à cet égard, les ordres du roi sont clairs : pour se rendre dans la mer du Sud, Bougainville « sera libre de traverser le détroit de Magellan, ou de doubler le cap Horn, selon que la saison et les vents lui feront préférer l'une ou l'autre route ». Mais le choix de Bougainville paraît fixé depuis longtemps. Dès l'origine des projets de navigations australes sans doute, la lecture du récit de l'amiral Anson* avait amené Bougainville à éviter de se frotter au Horn. Depuis, les furies de vent et les mers démontées qu'il a lui-même expérimentées entre les îles Malouines et le détroit de Magellan lui ont donné une idée précise de ce qui pouvait l'attendre plus au sud. Encore cela se passait-il à bord de l'*Aigle*, le sécurisant et rapide bâtiment

---

* Voir *infra* l'extrait cité, dans le chapitre « L'école de la diplomatie et l'art de la guerre (1750-1756) ».

conçu et construit à Saint-Malo. Car le moins qu'on puisse affirmer est que Bougainville ne place aucune confiance dans les qualités marines de la *Boudeuse*. En définitive, comme s'il hésitait encore, le témoignage de plusieurs navires rencontrés à Montevideo a conforté pour de bon le chef de l'expédition dans sa décision de rejoindre le Pacifique en empruntant le détroit de Magellan. Dans le courant du mois de septembre, on a vu arriver le *Saint Michel* dans un état pitoyable : il venait de renoncer à franchir le Horn où il avait perdu trente-neuf hommes et brisé son gouvernail ; seule une poignée de matelots était encore assez valide pour manœuvrer. À la même époque d'ailleurs, on avait vu cinq navires appareiller pour le cap redouté, et deux d'entre eux revenir réparer[3] !

Pour l'avoir déjà fréquenté voici de cela deux ans, lorsqu'il était venu, à bord de l'*Aigle*, y faire des provisions de bois pour l'établissement des Malouines, Bougainville croit savoir ce qui l'attend : le détroit de Magellan est le royaume des courants de marée impétueux et des vents fous. Certes on n'y affronte pas de houles vertigineuses et on ne doit pas y craindre de déferlantes monstrueuses. Mais il faut être capable de mener une navigation particulièrement délicate dans des parages maritimes qui ont pu inspirer cette réflexion à laquelle adhèrent les navigateurs expérimentés : « Sans toutes les côtes qui l'entourent, la mer ne serait pas aussi dangereuse. » Mais du détroit, Bougainville n'a encore vu que la partie la plus facile. En effet, le passage se divise en deux parties égales, de part et d'autre du cap Froward qui marque la pointe méridionale de la péninsule de Brunswick. À l'est (côté Atlantique), le détroit est large, constitué, pourrait-on dire, d'une succession de baies séparées par d'étroits goulets, eux-mêmes parcourus par des courants de marée alternatifs. Autrement dit, il est des heures où le courant facilite le passage, voire le rend possible malgré un vent contraire. Pour les Malouins qui accompagnent Bougainville, ces phénomènes n'ont rien que de très normal ; dans la Manche qu'ils connaissent par cœur, composer avec les courants de marée constitue la base de la navigation. À l'ouest du cap Froward en revanche, le détroit se retrécit considérablement, s'orientant au nord-ouest et donnant accès à nombre d'autres chenaux, de telle sorte que pour Bougainville, qui est en train de dessiner des cartes davantage qu'il n'en utilise, il ne paraît pas évident du tout de rester sur la bonne route. De plus, la direction générale du passage correspond très précisément à celle des coups de vent de secteur ouest. Comme de bien entendu, dans ces chenaux abondent rochers isolés et hauts-fonds. Y trouver son chemin est d'autant plus difficile que la visibilité est souvent réduite par les grains de pluie ou de neige ; et suivre la route désirée est compliqué par le jeu des courants et contre-courants de marée. Latitudes australes obligent, le vent y souffle souvent en tempête ; tandis que les reliefs escarpés provoquent des effets d'entonnoir d'où jaillissent des rafales brutales, à l'affolante puissance : les redoutables *williwaws*. En deux mots, le danger d'être jeté au plain est permanent et Bougainville va en faire l'expérience à plusieurs reprises ; son tour du monde aurait même pu s'arrêter là, avant même d'avoir atteint le Pacifique.

À dire vrai, le détroit de Magellan reste un lieu fascinant. Sur la mer, qui n'est pas assez étendue pour que la houle se creuse vraiment, le bateau charge dans le clapot et la grisaille. La mâture et les voiles arrachent des lambeaux de nuage et la brise hurle dans le gréement. Mais lorsqu'un grain de neige l'enveloppe, on ressent à bord comme une sensation de calme, de silence même ! Parfois, le ciel se déchire. Alors un éclat de lumière vive force le passage à travers les nuages et donne aux crêtes des vagues un éclat éblouissant. Sur la côte se dévoilent des pentes boisées dont les frondaisons s'éclairent de couleurs rousses, jusqu'au ras de la mer. Parfois une tache bleue s'étale dans le ciel, et quelquefois pendant assez longtemps pour laisser apercevoir des reliefs escarpés blanchis de neige. Puis un nouveau grain arrive, et l'univers se trouve de nouveau réduit à un nuage épais qu'on croirait accroché aux hunes. On pourrait imaginer que ce littoral déchiqueté recèle des abris où le marin peut se reposer à terre de l'éprouvante navigation. Mais une déconcertante sensation attend les équipages des canots qui touchent terre. Passé le sable de la plage ou le rocher où il a fait terre, dès qu'ils pénètrent dans la végétation, les marins progressent dans un humus détrempé, une végétation en état de décomposition, sur laquelle poussent d'autres végétaux qui, eux aussi sous peu, seront devenus pourriture.

Pour affronter cette navigation redoutable, les marins de la *Boudeuse* et de l'*Étoile* ont tout contre eux : leurs navires d'abord, qui ne sont pas aussi manœuvrants que les parages l'exigeraient pourtant ; l'absence de cartes, qui oblige à des reconnaissances avec les embarcations et, de toutes les façons, fait courir en permanence les plus grands risques d'échouement ; le manque d'informations sur le fonctionnement des marées, qui empêche de déterminer avec précision quelles sont les heures de navigation par courant favorable. Sachant cela, on peut l'affirmer : les navigateurs qui, jusqu'au XVIIIe siècle, franchirent le détroit de Magellan avec leurs navires à gréements carrés accomplirent de véritables exploits.

À l'entrée dans les premiers détroits, l'exploitation des puissants courants de marée permet à Bougainville de forcer le passage malgré un fort vent contraire. Encouragement ? Une situation typique des milieux dangereux où une situation favorable permet aux futures victimes de se jeter dans la gueule du loup. Mais bientôt il découvre ce qui l'attend, et on pourrait croire que les difficultés vont crescendo. Ainsi, le 16 janvier 1768, alors que depuis le 3 décembre les équipages épuisés alternent boulinage et manœuvres de mouillage, les voici à deux doigts de perdre la *Boudeuse*.

Le 16 (décembre) au matin, il faisait presque calme, la fraîcheur vint ensuite du nord, et nous appareillâmes avec la marée favorable ; elle baissait alors et portait dans l'ouest. Les vents ne tardèrent pas à revenir à ouest et ouest-sud-ouest, et nous ne pûmes jamais, avec la bonne marée, gagner l'île Rupert. La frégate marchait très mal, dérivait outre mesure, et l'*Étoile* avait sur nous un avantage incroyable. Nous passâmes tout le jour à louvoyer entre l'île Rupert et une pointe du continent qu'on nomme la pointe du Passage, pour attendre le jusant, avec lequel j'espérais gagner ou le mouillage de la baie Dauphine à l'île de Louis-le-Grand, ou celui de la baie Élisabeth. Mais comme nous perdions presque à chaque bordée, j'envoyai un canot sonder dans le sud-est de l'île Rupert, avec intention d'y aller mouiller jusqu'au retour de la marée favorable. Le canot signala un mouillage et y resta sur son grappin ; mais nous en étions déjà tombés beaucoup sous le vent. [...] Nous courûmes un bord à terre pour tâcher de la gagner en revirant ; la frégate refusa deux fois de prendre vent devant, il fallut virer vent arrière ; mais au moment où à l'aide de la manœuvre et de nos bateaux elle commença à arriver, la force de la marée la fit revenir au vent : un courant violent nous avait déjà entraînés à une demi-encablure de terre ; je fis mouiller sur huit brasses de fond : l'ancre tombée sur des roches chassa, sans que la proximité où nous étions de la terre permît de filer du câble ; déjà nous n'avions plus que trois brasses et demie d'eau sous la poupe, et nous n'étions qu'à trois longueurs de navire de la côte, lorsqu'il en vint une petite brise ; nous fîmes aussitôt servir nos voiles, et la frégate abattit ; tous nos bateaux, et ceux de l'*Étoile* venus à notre secours, étaient devant elle à la remorquer ; nous filions le câble sur lequel on avait mis une bouée, et il y en avait près de la moitié dehors, lorsqu'il se trouva engagé dans l'entrepont et fit faire tête à la frégate qui courut alors le plus grand danger. On coupa le câble, et la promptitude de la manœuvre sauva le bâtiment. La brise ensuite se renforça, et, après avoir encore couru deux bords inutilement, je pris le parti de retourner dans la baie du port Galant, où nous mouillâmes à huit heures du soir par vingt brasses d'eau, fond de vase. Nos bateaux, que j'avais laissés pour lever notre ancre, revinrent à l'entrée de la nuit avec l'ancre et le câble. Nous n'avions donc eu cette apparence de beau temps que pour être livrés à des alarmes cruelles[4].

Rude navigation donc, faite pour mettre à l'épreuve les nerfs des officiers et les muscles des gabiers. L'année 1768 débute mal, comme cela transparaît dans le journal de Bougainville qui, le 1er janvier, y fait passer son humeur contre les écrivains et les philosophes parisiens :

> Le meilleur journal sur le détroit est celui du chevalier Narborough. Il est encore instructif malgré toute la peine que s'est donnée l'abbé Prévost pour le tronquer et défigurer. En vérité, c'est pitié que la manière dont les écrivains à beau style traduisent les journaux des marins. [...] Ces auteurs retranchent avec une attention scrupuleuse tous les détails purement relatifs à la navigation et qui serviraient à guider les navigateurs ; ils veulent faire un livre agréable aux femmelettes des deux sexes et tout leur travail aboutit à composer un ouvrage ennuyeux et qui n'est utile à personne. Jean-Jacques Rousseau dit positivement (*Traité de l'égalité des conditions*) qu'on peut se demander des marins s'ils sont hommes ou bêtes ; sans doute il les juge d'après la façon dont ses confrères travestissent ces marins qui pourraient à leur tour demander à Jean-Jacques comment il s'y prendrait pour faire en dix ans le tour du monde[5]...

Le lendemain 2 janvier ne sera pas fait pour lui remonter le moral. Ainsi que le rapporte son *Voyage autour du monde*[6] : « Les vents d'ouest ne nous permettant pas d'appareiller, nous affourchâmes le 2 avec une ancre à jet. La pluie n'empêcha pas d'aller se promener à terre, où l'on rencontra les traces du passage et de la relâche de vaisseaux anglais : savoir, du bois nouvellement scié et coupé, des écorces du laurier épicé assez récemment enlevées, une étiquette en bois, telle que dans les arsenaux de marine on en met sur les pièces de filin et de toile, et sur laquelle on lisait fort distinctement *Chatham Martch. 1766.* On trouva aussi sur plusieurs arbres des lettres initiales et des noms avec la date de 1767. » Il s'agit de l'Anglais Carteret qui, à bord du *Swallow*, acccomplit lui aussi un tour du monde via le Pacifique*.

Tout cela paraît bien négatif, mais n'empêche pas que l'expédition française travaille, effectuant des travaux de cartographie confortés par des relevés astronomiques effectués avec une précision d'autant plus admirable que le ciel est la plupart du temps couvert. Un autre point positif de cette partie du voyage est les contacts établis avec les différentes populations, d'abord les Patagons (que les équipages de l'*Aigle* puis de l'*Étoile* ont déjà approchés à l'époque où ils créaient l'établissement français des Malouines) et ensuite ceux que Bougainville appellera Pécherais ; deux ethnies à l'évidence très différentes. Les premiers ont été rencontrés à l'entrée du détroit, le 8 décembre, et c'est une belle surprise qui attendait les marins français. On peut lire dans *Voyage autour du monde* :

Ce matin, les Patagons qui avaient entretenu des feux au fond de la baie de Possession élevèrent un pavillon blanc sur une hauteur, et nous y répondîmes en virant celui des

* Le *Swallow* de Carteret avait quitté l'Angleterre de conserve avec le *Dolphin* de Wallis, en août 1766. Ils se séparèrent par la suite. Wallis passa à Tahiti et revint en Angleterre le 20 mai 1768, quelques mois avant le départ de Cook. C'est ainsi que celui-ci choisit Tahiti pour y installer un observatoire astronomique destiné à observer le passage de Vénus devant le cercle solaire, en 1769.

vaisseaux. Ces Patagons étaient sans doute ceux que l'*Étoile* vit au mois de juin 1766 dans la baie Boucault, auxquels on laissa ce pavillon en signe d'alliance. [...] À peine avions-nous pied à terre que nous vîmes venir à nous six Américains à cheval et au grand galop. Ils descendirent de cheval à cinquante pas et sur-le-champ accoururent au-devant de nous en criant chaoua. En nous joignant, ils tendaient les mains et les appuyaient contre les nôtres. Ils nous serraient ensuite entre leurs bras, répétant à tue-tête chaoua, chaoua, que nous répétions comme eux. Ces bonnes gens parurent très joyeux de notre arrivée[7].

Tandis que dans le journal de Bougainville figure cette savoureuse remarque sur les Patagons : « Ceux-ci pissent accroupis, serait-ce la façon de pisser la plus naturelle ? Si cela était, Jean-Jacques Rousseau, qui pisse très mal à notre manière, aurait dû adopter celle-là. Il nous renvoie tant à l'homme sauvage[8]. »

C'est dans la seconde partie du détroit, après avoir franchi le cap Froward et dans les parages du canal Sainte-Barbe, qu'ils rencontrent la seconde ethnie, celle que Bougainville désigne sous le nom de Pécherais. Le *Voyage* décrit en détail la rencontre, ainsi que sa cruelle conclusion.

Et c'est chez ces misérables parmi les misérables que le progrès apporté par l'homme blanc va sévir avec une cruauté effrayante. « Un de leurs enfants, âgé d'environ douze ans, le seul de toute la bande dont la figure fût intéressante à nos yeux, fut saisi tout d'un coup d'un crachement de sang accompagné de violentes convulsions. Le malheureux avait été à bord de l'*Étoile* où on lui avait donné des morceaux de verre et de glace, ne prévoyant pas le funeste effet qui devait suivre ce présent. Ces sauvages ont l'habitude de s'enfoncer dans la gorge et dans les narines de petits morceaux de talc. [...] Vers les deux heures après midi, on entendit du bord des hurlements répétés ; et dès le point du jour, quoiqu'il fît un temps affreux, les sauvages appareillèrent. Ils fuyaient sans doute un lieu souillé par la mort et des étrangers funestes qu'ils croyaient n'être venus que pour les détruire. Jamais ils ne purent doubler la pointe occidentale de la baie ; dans un instant plus calme, ils remirent à la voile, un grain violent les jeta au large et dispersa leurs faibles embarcations. [...] Combien ils étaient empressés à s'éloigner de nous ! Ils abandonnèrent sur le rivage une de leurs pirogues, qui avait besoin d'être réparée : *Satis est gentem eflugisse nefandam**. Ils ont emporté de nous l'idée d'êtres malfaisants ; mais qui ne leur pardonnerait le ressentiment de cette conjoncture ? Quelle perte en effet pour une société aussi peu nombreuse qu'un adolescent échappé à tous les hasards de l'enfance ! »

Ce récit, terrible, met aussi en évidence l'extrême humanité de Bougainville qui mesure toutes les conséquences de la perte du jeune garçon pour les siens. Il en est réellement touché tandis que le climat des lieux et les difficultés de la navigation le plongent dans un cafard sur lequel il s'épanche le lendemain. En date du lundi 11 janvier, son journal mentionne :

---

* « C'est assez d'avoir échappé à cette effroyable nation » (Virgile, *Énéide*, livre III).

> Quelle suite de mauvais temps ! Ô rives de la Seine, éclat d'une belle aurore, doux parfum des fleurs, charme de la verdure, émail de nos prairies, brillant réseau d'une rosée fécondante, chant des oiseaux, spectacle d'une nature riante, quand viendrez-vous rafraîchir nos sens attristés par le coup d'œil affreux de cette terre contre laquelle son auteur semble être irrité. On ne vit point dans cet horrible climat que fuient également les quadrupèdes, les oiseaux, les poissons, et qui n'est habité que par une poignée de sauvages que notre commerce vient de rendre encore plus infortunés[9].

C'est seulement le 26 janvier qu'au terme d'un interminable louvoyage la *Boudeuse* et l'*Étoile* trouvent devant elles le Pacifique. Dans son *Voyage autour du monde*, Bougainville insiste pour affirmer que, pour passer de l'Atlantique au Pacifique, le détroit de Magellan est préférable au cap Horn !

> Malgré les difficultés que nous avons essuyées dans le passage du détroit de Magellan, je conseillerai toujours de préférer cette route à celle du cap Horn depuis le mois de septembre jusqu'à la fin de mars. On y trouve en abondance de l'eau, du bois et des coquillages, quelquefois aussi de très bons poissons ; et, assurément, je ne doute pas que le scorbut ne fît plus de dégâts dans un équipage qui serait parvenu à la mer occidentale en doublant le cap Horn, que dans celui qui y serait entré par le détroit de Magellan — lorsque nous en sortîmes, nous n'avions personne sur les cadres[10].

Il n'empêche que le 27 janvier, Caro, le second capitaine de l'*Étoile*, note : « Hier soir à la prière l'on a chanté le te deum pour remercier le Seigneur de nous avoir fait passer le détroit de Magellan sans aucun accident et bien heureusement[11]. » La

Giraudais, son commandant malouin, savait bien qu'il était plus dangereux de s'aventurer dans les eaux étroites et traîtresses de la Patagonie, que d'affronter la haute mer au cap Horn. Aussi, dans son journal, Caro consacre une longue note au canal Sainte-Barbe qui, immédiatement après le cap Froward, permet de rejoindre le Pacifique : ce chenal pourtant connu, Bougainville ne l'a pas trouvé, et Caro lui reproche de ne pas avoir insisté : « Si nous n'étions point partis le jour que nous sommes sortis de notre chère baie Galante, M. de Bougainville avait donné ordre de faire partir notre canot de grand matin pour aller prendre une parfaite connaissance et très sûrement il aurait trouvé dans cet endroit le détroit de Sainte-Barbe[12]. » Car Bougainville a beau dire : il lui a fallu cinquante-deux jours pour passer de l'Atlantique au Pacifique, là où d'ailleurs il n'en fallut que trente-huit à Magellan. Et, à plusieurs reprises, il aurait pu perdre son navire ! Certes, en ce qui concerne le scorbut, il n'a pas tort ; même si les escales sur les côtes atlantiques de l'Amérique du Sud permettaient de se fournir en rafraîchissements. Quoi qu'il en soit, aux temps de la voile, le détroit de Magellan n'est jamais devenu une route maritime, les capitaines préférant composer avec les furies du Horn qu'avec ses vents instables et ses courants.

En cette fin janvier 1768 qui le voit seulement entrer dans le Pacifique, s'il relit les ordres du roi, Louis Antoine de Bougainville doit ressentir une belle amertume : « Il dirigera sa navigation de manière à pouvoir partir de Chine au plus tard à la fin de janvier 1768, la mousson ne permettant pas d'en sortir après ce temps-là. [...] Le terme de la navigation du Sr de Bougainville ne devant pas excéder deux ans, et les événements de la campagne pouvant exiger qu'il relâche directement à l'île de France, Sa Majesté lui laisse la liberté d'aborder ou de ne pas aborder à la côte de Chine. Il se règlera à cet égard sur les circonstances où il se trouvera. » Les circonstances ne laissent plus de choix ; il n'est donc pas question d'aller en Chine ! Mais il reste ce paragraphe des ordres : « Il reconnaîtra dans l'océan Pacifique autant et du mieux qui lui sera possible, les terres gisantes entre les Indes et la côte occidentale de l'Amérique dont différentes parties ont été aperçues par des navigateurs et nommées Terre de Diemen, Nouvelle-Hollande, Carpentarie, Terre du Saint-Esprit, Nouvelle-Guinée, etc. » La Terre de Diemen est l'actuelle Tasmanie ; la Nouvelle-Hollande, l'Australie ; la Carpentarie, la Terre du Saint-Esprit et la Nouvelle-Guinée couvrent la zone correspondant au nord-est de l'Australie et de la Papouasie-Nouvelle-Guinée. Ces terres sont sur la route des îles aux épices, si tant est qu'elles-mêmes n'en recèlent pas, ainsi que d'autres richesses. Ainsi se dessine la croisière de Bougainville à travers le Pacifique : il fera route vers ces contrées après avoir, dès la sortie du détroit de Magellan, cherché l'île repérée par le corsaire anglais David en 1686, et cherchée en vain par le Néerlandais Roggeveen en 1722 (et dont on sait aujourd'hui qu'il s'agissait de l'île de Pâques), puis il mettra le cap vers l'ouest. C'est ainsi que Bougainville traversera d'une traite la distance séparant le détroit de Magellan de Tahiti, après avoir mené une errance exploratoire à travers l'archipel des Tuamotu.

La traversée de la *Boudeuse* et de l'*Étoile* durera soixante-sept jours (du 26 janvier au 2 avril 1768), pour une distance qu'on peut estimer à un peu plus de 4 800 milles. Pour situer l'importance d'une telle navigation, et par rapport aux traversées que Bougainville a déjà connues, on peut dire qu'entre Brest et l'embouchure du Saint-Laurent on mesure 2 500 milles nautiques en route directe ; et qu'entre la rade d'Aix (point de départ des navires quittant Rochefort) et l'archipel des Malouines on en mesure 6 700. Mais la comparaison atteint vite ses limites, étant donné que l'Atlantique était une mer déjà bien connue, alors que, du Pacifique, on ne savait pour ainsi dire rien encore ; notamment en ce qui concerne les éventuelles terres où faire aiguade et embarquer des rafraîchissements. Or lorsqu'on songe au scorbut, contre quoi on ne savait pas encore bien comment se prémunir, le risque était bien réel de partir pour ne plus revenir. Les deux navires se lancent donc dans une traversée du néant.

Dans le Pacifique Sud, au niveau des latitudes australes, dès qu'on met le cap au nord, le climat se fait chaque jour plus favorable. Pour les équipages des deux bâtiments, c'est la fin de l'enfer, même si la houle reste très creuse et la brise fraîche. Et ces conditions de navigation expliquent pourquoi, lorsqu'un matelot tombera à la mer, il ne sera pas possible de le récupérer. Graduellement, le vent faiblit et la mer s'aplatit ; le Pacifique commence à ressembler à son nom. Une méthode de navigation de conserve est mise au point, destinée à couvrir la zone la plus large possible tout en s'assurant de la meilleure sécurité. Dans son *Voyage autour du monde*, Bougainville explique qu'il convient « avec le commandant de l'*Étoile* qu'afin de découvrir un plus grand espace de mers il s'éloignerait de moi tous les matins à la distance que le temps permettrait sans nous perdre de vue, que le soir nous nous rallierions, et qu'alors il se tiendrait dans nos eaux environ à une demi-lieue. Par ce moyen, si la *Boudeuse* eût rencontré la nuit quelque danger subit, l'*Étoile* était dans le cas de manœuvrer pour nous donner les secours que les circonstances auraient comportés. Cet ordre de marche a été suivi pendant tout le voyage[13] ».

Cette précaution démontre combien la mésaventure survenue lors du premier voyage aux Malouines a été prise au sérieux. On se souvient qu'en 1763 il avait été décidé que, puisque l'*Aigle* et le *Sphinx* n'avaient pas la même marche, les deux bâtiments feraient route séparément. Et, lorsqu'il échoua sur un haut-fond au large du Brésil, La Giraudais, qui commandait alors le *Sphinx*, aurait grandement apprécié l'assistance de l'*Aigle*. En vérité, pendant cette traversée du Pacifique, le respect du strict principe de la navigation de conserve a bien failli montrer, une fois encore, tout son intérêt. En effet, la recherche de la terre dite de

David — actuelle île de Pâques — semble bien avoir fait passer les deux navires à proximité immédiate des îles Sala y Gomez, qu'ils n'ont pas vues. Rien d'étonnant ! Si, sur un globe terrestre, cette terre figure aussi lisiblement que Juan Fernandez et l'île de Pâques, ses voisines, il faut savoir que Sala y Gomez est un plateau rocheux dont les plus grandes dimensions ne dépassent pas 700 mètres sur 500, et qu'un isthme large d'une trentaine de mètres divise en deux îles. Les terres les plus proches sont l'île de Pâques, un peu plus de 210 milles nautiques à l'ouest-sud-ouest, et l'archipel de Juan Fernandez, 1 350 milles à l'est-sud-est. L'îlot solitaire est donc l'arête sommitale d'une chaîne montagneuse qui jaillit au-dessus de fonds marins atteignant 3 500 mètres alentour, et elle ne domine l'océan que de quelques mètres. Impossible de ne pas songer que, de nuit, par temps bouché, un improblable accident aurait pu survenir.

De cette traversée, il faut le dire, on se sait pas grand-chose ; mais sans doute aussi, il y a peu à raconter. Dans son journal, Bougainville note les bons résultats donnés par la machine à produire de l'eau douce, la fameuse cucurbite, dont le fonctionnement est attentivement contrôlé par le chirurgien du bord : « La cucurbite sous laquelle on a allumé le feu depuis hier quatre heures du soir jusqu'à cinq heures du matin a donné une barrique d'eau et un seau[14]. » Durant plus d'un mois, l'alambic fonctionnera tous les jours, apportant une bonne solution au problème de l'eau douce, à ceci près que se posait dès lors la question du combustible !

Le 22 mars 1768, cela fait plusieurs semaines que la *Boudeuse* et l'*Étoile* tiennent une route orientée à l'ouest, sur la latitude du tropique du Capricorne. Ils approchent des longitudes où, selon la carte dont ils disposent — celle de Bellin —, pourraient se trouver les îles de Quiros. Ce sont les actuelles Tuamotu. Sur le journal de Bougainville, pour la période du lundi 21 au mardi 22, on lit : « À la nuit, nous nous sommes mis sous le petit hunier pour attendre l'*Étoile*, laquelle nous a rejoints à huit heures et demie. À six heures du matin, l'*Étoile* a signalé quatre îles à peu près au sud-est et dans le même temps nous en avons aperçu une à l'ouest[15]... »

Cette aube du 22 mars 1768 représente sans doute le moment le plus important du voyage de Bougainville depuis l'appareillage de Nantes, le 15 novembre 1766 : pour la première fois depuis seize mois de croisière, des terres nouvelles sont en vue ! Et puis, cette apparition a quelque chose de rassurant puisque voici maintenant presque deux mois que les deux navires tiennent la mer sur un océan inconnu. Ces îles offriront-elles la possibilité de faire de l'eau, de charger des rafraîchissements qui empêcheront le scorbut de sévir ? C'est un miracle que personne ne soit encore touché. Prévenir vaudrait mieux que guérir.

Si l'on en croit son *Voyage autour du monde*, c'est dans un réflexe de découvreur que Bougainville baptise immédiatement les quatre îles : les Quatre Facardins. Mais dans leur édition critique, Michel Bideaux et Sonia Faessel relèvent que c'est en 1771 seulement, à l'occasion de la réédition de ce conte éponyme d'Anthony Hamilton (1646-1720) que Bougainville baptisa ces îles que, d'ailleurs, il n'approcha pas. Dans la mesure où elles se trouvaient au vent de la *Boudeuse*, il préféra s'intéresser à cette autre terre apparue sur l'avant. C'est une vision de rêve qui se précise devant le beaupré : le trait blanc d'une plage en haut de laquelle les cocotiers balancent leurs ramures sous la brise. Mais l'approche paraît délicate : « La mer brisait assez au large au nord et au sud, et une grosse lame qui battait toute la côte de l'est nous défendait l'accès de l'île dans cette partie. » Mais quel crève-cœur, car : « La verdure charmait nos yeux, et les cocotiers nous offraient partout leurs fruits et leur ombre sur un gazon émaillé de fleurs ; des milliers d'oiseaux voltigeaient autour du rivage et semblaient annoncer une côte poissonneuse ; on soupirait après la descente [à terre][16]. » On a peine à concevoir qu'à 2 milles de distance, si l'on en croit le récit de Bougainville, il ait pu distinguer tous ces détails, mais qu'il les ait alors imaginés, on se le représente sans peine !

La *Boudeuse* longe donc la côte, en quête d'un point où les embarcations pourraient faire terre. En vain ! Bougainville commande alors de remettre en route au large, lorsqu'« on cria qu'on voyait un ou deux hommes accourir au bord de la mer. Nous n'eussions jamais pensé qu'une île aussi petite pût être habitée, et ma première idée fut que sans doute quelques Européens avaient fait naufrage. J'ordonnai aussitôt de mettre en panne, déterminé à tenter tout pour les sauver ». Ces êtres disparaissent derrière la plage, mais bientôt reviennent, plus nombreux, brandissant de longues piques. « Ces hommes nous parurent fort grands et d'une couleur bronzée. Qui me dira comment ils ont été transportés jusqu'ici, quelle communication les lie à la chaîne des autres êtres, et ce qu'ils deviennent en se multipliant sur une île qui n'a pas plus d'une lieue de diamètre ? Je l'ai nommée l'île des Lanciers. »

Il s'agit de l'actuelle Akiaki, et Bougainville s'interroge tout de suite sur le peuplement de la Polynésie. De fait, on ne sait encore rien des qualités de marins et de navigateurs de ces populations ! En tout cas, la situation est pénible puisque la présence de ces îles laisse supposer qu'il en existe d'autres, sur lesquelles, dès la nuit prochaine, le risque est grand de s'échouer. Dans le même temps, les conditions météorologiques sont affreuses, avec des grains qui entretiennent une humidité constante, malsaine au possible. Et d'autant plus mal ressentie qu'à l'époque on pense que le scorbut est une conséquence de cette atmosphère. En revanche, on pêche beaucoup de bonites, qui pemettent d'apporter une nourriture riche et saine aux équipages.

À l'aube du lendemain, après une nuit d'orage, une nouvelle terre apparaît avec la découverte d'une île dont Bougainville s'étonne qu'elle ne soit « formée que par deux langues de terre fort étroites qui se rejoignent dans la partie du Nord-Ouest, et qui laissent une ouverture au Sud-Est entre leurs pointes. Le milieu de cette île est ainsi occupé par la mer dans toute sa longueur qui est de 10 à 12 lieues Sud-Est et Nord-Ouest ; en sorte que la terre présente une espèce de fer à cheval très allongé, dont l'ouverture est au Sud-Est[17]. » C'est un atoll typique que Bougainville nous décrit là, en l'occurrence celui de Hao, que lui a baptisé île de la Harpe. Mais, à l'époque, on ne sait encore rien des formations coralliennes !

Le soir même apparaît une autre île, et ainsi de suite : « Jusqu'au 27, nous continuâmes à naviguer au milieu d'îles basses et en partie noyées... J'ai nommé l'*Archipel dangereux* cet amas d'îles dont nous avons vu onze et qui sont probablement en plus grand nombre. » Et de fait : la *Boudeuse* et l'*Étoile* sont en train de traverser les Tuamotu ! Pour sortir de ce labyrinthe insulaire qui se revèle stérile lorsqu'il est abordable, Bougainville décide de partir vers le sud. Si la cucurbite et les grains ne laissent pas craindre pour l'eau, les premiers symptômes du scorbut font leur apparition. Il est temps de trouver la terre. Aussi quel bonheur, le 2 avril dans la matinée — dix jours après la première déception provoquée par l'île des Lanciers —, quand apparaît « une montagne haute et escarpée » puis une autre terre : à bord des deux bâtiments, on ne veut pas croire que le salut ne s'y trouve pas. Et en effet, ce sont les îles de Tahiti et de Moorea qui, au vent de l'étrave, grandissent d'heure en heure.

Mais la terre se fait désirer puisqu'elle se trouve au vent des voiliers, qui entament un patient

1 Portrait présumé de Bougainville jeune. Gouache, vers 1755.
Collection particulière.

« *Je suis voyageur et marin, c'est-à-dire un menteur
et un imbécile aux yeux de cette classe d'écrivains paresseux
et superbes qui, dans l'ombre de leur cabinet, philosophent
à perte de vue sur le monde et ses habitants, et soumettent
impérieusement la nature à leurs imaginations.* »
(Discours préliminaire au *Voyage autour du monde*.)

2 *Traité du calcul intégral,*
par Bougainville, 1754.
Paris, BnF.

3 Prise de Québec le 13 septembre 1759. Gravure anonyme, 1797.
Londres, National Army Museum.

TRAITÉ
DU
CALCUL INTÉGRAL,
POUR SERVIR DE SUITE
A L'ANALYSE DES INFINIMENT-PETITS
DE M. LE MARQUIS DE L'HÔPITAL;
Par M. DE BOUGAINVILLE, le jeune,

A PARIS,
Chez H. L. GUÉRIN & L. F. DELATOUR,
rue Saint Jacques, à Saint Thomas d'Aquin.

« *Les Iroquois du Sault-Saint-Louis ont naturalisé votre enfant adoptif et l'ont nommé Garoniatsigoa, c'est-à-dire le Grand Ciel en courroux. Mon air céleste a donc l'air bien méchant. Ma nouvelle famille est celle de la Tortue, la deuxième pour la guerre, mais la première pour les conseils et l'éloquence. Vous reconnaîtrez dans ce choix le frère d'un académicien et le prétendant à l'être.* »
(Lettre à Mme de Séchelles, Montréal, le 19 août 1757.)

4 Évocation de Philibert Commerson à partir d'objets de l'Herbier de Paris. Paris, Muséum national d'histoire naturelle (MNHN).

5 Spécimen de *Bougainvillea spectabilis Willd* collecté par Commerson à Rio de Janeiro en juillet 1767. Paris, MNHN (Herbier de Paris).

6 Bougainville hissant les couleurs de la France sur un rocher du détroit de Magellan. Gravure dans *An Historical Account of All the Voyages Round the World* de David Henry, Londres, 1773.
Princeton University Library.

7 Chapeau en cuir et bottes souples provenant de Patagonie rapportés par Bougainville.
Paris, musée du quai Branly.

VOYAGE
AUTOUR DU MONDE,
PAR LA FRÉGATE DU ROI
LA BOUDEUSE,
ET
LA FLÛTE L'ÉTOILE;
En 1766, 1767, 1768 & 1769.

A PARIS,
Chez SAILLANT & NYON, Libraires, rue S. Jean-de-Beauvais.

De l'Imprimerie de LE BRETON, premier Imprimeur ordinaire du ROI.

M. DCC. LXXI.

8 Page de titre du *Voyage autour du monde* de Bougainville, publié à Paris en 1771.
Versailles, bibliothèque municipale.

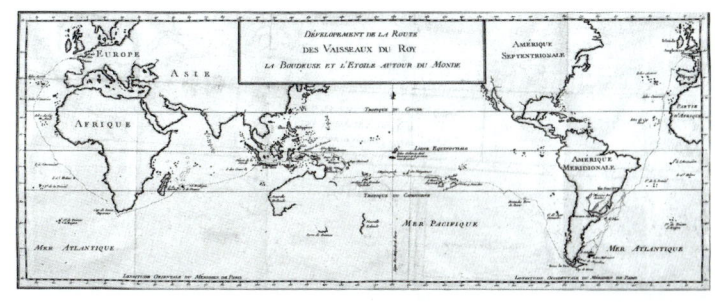

« Sa Majesté ayant fait armer au port de Nantes la frégate la Boudeuse et la flûte l'Étoile au port de Rochefort pour se rendre aux îles Malouines, elle a confié au Sr de Bougainville le commandement de la frégate la Boudeuse qui doit partir la première. »
(Ordres du roi à Bougainville.)

9 *Développement de la route faite autour du monde par les vaisseaux du roi la Boudeuse et l'Étoile.* Carte insérée dans *Voyage autour du monde*, édition de 1777.
Princeton University Library.

10 *Des Tahitiens apportent des fruits à Bougainville et à ses officiers.* Dessin anonyme non daté.
Canberra, National Library of Australia.

11 *Vue de la Nouvelle Cythère découverte par M. de Bougainville commandant la frégate du roi la Boudeuse et la flûte l'Étoile, 1768.* Les côtes de Tahiti sur un dessin aquarellé.
Paris, BnF.

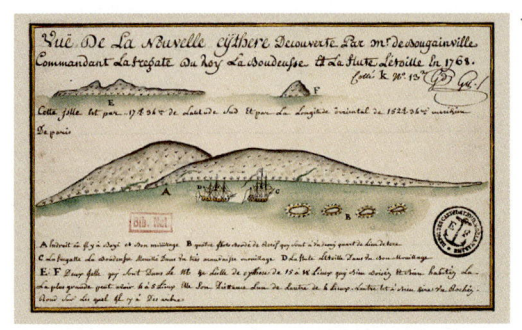

12 Canoës de l'île de Tahiti (à gauche), de l'île de Choiseul (au centre) et de l'île des Navigateurs (à droite). Gravure extraite de l'édition irlandaise du *Voyage autour du monde* de Bougainville. Dublin, 1772.
Princeton University Library.

13 Le *Bien-Aimé*, vaisseau commandé par Bougainville en 1777. Aquarelle.
Paris, musée de la Marine.

« M. de Bougainville est rempli de mérite et d'esprit ;
il n'a cessé de me le prouver tout le temps. »
(Lieutenant général de Chevert, dont Bougainville
fut l'aide de camp.)

14 Portrait de Bougainville par Joseph Ducreux, 1793.
Châteaux de Versailles et de Trianon.

15 Bataille de la baie de Chesapeake le 3 septembre 1781, par Théodore Gudin, 1848.
Châteaux de Versailles et de Trianon.

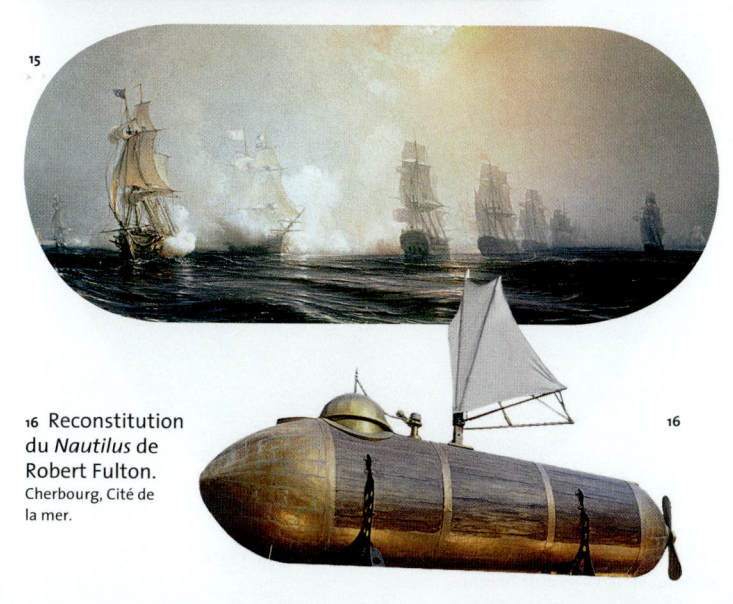

16 Reconstitution du *Nautilus* de Robert Fulton.
Cherbourg, Cité de la mer.

« *Vos glorieuses entreprises ont fourni aux auteurs du voyage aux Terres australes le précieux exemple et un noble sujet d'émulation. Puissiez-vous voir avec quelque satisfaction les succès d'une exploration au succès de laquelle vous avez contribué de tant de manières.* »
(Le comte de Champagny, ministre de l'Intérieur.)

17 Portrait de Bougainville par Jean-Pierre Franque, 1839.
Châteaux de Versailles et de Trianon.

louvoyage. La nuit annonce une bonne nouvelle : « Des feux que nous vîmes, avec joie, briller de toutes parts sur la côte, nous apprirent qu'elle était habitée. » À l'aurore du 4 avril, les deux bâtiments se trouvent en situation de cingler vers la terre. C'est alors qu'une pirogue, qui arrive du large, les dépasse pour rejoindre toute une flottille qui, venant de divers points de l'île, converge vers eux. Grand moment !

L'une d'elles précédait les autres ; elle était conduite par douze hommes nus qui nous présentèrent des branches de bananiers, et leurs démonstrations attestaient que c'était là le rameau d'olivier. Nous leur répondîmes par tous les signes d'amitié dont nous pûmes nous aviser ; alors ils accostèrent le navire, et l'un d'eux, remarquable par son énorme chevelure hérissée en rayons, nous offrit avec son rameau de paix un petit cochon et un régime de bananes. Nous acceptâmes son présent, qu'il attacha à une corde qu'on lui jeta ; nous lui donnâmes des bonnets et des mouchoirs, et ces premiers présents furent le gage de notre alliance avec ce peuple. Bientôt plus de cent pirogues de grandeurs différentes, et toutes à balancier, environnèrent les deux vaisseaux. Elles étaient chargées de cocos, de bananes et d'autres fruits du pays. L'échange de ces fruits délicieux pour nous contre toutes sortes de bagatelles se fit avec bonne foi, mais sans qu'aucun des insulaires voulût monter à bord. Il fallait entrer dans leurs pirogues ou montrer de loin les objets d'échange ; lorsqu'on était d'accord, on leur envoyait au bout d'une corde un panier ou un filet ; ils y mettaient leurs effets, et nous les nôtres, donnant ou recevant indifféremment avant que d'avoir donné ou reçu, avec une bonne foi qui nous fit bien augurer de leur caractère. D'ailleurs nous ne vîmes aucune espèce d'armes dans leurs pirogues, où il n'y avait point de femmes à cette première entrevue.

Cet accueil ne manque pas de faire penser à la tradition, encore bien connue aujourd'hui, des couronnes de fleurs. Et déjà on remarque que, si l'accueil est chaleureux, les insulaires ne quittent pas leurs pirogues. Mais pour lier plus avant connaissance, il faudra bien trouver un mouillage... Toute la nuit et la journée du lendemain, l'*Étoile* et la *Boudeuse* devront tirer bord sur bord. Mais si l'île se fait désirer, elle n'en paraît que plus belle à chaque heure qui passe.

La journée du 5 se passa à louvoyer, afin de gagner au vent de l'île, et à faire sonder par les bateaux pour trouver un mouillage. L'aspect de cette côte, élevée en amphithéâtre, nous offrait le plus riant spectacle. Quoique les montagnes y soient d'une grande hauteur, le rocher n'y montre nulle part son aride nudité ; tout y est couvert de bois. À peine en crûmes-nous nos yeux, lorsque nous découvrîmes un pic chargé d'arbres jusqu'à sa cime isolée qui s'élevait au niveau des montagnes, dans l'intérieur de la partie méridionale de l'île. Il ne paraissait pas avoir plus de trente toises de diamètre et diminuait de grosseur en montant ; on l'eût pris de loin pour une pyramide d'une hauteur immense que la main d'un décorateur habile aurait parée de guirlandes de feuillages. Les terrains moins élevés sont entrecoupés de prairies et de bosquets, et dans toute l'étendue de la côte il règne, sur les bords de la mer, au pied du pays haut, une lisière de terre basse et unie, couverte de plantations. C'est là qu'au milieu des bananiers, des cocotiers et d'autres arbres chargés de fruits nous apercevions les maisons des insulaires. Comme nous prolongions la côte, nos yeux furent frappés de la vue d'une belle cascade qui s'élançait du haut des montagnes, et précipitait à la mer ses eaux écumantes. Un village était bâti au pied, et la côte y paraissait sans brisants. Nous désirions tous de pouvoir mouiller à portée de ce beau lieu ; sans cesse on sondait des navires, et nos bateaux sondaient jusqu'à terre : on ne trouva dans cette partie qu'un platier de roches, et il fallut se résoudre à chercher ailleurs un mouillage. Les pirogues étaient revenues au navire dès le lever du soleil, et toute la journée on fit des échanges. Il s'ouvrit même de nouvelles branches de commerce ; outre les fruits de l'espèce de ceux apportés la veille et quelques autres rafraîchissements, tels que poules et pigeons, les insulaires apportèrent avec eux toutes sortes d'instruments pour la pêche, des herminettes de pierre, des étoffes singulières, des coquilles, etc. Ils demandaient en échange du fer et des pendants d'oreilles. Les trocs se firent, comme la veille, avec loyauté ; cette fois aussi, il vint dans les pirogues quelques femmes jolies et presque nues. À bord de l'*Étoile*, il monta un insulaire qui y passa la nuit sans témoigner aucune inquiétude.

L'équipage du bâtiment est loin de se douter que ce jeune homme acompagnera les Français jusqu'au bout de leur voyage !

Toujours aucune possibilité de mouiller l'ancre. Le louvoyage se poursuit encore toute la nuit et enfin, le 6 avril vers midi, une passe est trouvée, étroite mais profonde, elle conduit à un mouillage accueillant : « Une rade assez vaste, où le fond variait depuis neuf jusqu'à trente brasses. Cette rade était bornée au sud par un récif qui, partant de terre, allait se joindre à celui qui bordait la côte. Nos canots avaient sondé partout sur un fond de sable, et ils avaient reconnu plusieurs petites rivières commodes pour faire l'eau. Sur le récif, du côté du nord, il y a trois îlots. » Aujourd'hui, les cartes mentionnent précisément le Mouillage de Bougainville, situé au niveau de Hitiaa, au milieu de la côte orientale de Tahiti.

Sur la *Boudeuse* et l'*Étoile*, les ancres crochent,

on élonge les câbles, on soupire d'aise. Ces hommes ont soixante-huit jours de mer derrière eux. Ils sont épuisés et sales : on n'ose songer aux vapeurs délétères qui montent de la cale. Tandis que sous leurs yeux...

À mesure que nous avions approché la terre, les insulaires avaient environné les navires. L'affluence des pirogues fut si grande autour des vaisseaux que nous eûmes beaucoup de peine à nous amarrer au milieu de la foule et du bruit. Tous venaient en criant *tayo*, qui veut dire « ami », et en nous donnant mille témoignages d'amitié ; tous demandaient des clous et des pendants d'oreilles. Les pirogues étaient remplies de femmes qui ne le cèdent pas, pour l'agrément de la figure, au plus grand nombre des Européennes et qui, pour la beauté du corps, pourraient le disputer à toutes avec avantage. La plupart de ces nymphes étaient nues, car les hommes et les vieilles qui les accompagnaient leur avaient ôté le pagne dont ordinairement elles s'enveloppent. Elles nous firent d'abord, de leurs pirogues, des agaceries où, malgré leur naïveté, on découvrit quelque embarras ; soit que la nature ait partout embelli le sexe d'une timidité ingénue, soit que, même dans les pays où règne encore la franchise de l'âge d'or, les femmes paraissent ne pas vouloir ce qu'elles désirent le plus. Les hommes, plus simples ou plus libres, s'énoncèrent bientôt clairement : ils nous pressaient de choisir une femme, de la suivre à terre, et leurs gestes non équivoques démontraient la manière dont il fallait faire connaissance avec elle. Je le demande : comment retenir au travail, au milieu d'un spectacle pareil, quatre cents Français, jeunes, marins, et qui depuis six mois n'avaient point vu de femmes ? Malgré toutes les précautions que nous pûmes prendre, il entra à bord une jeune fille, qui vint sur le gaillard d'arrière se placer à une des écoutilles qui sont au-dessus du cabestan ; cette écoutille était ouverte pour donner de l'air à ceux qui viraient. La jeune fille laissa tomber négligemment un pagne qui la couvrait, et parut aux yeux de tous telle que Vénus se fit voir au berger phrygien : elle en avait la forme céleste. Matelots et soldats s'empressaient pour parvenir à l'écoutille, et jamais cabestan ne fut viré avec une pareille activité. Nos soins réussirent cependant à contenir ces hommes ensorcelés ; le moins difficile n'avait pas été de parvenir à se contenir soi-même. Un seul Français, mon cuisinier, qui, malgré les défenses, avait trouvé le moyen de s'échapper, nous revint bientôt plus mort que vif. À peine eut-il mis pied à terre avec la belle qu'il avait choisie qu'il se vit entouré par une foule d'Indiens qui le déshabillèrent dans un instant, et le mirent nu de la tête aux pieds. Il se crut perdu mille fois, ne sachant où aboutiraient les exclamations de ce peuple qui examinait en tumulte toutes les parties de son corps. Après l'avoir bien considéré, ils lui rendirent ses habits, remirent dans ses poches tout ce qu'ils en avaient tiré, et firent approcher la fille, en le pressant de contenter les désirs qui l'avaient amené à terre avec elle. Ce fut en vain. Il fallut que les insulaires ramenassent à bord le pauvre cuisinier, qui me dit que j'aurais beau le réprimander, que je ne lui ferais jamais autant de peur qu'il venait d'en avoir à terre.

Sur ces mots s'achève le chapitre Ier de la seconde partie du *Voyage autour du monde*, et on imagine bien quels fantasmes, en Europe, purent naître d'une telle lecture. Et nombre de lecteurs, émoustillés, ne prêtèrent peut-être pas attention au libellé exact du titre donné par Bougainville à son chapitre II : « Séjour dans l'île Tahiti ; détail du bien et du mal qui nous y arrivent ». Tout ne sera pas simple, en effet. Mais avant de décrire l'escale des deux bâtiments à Tahiti, une précision s'impose : ayant mouillé l'ancre le 6 avril 1768, ils lèveront l'ancre le 15. Le séjour sur Tahiti, la Nouvelle Cythère comme l'a baptisée Bougainville, qui fera rêver des générations jusqu'à aujourd'hui encore, a duré neuf jours en tout et pour tout. Et de ce qui s'y est passé, le journal de Bougainville comme ceux des autres officiers rendent compte fidèlement.

Ainsi donc, une fois les deux bâtiments stabilisés sur leurs mouillages, Bougainville descend à terre, accompagné de plusieurs officiers. L'urgence est de se rendre compte s'il sera possible de faire aiguade au débouché des rivières, et de couper une ample provision de bois de combustion. En effet, en même temps qu'elle a montré toute son efficacité, la cucurbite a permis de chiffrer sa voracité en combustible. L'accueil est plus que cordial ; le chef du village — un certain Ereti — les reçoit chez lui où il offre repas et cadeaux. Mais, au moment de revenir à bord, un des officiers découvre qu'on lui a subtilisé un pistolet de poche. Le problème est double, parce que, au-delà du vol, le pire est à craindre si le pistolet, dont les insulaires n'ont aucune idée de ce à quoi il sert, tue quelqu'un. Comment on parvient à faire comprendre à Ereti que le voleur et son voisinage risquent leur vie demeure un mystère. Sur la plage, un insulaire les arrête gentiment pour leur interpréter une chanson, accompagné à la flûte par un compère. En remerciement, la *Boudeuse* reçoit à son bord quatre naturels qui y dînent et y passent la nuit après un concert (flûte, basse et violon) et un feu d'artifice qui « leur causa une surprise mêlée d'effroi ».

Le lendemain matin, des rapports moins superficiels s'établissent, ainsi que le relate le *Voyage autour du monde* :

Le 7 au matin, le chef, dont le nom est Ereti, vint à bord. Il nous apporta un cochon, des poules et le pistolet qui avait été pris la veille chez lui. Cet acte de justice nous en donna bonne idée. [...] Ereti même nous offrit un hangar immense tout près de la rivière, sous lequel étaient quelques pirogues qu'il en fit enlever sur-le-champ. Nous dressâmes dans ce hangar les tentes pour nos scorbutiques, au nombre de trente-quatre, douze de la *Boudeuse*, et vingt-deux de l'*Étoile*, et quelques autres nécessaires au service. La garde fut composée de trente soldats, et je fis aussi descendre des fusils pour armer les travailleurs et les malades. Je restai à terre la première nuit, qu'Ereti voulut aussi passer dans nos tentes. Il fit apporter son souper qu'il joignit au nôtre, chassa la foule qui entourait le camp, et ne retint avec lui que cinq ou six de ses amis. Après souper, il demanda des fusées, et elles lui firent au moins autant de peur que de plaisir. Sur la fin de la nuit, il envoya chercher une de ses femmes qu'il fit coucher dans la tente de M. de Nassau. Elle était vieille et laide. [...] Au reste, les insulaires nous aidaient beaucoup dans nos travaux ; nos ouvriers abattaient les arbres et les mettaient en bûches que les gens du pays transportaient aux bateaux ; ils aidaient de même à faire de l'eau, emplissant les pièces et les conduisant aux chaloupes. On leur donnait pour salaires des clous dont le nombre se proportionnait au travail qu'ils avaient fait. La seule gêne qu'on eut, c'est qu'il fallait sans cesse avoir l'œil à tout ce qu'on apportait à terre, à ses poches même ; car il n'y a point en Europe de plus adroits filous que les gens de ce pays. Cependant, il ne semble pas que le vol soit ordinaire entre eux. Rien ne ferme dans leurs maisons, tout y est à terre ou suspendu, sans serrure ni gardiens. Sans doute la curiosité pour des objets nouveaux excitait en eux de violents désirs, et d'ailleurs il y a partout de la canaille. On avait volé les deux premières nuits, malgré les sentinelles et les patrouilles auxquelles on avait même jeté quelques pierres. Les voleurs se cachaient dans un marais couvert d'herbes et de roseaux, qui s'étendait derrière notre camp. On le nettoya en partie, et j'ordonnai à l'officier de garde de faire tirer sur les voleurs qui viendraient dorénavant. [...] Au vol près, tout se passait de la manière la plus aimable. Chaque jour nos gens se promenaient dans le pays sans armes, seuls ou par petites bandes. On les invitait à entrer dans les maisons, on leur y donnait à manger ; mais ce n'est pas à une collation légère que se borne ici la civilité des maîtres de maison ; ils leur offraient des jeunes filles ; la case se remplissait à l'instant d'une foule curieuse d'hommes et de femmes qui faisaient un cercle autour de l'hôte et de la jeune victime du devoir hospitalier ; la terre se jonchait de feuillage et de fleurs, et des musiciens chantaient aux accords de la flûte un hymne de jouissance. Vénus est ici la déesse de l'hospitalité, son culte n'y admet point de mystères, et chaque jouissance est une fête pour la nation. Ils étaient surpris de l'embarras qu'on témoignait ; nos mœurs ont proscrit cette publicité. Toutefois je ne garantirais pas qu'aucun n'ait vaincu sa répugnance et ne se soit conformé aux usages du pays.

C'est au milieu de cette atmosphère de licence qu'une nouvelle incroyable éclate. Il y a une femme parmi les marins de l'*Étoile* : Baré, le domestique de Commerson, le naturaliste ! Dans *Voyage autour du monde*, Bougainville raconte : « M. de Commerson y descendit pour herboriser. À peine Baré, qui le suivait avec les cahiers sous son bras, eut mis pied à terre que les Tahitiens l'entourent, crient que c'est une femme et veulent lui faire les honneurs de l'île. Le chevalier de Bournand, qui était de garde à terre, fut obligé de venir à son secours et de l'escorter jusqu'au bateau. » Le chef de l'expédition explique :

Depuis quelque temps, il courait un bruit dans les deux navires que le domestique de M. de Commerson, nommé Baré, était une femme. Sa structure, le son de sa voix, son menton sans barbe, son attention scrupuleuse à ne jamais changer de linge, ni faire ses nécessités devant qui que ce fût, plusieurs autres indices avaient fait naître et accréditaient le soupçon. Cependant, comment reconnaître une femme dans cet infatigable Baré, botaniste déjà fort exercé, que nous avons vu suivre son maître dans toutes ses herborisations, au milieu des neiges et sur les monts glacés du détroit de Magellan, et porter même dans ces marches pénibles les provisions de bouche, les armes et les cahiers de plantes avec un courage et une force qui lui avaient mérité du naturaliste le surnom de sa bête de somme ? Il fallait qu'une scène qui se passa à Tahiti changeât le soupçon en certitude[18].

En fait, autant que croustillante, l'histoire est touchante à plusieurs égards, comme l'exprime le journal de Vivez :

Un naturaliste faisant le tour du monde pour approfondir et augmenter les connaissances de la nature, désirant vraisemblablement faire quelques expériences nouvelles dans cette partie, embarqua à cet effet pour son domestique une fille déguisée... Le premier mois se passa ainsi tranquillement mais un peu trop vite pour nos deux adhérents, le doux repos qu'ils goûtaient depuis longtemps fut interrompu par un petit murmure qui s'éleva dans l'équipage qu'il y avait à bord une fille. On jeta les yeux sur notre petit homme, tout annonçait en lui *un hombre* féminin : une petite taille courte et grosse, de larges fesses, une poitrine élevée, une petite tête ronde, un visage garni de rousseur, une voix tendre et claire, une dextérité et délicatesse dans la main... Les chefs firent feinte d'ignorer cette scène pendant longtemps, mais, le bruit étant devenu trop général, on fit sentir au maître qu'il ne convenait pas de passer les nuits avec un domestique et que cela occasionnait du scandale. En conséquence, il fallut lui chercher un nouvel asile qui fut au poste ordinaire dans un hamac sous le gaillard derrière. Dès les premiers jours, ses voisins polis et poussés par la curiosité voulurent rendre visite à leur nouvelle hôtesse, elle eut la cruauté d'être insensible à leurs offres et même de s'en plaindre. En conséquence on les punit et notre homme postiche nous assura qu'il n'était nullement du sexe féminin mais ainsi fait par accident de celui dont le Grand Seigneur fait les gardiens de son sérail. D'après cette scène, notre homme fit son possible pour paraître tel qu'il s'était déclaré tant par la force de travail que par les propos de bagatelle, travaillant comme un nègre. [...] Les soupçons commençaient à tomber faute de preuve lorsque nous arrivâmes à la Nouvelle Cythère, mais ils revinrent bientôt. Le sauvage de bord, Boutavery [autre nom donné à Aoutourou], dès qu'il aperçut dans la foule de l'équipage ce personnage, se mit à courir après elle en criant *ayenene*, qui veut dire « fille » en langue du pays, lui fit des démonstrations de proposition bien intelligibles. Nous fûmes tous étonnés de voir que cet homme l'avait reconnue et de l'ardeur avec laquelle il s'en occupait. Il n'en fallut pas davantage pour assurer à tout l'équipage le caractère de son sexe. [...] Notre eunuque soi-disant allant tous les jours herboriser avait grand soin d'emporter des pistolets et de les montrer en embarquant dans le canot, espérant par là maintenir les ennemis de sa pudeur, mais ces précautions ne produisirent pas l'effet désiré. [...] Un beau jour, les domestiques étant à laver du linge à terre, elle eut le malheur de vouloir aller laver le sien. Ce fut, dis-je, ce jour malheureux qu'ayant saisi les pistolets on fit la visite du canon et, lorsqu'on vint à tirer la platine, on découvrit la lumière qui leva tous les doutes. Ce fut dans le fait un service que l'on rendit à cette fille que nous nommerons désormais Janeton, car la quantité de linge ou torchon qu'elle était obligée de mettre sur elle l'avait échauffée si considérablement depuis le temps que nous étions par les hautes latitudes qu'elle était pleine de boutons. Après l'inspection, elle n'était plus si gênée quoiqu'elle restât toujours en homme. Elle eut beaucoup de courtisans le reste de la campagne... Peu après notre arrivée à l'île de France, elle se maria avec le maître forgeron entretenu du port, étant précédemment débarquée ainsi que son maître[19].

Conclusion de Bougainville à cette histoire : « Je lui dois la justice qu'elle s'est toujours conduite à bord avec la plus scrupuleuse sagesse. Elle n'est ni laide ni jolie, et n'a pas plus de vingt-six ou vingt-sept ans. Il faut convenir que, si les deux vaisseaux eussent fait naufrage sur quelque île déserte de ce vaste océan, la chance eût été fort singulière pour Baré. » Par ailleurs, une note de l'édition critique du *Voyage autour du monde* précise que Jeanne Baret (de son vrai nom) se maria après le décès de Commerson, et qu'elle revint par la suite en France où elle bénéficia... d'une pension royale pour « avoir partagé les travaux et les périls de ce savant avec le plus grand courage. Sa conduite fut très sage et M. de Bougainville en a fait une mention très honorable[20] ». Enfin, concernant Commerson, il faut savoir que lorsqu'il accepta d'embarquer pour le tour du monde, il était à ce point persuadé de ne pas en revenir qu'il rédigea un testament en faveur de sa gouvernante, ladite Jeanne Baret, et instituant par ailleurs un prix... de vertu.

Mais revenons à Tahiti. En vérité, sur l'île, tout ne va pas si bien entre les habitants et les marins. Dans son journal, Caro note qu'en peu de temps l'inflation se renforce dans les échanges : « Pour des cochons, on en trouve en abondance, mais beaucoup de petits. Les sauvages ne veulent plus de clous, ils ne veulent que des haches et des ciseaux, mais nous n'en avons point[21]. » Et parce que les règles du marché changent, des tensions naissent entre marins et insulaires. Le 10, l'un de ces derniers est tué par balles ; le 12, trois autres sont tués ou blessés à la baïonnette. Bougainville sévit contre les coupables et envisage même de faire exécuter l'un d'entre eux. Les insulaires sont apeurés, puis la situation s'améliore. Mais on sent bien qu'il suffirait de peu de chose pour qu'elle dégénère.

De toutes les façons, la relâche ne saurait durer au-delà du temps nécessaire pour faire provision de bois et d'eau. Car le voyage doit se poursuivre dans les meilleurs délais, tandis que le mouillage se montre dangereux : le corail, tranchant, déchiquette les câblots de mouillage. « Le 12, à cinq heures du matin, les vents étant venus au sud, notre câble du sud-est et le grelin d'une ancre à jet, que nous avions par précaution allongée dans l'est-sud-est, furent coupés sur le fond. Nous mouillâmes aussitôt notre grande ancre ; mais, avant qu'elle eût pris fond, la frégate vint à l'appel de l'ancre du nord-ouest, et nous tombâmes sur l'*Étoile* que nous abordâmes à bâbord. Nous virâmes sur notre ancre, et l'*Étoile* fila rapidement, de manière que nous fûmes séparés avant que d'avoir souffert aucune avarie. [...] Nous guindâmes aussitôt notre petit mât de hune et la vergue de misaine, afin de pouvoir appareiller dès que le vent permettrait. » Mais peu de temps après survient une nouvelle alerte :

Vers deux heures du matin il passa un grain qui chassait les vaisseaux en côte : je me rendis à bord, le grain heureusement ne dura pas ; et dès qu'il fut passé, le vent vint de terre. L'aurore nous amena de nouveaux malheurs ; notre câble du nord-ouest fut coupé ; le grelin, que nous avait cédé l'*Étoile* et qui nous tenait sur son ancre à jet, eut le même sort peu d'instants après ; la frégate alors venant à l'appel de l'ancre et du grelin du sud-est ne se trouvait pas à une encablure de la côte où la mer brisait avec fureur. Plus le péril devenait instant, plus les ressources diminuaient, les deux ancres, dont les câbles venaient d'être coupés, étaient perdues pour nous ; leurs bouées avaient disparu, soit qu'elles eussent coulé, soit que les Indiens les eussent enlevées dans la nuit. C'étaient déjà quatre ancres de moins depuis vingt-quatre heures, et cependant il nous restait encore des pertes à essuyer. À dix heures du matin le câble neuf, que nous avions élingué sur l'ancre de 2 700 de l'*Étoile*, laquelle nous tenait dans le sud-est, fut coupé ; et la frégate, défendue par un seul grelin, commença à chasser en côte. Nous mouillâmes sous barbe notre grande ancre, la seule qui nous restât en mouillage ; mais de quel secours nous pouvait-elle être ? Nous étions si près des brisants que nous aurions été dessus avant que d'avoir assez filé de câble pour que l'ancre pût bien prendre fond. Nous attendions à chaque instant le triste dénouement de cette aventure, lorsqu'une brise de sud-ouest nous donna l'espérance de pouvoir appareiller. Nos focs furent bientôt hissés ; le vaisseau commençait à prendre de l'erre, et nous travaillions à faire de la voile pour filer câble et grelin et mettre dehors, mais les vents revinrent presque aussitôt à l'est. Cet intervalle nous avait toujours donné le temps de recevoir à bord le bout du grelin de la seconde ancre à jet de l'*Étoile* qu'elle venait d'allonger dans l'est et qui nous sauva... [...] Dans ces deux jours M. de La Giraudais, commandant de cette flûte, a eu la plus grande part au salut de la frégate par les secours qu'il m'a donnés ; c'est avec plaisir que je paie ce tribut de reconnaissance à cet officier, déjà mon compagnon dans mes autres voyages, et dont le zèle égale les talents.

Cette remarque ne laisse pas d'étonner : dans le détroit de Magellan comme au mouillage de Tahiti, la frégate commandée par Bougainville s'est trouvée à plusieurs reprises en difficulté. Chaque fois,

La Giraudais est intervenu avec l'*Étoile*, accomplissant des manœuvres difficiles. Or, à bord de la *Boudeuse* se trouve pourtant un marin hors pair : l'ancien mentor de Bougainville en personne. Nicolas Pierre Duclos-Guyot est-il vraiment donc ramené au rang de second d'un capitaine dont l'expérience à la manœuvre se révèle largement insuffisante, mais qui tient pourtant à commander ? C'est bien possible, car les supposés défauts de la frégate n'expliquent pas tout.

Voici donc l'ordre revenu dans le mouillage. Il ne reste plus qu'à appareiller. Les deux bâtiments se dégagent sans difficulté du récif corallien mais le mauvais sort semble s'acharner sur la *Boudeuse* :

> Nous étions à un quart de lieue au large et nous commencions à nous féliciter d'être heureusement sortis d'un mouillage qui nous avait causé de si vives inquiétudes, lorsque, le vent ayant cessé tout d'un coup, la marée et une grosse lame de l'est commencèrent à nous entraîner sur les récifs sous le vent de la passe [...]. J'avais dès le premier instant du danger rappelé canots et chaloupes pour nous remorquer. Ils arrivèrent au moment où, n'étant pas à plus de cinquante toises du récif, notre situation paraissait désespérée, d'autant qu'il n'y avait pas à mouiller. Une brise de l'ouest, qui s'éleva dans le même instant, nous rendit l'espérance : en effet elle fraîchit peu à peu, et à neuf heures du matin nous étions absolument hors de danger.

Louis Antoine de Bougainville achève ce chapitre en racontant comment un jeune insulaire, nommé Aoutourou, embarque sur la *Boudeuse* à sa demande, et il conclut : « Je ne fus pas moins surpris du chagrin que leur causait notre départ que je l'avais été de leur confiance affectueuse à notre arrivée[22]. »

Justement, à propos de cette arrivée, un détail ne manque pas de surprendre *a posteriori*. En France, on laisse volontiers entendre que Bougainville a découvert Tahiti ; qu'avant le séjour de la *Boudeuse* et de l'*Étoile* ses habitants n'avaient jamais vu d'Occidentaux. Or, dans les pages précédentes, on a pu lire cette phrase du *Voyage autour du monde* : « Tous demandaient des clous et des pendants d'oreilles. » Sur cette terre qui ne connaît pas le métal, ils savent donc ce qu'est un clou ? C'est seulement à la fin du chapitre suivant (« Description de la nouvelle île, mœurs et caractère de ses habitants ») qu'apparaît la discrète explication à ce petit mystère :

> J'ai appris d'Aoutourou qu'environ huit mois avant notre arrivée dans son île un vaisseau anglais y avait abordé. C'est celui que commandait M. Wallas*. [...] Voilà sans doute d'où proviennent et la connaissance du fer, que nous avons trouvée aux Tahitiens, et le nom d'*aouri* qu'ils lui donnent, nom assez semblable pour le son au mot anglais *iron*, « fer », qui se prononce *airon*. J'ignore maintenant si les Tahitiens, avec la connaissance du fer, doivent aussi aux Anglais celle des maux vénériens que nous y avons trouvés naturalisés, comme on le verra bientôt.

À ce propos, dans la seconde édition du *Voyage*, évoquant le récit que James Cook fait de son propre passage à Tahiti en 1769, Bougainville insiste :

---

* « M. Wallas » est en fait Samuel Wallis (1728-1795), navigateur britannique connu pour le tour du monde qu'il accomplit entre 1766 et 1768.

« C'est avec tout aussi peu de fondement qu'ils nous accusent d'avoir porté aux malheureux Tahitiens la maladie que nous pourrions peut-être plus justement soupçonner leur avoir été communiquée par l'équipage de M. Wallas. » Ainsi, pense Bougainville, les traces de passage d'un bâtiment britannique, que l'équipage de la *Boudeuse* avait trouvées dans le détroit de Magellan, étaient celles de Wallis (alias Wallas), dont le *Dolphin* toucha Tahiti le 19 juin 1767 et y resta jusqu'au 27 juillet ; mais ce pouvait aussi être celles de Carteret, dont on reparlera plus tard. L'amusant est de songer qu'un an plus tard, lorsque James Cook mouillera à son tour l'ancre à Tahiti, il découvrira lui aussi qu'un Français l'a précédé. Et il s'empressera d'accuser les équipages de la *Boudeuse* et de l'*Étoile* d'avoir importé sur l'île les maladies vénériennes contractées par ses propres marins.

Dans la traduction française du récit de Wallis*, on trouve d'ailleurs une scène qui se reproduira avec Aoutourou : « Comme nous continuions de leur faire des signes d'invitation, un jeune homme alerte, vigoureux et bien fait se hasarda à entrer dans le vaisseau. Il monta par les porte-haubans dans l'intérieur[23]. » Dans le journal de Vivez, le chirurgien de l'*Étoile*, on lit en effet : « Il parvient à rattraper le navire, à attraper les chaînes de hauban, à monter à bord avec son rameau de palme à la main. Il renvoya aussitôt sa pirogue[24]... »

---

* Michel Bideaux et Sonia Faessel, dans leur édition critique du *Voyage autour du monde* de Bougainville, citent la traduction publiée par Jean-Baptiste Suard en 1774.

L'embarquement d'Aoutourou a valu beaucoup de critiques à Bougainville, comme on le verra plus loin. C'est pourquoi l'auteur du voyage insiste : « Le zèle de cet insulaire pour nous suivre n'a pas été équivoque. » Pourtant, Saint-Germain, l'écrivain de la *Boudeuse*, a peut-être un point de vue plus nuancé :

> Le 15 au matin, le chef sur le terrain duquel nous étions est venu à bord avec un de ses concitoyens et beaucoup de présents, de fruits et quantité de pirogues à sa suite. Le chef nous a offert ce concitoyen pour venir avec nous. Il s'était déjà donné, au commencement de notre arrivée, au navire de l'*Étoile* : il a paru le faire avec liberté et confiance. Les femmes ont beaucoup pleuré. Le chef nous a témoigné toutes sortes de regrets de nous quitter et nous a vivement pressés de revenir, ce qu'on lui a promis, sans quoi je suis persuadé que l'Indien ne nous eût pas suivis. Ce pauvre misérable se repentira longtemps de la bêtise qu'il a faite ; car je regarde comme impossible son retour dans sa patrie, heureux si le chagrin de rester longtemps en mer ne le prive pas du plaisir momentané qu'il aura de voir la France : le principal mobile qui le fait agir est l'envie qu'il a de se marier pour quelque temps à des femmes blanches[25].

Faisant route à l'ouest, les deux navires se dirigent vers les Samoa et dès les premières nuits, à bord de la *Boudeuse*, Aoutourou évoque les terres qu'on trouverait si on se laissait guider par telle ou telle étoile. Dans son journal, Bougainville ne dissimule pas son admiration : « Il est bien clair que ces peuples naviguent hors de vue de toute terre et se pilotent par les étoiles. Ils ont les principes de tous les arts[26]. » Mais il ne cache pas non plus son exaspération devant l'obsession du sexe qu'il découvre chez son passager : les terres vers lesquelles Aoutourou cherche à persuader les Français de mettre le cap se caractérisent selon lui par la complaisance de leurs femmes. Peut-être Bougainville s'inquiète-t-il de ce qui se passera en France lorsqu'il confie à son journal : « Notre Indien ne pense qu'à ses femmes, il nous en entretient sans cesse, c'est son unique idée ou du moins toutes les autres se rapportent à celle-là. Il nous a fait entendre que, s'il n'y a point de femmes pour lui là où nous allons, il faut lui couper le col[27]. » Le 4 mai, trois semaines plus tard donc, des îles apparaissent devant les beauprés : c'est le sud des Samoa, que Bougainville baptise dans un premier temps Petites Cyclades, puis Archipel des Navigateurs. Aoutourou pense immédiatement qu'il s'agit du pays des Blancs : à ce moment-là sans doute, le jeune Tahitien prend conscience de l'aventure dans laquelle il s'est lancé.

À partir des Samoa, la navigation va devenir chaque jour plus difficile : les vents sont faibles ou contraires ; la chaleur suffocante ; une veille attentive s'impose dans ces eaux inconnues et traîtresses ; les naturels ne sont pas accueillants et peuvent même se montrer agressifs. À ce sujet, ils passent par l'île de Tutuila, celle-là même où, en 1787, l'expédition de Lapérouse connaîtra un drame lorsque, débarqués pour faire aiguade, Fleuriot de Langle, le commandant de l'*Astrolabe*, et dix marins furent assassinés par les insulaires. Le bois commence à manquer et le scorbut refait son apparition. Mais s'il n'y avait que cela... Car le 18 mai, un peu plus d'un mois après l'appareillage de la Nouvelle Cythère aux plaisirs si doux, Vénus se rappelle aux bons souvenirs d'un certain nombre de matelots et Louis Antoine porte dans son journal : « Nota : Avis aux voyageurs. Il s'est déclaré à bord des deux navires ces jours-ci plusieurs maladies vénériennes prises à Cythère. Il y en a de toutes les espèces connues en Europe. J'ai fait visiter Louis [Aoutourou], il en est perclus et on le traite. Il paraît que ses compatriotes font peu de cas de cette maladie[28]. » Et Tahiti perd soudain un peu de son charme...

Le 21 mai enfin, la *Boudeuse* et l'*Étoile* peuvent mouiller l'ancre devant un rivage boisé. Une corvée de bois est débarquée qui peut travailler sans être agressée, malgré un face-à-face tendu avec les naturels. Comme ils rembarquent, les marins sont bombardés de pierres et quelques flèches sont tirées... Quelques jours plus tard, des flèches sont encore tirées sur le canot de l'*Étoile* depuis des pirogues. Un feu de salve ayant répondu à l'agression, Bougainville fait savoir qu'il désapprouve ce qu'il appelle un « abus de la supériorité de nos forces[29] ».

Dans les derniers jours de mai, l'expédition commence à prendre un tour sinistre. Le 28, Bougainville porte dans son journal : « Nous avons eu les basses voiles carguées et le grand hunier en ralingue pour attendre l'*Étoile* qui marche moins que jamais. Cependant nous sommes dans le cas de ne pas perdre un instant. L'état et la qualité de nos vivres exigent que nous arrivions à quelque établissement européen. » Le chef d'expédition paraît bien dur pour sa conserve, car il fut un temps où c'était la *Boudeuse* qui ralentissait le voyage, quand elle ne se mettait pas dans des situations délicates dont la sortait l'*Étoile*. Mais qu'y faire ? En revanche, l'urgence dans laquelle les bâtiments se trouvent de se ravitailler auprès d'un établissement européen oblitère considérablement la mission. De ce point de vue, où en est-il ?

Depuis qu'il a quitté Tahiti, il suit le 15e parallèle sud. Après les actuelles Samoa et Futuna, il a trouvé les Nouvelles-Hébrides, qu'il appelle Grandes Cyclades. Cette route a pour but la mythique « grande terre » jadis évoquée par le navigateur portugais Pedro Fernandez de Quiros (1565-1614) et qui excitait la curiosité des géographes du XVIIIe siècle. On la cherchait dans la zone qui se trouve à l'est de l'actuelle Australie. Ayant traversé l'archipel, la *Boudeuse* et l'*Étoile* naviguent en eaux libres pendant une semaine. La terre de Quiros existe-t-elle ? Plus une terre en vue... Dans la nuit du 4 au 5 juin, par un vent fort, ils filent grand largue. Sur la *Boudeuse*, à la fois pour rester au contact de l'*Étoile* et parce que prudence oblige, on a diminué la voilure à la tombée de la nuit. La lune éclaire bien les vagues cependant. Et, sur le coup de vingt-trois heures, un cri tombe des hunes : « Brisants sur bâbord ! » Tout de suite on manœuvre en prenant un cap au nord-est, ce qui permet à la fois de s'éloigner du danger et de tenir une allure où le bâtiment va à faible vitesse.

Dans le journal de bord de Bougainville, on lit : « L'on peut voir par cette rencontre combien cette navigation est critique[30]. » Courte et sobre phrase qu'il faut traduire par : sans une veille attentive, non émoussée par plusieurs jours et nuits de vide au grand large, c'était la collision à pleine vitesse avec un récif corallien, dramatique accident que connaîtra Lapérouse par une nuit de tempête, en 1788. Au jour, on repère exactement le récif, que Bougainville baptise la Batture de Diane. Par la suite, les cartes anglaises mentionneront le Diane Bank ou Bougainville Reef. Il se trouve dans la partie nord de la Grande Barrière de corail, au nord-est de l'Australie. Tandis qu'ils suivent une route cap au nord, les deux bâtiments observent tous les signes indiquant la proximité de la terre, comme des débris végétaux et le fait que la mer s'aplatisse. Dans l'ouest apparaissent des brisants sur de grandes distances. Dans le *Voyage autour du monde*, Bougainville explique : « Cette dernière rencontre était la voix de Dieu et nous y fûmes dociles. La prudence ne permettant pas de suivre pendant la nuit une route incertaine au milieu de ces parages funestes, nous la passâmes à courir des bords dans l'espace que nous avions reconnu le jour et, le 7 au matin, je fis gouverner au nord-est-quart-nord, abandonnant le projet de pousser plus loin à l'ouest sous le parallèle de 15 degrés. Nous étions assurément bien fondés à croire que la terre australe du Saint-Esprit n'était autre que l'archipel des Grandes Cyclades, que Quiros avait pris pour un continent, et représenté sous un point de vue romanesque[31]. »

Cap au nord, donc. Le 8 juin, Louis Antoine de

Bougainville tient conférence avec le munitionnaire et, au terme d'un pointage strict, il apparaît que l'expédition possède du pain pour deux mois et demi, des légumes pour cinquante jours, de la viande pour plus longtemps, mais « d'une vieillesse extrême ». On n'ose penser ce que cela signifie : puanteur à l'ouverture des barils, grouillement de vers… Et bientôt un sérieux rationnement commence. Le samedi 18, le journal mentionne : « Depuis trois jours, on a diminué d'un cinquième la quantité de légumes que l'on met à la soupe et de près d'un tiers la ration de biscuit ou pain frais. On ne donne plus de soupe les jours maigres à midi. On la remplace par la viande salée, c'est la denrée dont nous sommes les moins indigents. Nous en sommes aux expédients pour le bois à brûler[32]. » Ainsi, il n'est plus possible de compter sur la cucurbite pour faire de l'eau douce.

Avec ce régime de vents de secteur est, la crainte de Bougainville est de se trouver emmené dans un cul-de-sac d'où il aurait à sortir au louvoyage. Or il atteint la côte méridonale de la Nouvelle-Guinée. La seule route possible pour éviter le piège est donc de se diriger vers l'est… ce qui va exiger un louvoyage cauchemardesque, pendant quinze jours, contre vents et courants, dans les eaux dangereuses qu'il désigne sous le nom de « golfe de la Louisiade » ! On peut s'interroger sur la pertinence de la route suivie par la *Boudeuse* et l'*Étoile*. Puisque l'expédition, à court de vivres, doit rallier un établissement tenu par des Européens ; puisque la question de la terre de Quiros semble résolue ;

puisque la mission à accomplir est de toucher les îles aux épices de la mer des Moluques ; pourquoi Bougainville a-t-il fait le grand tour de la Nouvelle-Guinée via l'archipel de la Louisiade, les îles Salomon, la Nouvelle-Bretagne et la Nouvelle-Irlande ? Pourquoi ne pas avoir emprunté le détroit de Torres, découvert par le navigateur éponyme en 1606 ?

Tout simplement parce que Bougainville n'en connaissait pas l'existence. Mais comment est-ce donc possible ? Étienne Taillemite explique :

> Ce passage avait été découvert en 1606 par Luis Vaez de Torres, navigateur espagnol compagnon de Quiros. Séparé de celui-ci après l'escale à la terre du Saint-Esprit (Nouvelles-Hébrides), il reconnut sans s'en douter, car il ignorait l'existence de l'Australie, le détroit qui a conservé son nom et démontra ainsi l'insularité de la Nouvelle-Guinée. Mais son rapport resta secret, conservé aux archives de Manille. Les Anglais le découvrirent lorsqu'ils s'emparèrent de cette ville en 1762 mais se gardèrent bien de le publier. Seul Cook en eut connaissance. Louis Antoine n'y fait aucune allusion ni dans son journal ni dans la première édition de son *Voyage* parue en 1771. Ce n'est que dans la seconde, de 1772, après avoir eu connaissance du premier périple de Cook, rentré en Angleterre en juillet 1771, qu'il écrit : « Nous avons imaginé plusieurs fois, pendant les jours de tribulations passés dans le golfe de la Louisiade, qu'il pouvait y avoir au fond de ce golfe un détroit qui nous aurait ouvert un passage fort court vers la mer des Moluques, mais dans la situation où nous nous trouvions relativement aux vivres et à la santé des équipages, nous ne pouvions courir les hasards de la recherche. En effet, s'il n'eût pas existé, nous étions presque sans ressource[33]. »

Passés à longer le nord de la Nouvelle-Guinée, les mois de juillet et août 1768 sont un véritable calvaire. Tout se ligue contre les marins. Les conditions météorologiques d'abord, avec des vents faibles, instables, contraires, accompagnés d'orage. Dans le même temps, les qualités de marche de l'*Étoile* deviennent de plus en plus catastrophiques, ce qui provoque les commentaires de plus en plus impatients de Bougainville. Il écrit le 16 août :

> Calme, comme l'*Étoile* était fort loin de nous et les vents à l'ouest, j'ai pris le parti de virer dessus pour la rallier. À cinq heures et demie nous étions à son bord. Ce bâtiment a beaucoup de peine à gouverner dans cette marée et n'en veut plus. Tel est notre malheur que son engourdissement nous empêche encore de profiter du peu de vent qui nous ferait cheminer. On a beaucoup disputé sur le lieu où était situé l'enfer, en bonne vérité, nous l'avons trouvé. Pendant la nuit calme, relayée par un tonnerre horrible, une grosse pluie et tout cela suivi d'un vent debout assez frais[34].

Ensuite, même si l'*Étoile* éprouve grand mal à faire route, les deux bâtiments commencent à subir sérieusement les effets d'une longue navigation : sur la *Boudeuse*, le pied de mât d'artimon s'est usé dans son emplanture ; sur l'*Étoile*, c'est une partie de la mâture d'artimon qui est à changer[35]. Quant aux équipages, ils vont en haillons, et on sourirait de la décision prise par Bougainville :

> Je fis couper nos tentes de campagne pour distribuer de grandes culottes aux gens des deux équipages. Nous avions déjà fait, en différentes occasions, de semblables distributions de hardes de toute espèce. Sans cela, comment eût-il été possible que ces pauvres gens fussent vêtus pendant une aussi longue campagne, où il leur avait fallu plusieurs fois passer

alternativement du froid au chaud, et essuyer maintes reprises du déluge ?

Mais Bougainville ajoute :

> Au reste, je n'avais plus rien à leur donner, tout était épuisé. Je fus même forcé de retrancher encore une once de pain sur la ration. Le peu qui nous restait de vivres était en partie gâté, et dans tout autre cas on eût jeté à la mer toutes nos salaisons, mais il fallait manger le mauvais comme le bon. Qui pouvait savoir quand cela finirait ? Telle était notre situation de souffrir en même temps du passé qui nous avait affaiblis, du présent dont les tristes détails se répétaient à chaque instant, et de l'avenir dont le terme indéterminé était presque le plus cruel de nos maux. Mes peines personnelles se multipliaient par celles des autres. Je dois cependant publier qu'aucun ne s'est laissé abattre, et que la patience à souffrir a été supérieure aux positions les plus critiques. Les officiers donnaient l'exemple, et jamais les matelots n'ont cessé de danser le soir, dans la disette comme dans les temps de la plus grande abondance. Il n'avait pas été nécessaire de doubler leur paie[36].

Les navires suivent la côte, ce qui, d'une certaine façon, est un réconfort. Si ce n'est que ses approches sont la plupart du temps délicates, et qu'à terre, si l'on y parvient, les possibilités de collecter des rafraîchissements sont rares. Aussi le scorbut revient-il, fauchant même les meilleurs : « Nous perdîmes dans cette journée notre premier maître d'équipage, nommé Denis, qui mourut du scorbut. Il était malouin et âgé d'environ cinquante ans, passés presque tous au service du roi. Les sentiments d'honneur et les connaissances qui le distinguaient de son état important nous l'ont fait regretter universellement. Quarante-cinq autres personnes étaient atteintes du scorbut ; la limonade et le vin en suspendaient seuls les funestes progrès[37]. »

Et si des naturels se manifestent, leur attitude se situe entre la méfiance et l'agressivité, comme en témoigne ce passage du *Voyage*[38] :

> Ils nous montraient une espèce de pain et nous invitaient par signes à venir à terre ; nous les invitions à venir à bord ; mais nos invitations, le don même de quelques morceaux d'étoffes jetés à la mer, ne leur inspirèrent pas la confiance de nous accoster. Ils ramassèrent ce qu'on avait jeté et, pour remerciement, l'un d'eux, avec une fronde, nous lança une pierre qui ne vint pas jusqu'à bord ; nous ne voulûmes pas leur rendre le mal pour le mal, et ils se retirèrent en frappant tous ensemble sur leurs canots avec de grands cris. Ils poussèrent sans doute les hostilités plus loin à bord de l'*Étoile* ; car nous en vîmes tirer plusieurs coups de fusil qui les mirent en fuite. [...] Le 31, on vit, dès la pointe du jour, un essaim de pirogues sortir de terre, une partie passa par notre travers sans s'arrêter et toutes dirigèrent leur marche sur l'*Étoile*, que, sans doute, ils avaient observé être le plus petit des deux bâtiments, et se tenir derrière. Les nègres firent leur attaque à coups de pierres et de flèches. Le combat fut court. Une fusillade déconcerta leurs projets ; plusieurs se jetèrent à la mer, et quelques pirogues furent abandonnées : depuis ce moment nous cessâmes d'en voir.

En plus de ces rencontres déplaisantes survient une découverte curieuse : « Un matelot de mon canot, cherchant des coquilles, y trouva enterré dans le sable un morceau d'une plaque de plomb, sur lequel on lisait ce reste de mots anglais : *"Hor'd here... ick Majesty's*[39].*"* » Non loin se trouvent les restes d'un campement, signalant la relâche d'Anglais en ces lieux. Dans son récit, Bougainville précisera : « Je ne doute pas que le vaisseau venu ici de relâche ne soit le *Swallow*, bâtiment de quatorze canons commandé par M. Carteret et sorti d'Europe au mois d'Août 1766 avec le *Dolphin* que commandait M. Wallis. » Ils en avaient déjà trouvé les traces dans le détroit de Magellan, et appris le passage à Tahiti ! On notera l'incroyable hasard qui amena les deux expéditions à toucher les mêmes terres au milieu de milliers d'autres. Mais une correction s'impose : les deux bâtiments s'étaient séparés au niveau du détroit de Magellan et seul Wallis était passé à Tahiti. Ces traces fraîches étaient celles de Carteret, que Bougainville était en train de rattraper.

Voici dans quel état physique et moral se trouve l'expédition lorsqu'elle arrive devant l'île de Ceram, vers laquelle on connaît l'existence de postes hollandais. La *Boudeuse* et l'*Étoile* mettent ainsi le cap sur l'île Boéro (actuelle Bourou) située à l'ouest de Ceram : « Je savais que les Hollandais avaient sur cette île un comptoir faible, quoique assez riche en rafraîchissements[40] », écrit Bougainville. La précision importe en effet, car malgré l'état de quasi-détresse des deux bâtiments, les Français n'ont aucune idée de la manière dont la situation politique a pu évoluer en Europe. Qui sait si la Hollande et la France ne sont pas en guerre ? Il n'est pas question de se jeter dans la gueule du loup, c'est la raison pour laquelle ils choisissent de faire relâche à Cajeli (actuelle Kajeli), dont ils savent que les défenses sont moins fortes que leurs propres canons.

Ce ne fut pas sans d'excessifs mouvements de joie que nous découvrîmes à la pointe du jour l'entrée du golfe de Cajeli. C'est où les Hollandais ont leur établissement ; c'était le terme où devaient finir nos plus grandes misères. Le scorbut avait fait parmi nous de cruels ravages depuis notre départ du port de Praslin [mouillage situé sur l'île de la Nouvelle-Bretagne, où ils ont fait relâche en juillet] ; personne ne pouvait s'en dire entièrement exempt, et la moitié de nos équipages étaient hors d'état de faire aucun travail. Huit jours de plus passés à la mer eussent assurément coûté la vie à un grand nombre et la santé à presque tous. Les vivres qui nous restaient étaient si pourris et d'une odeur si cadavéreuse que les moments les plus durs de nos tristes journées étaient ceux où la cloche avertissait de prendre ces aliments dégoûtants et malsains. Combien cette situation embellissait encore à nos yeux le charmant aspect des côtes de Boéro ! Dès le milieu de la nuit, une odeur agréable, exhalée des plantes aromatiques dont les îles Moluques sont couvertes, s'était fait sentir plusieurs lieues en mer, et avait semblé l'avant-coureur qui nous annonçait la fin de nos maux[41].

En effet, voici l'expédition de Bougainville arrivée dans des eaux moins incertaines que les immensités du Pacifique et les dédales de ses archipels désertiques. Et une de ses missions reste maintenant à accomplir : rapporter des plants de ces fameuses épices. Ce qui ne sera pas si simple.

À peine avions-nous jeté l'ancre que deux soldats hollandais sans armes, dont l'un parlait français, vinrent à bord me demander, de la part du résident du comptoir, quels motifs nous attiraient dans ce port, lorsque nous ne devions pas ignorer que l'entrée n'en était permise qu'aux seuls vaisseaux de la Compagnie hollandaise. Je renvoyai avec eux un officier pour déclarer au résident que la nécessité de prendre des vivres nous forçait à entrer dans le premier port que nous avions rencontré, sans nous permettre d'avoir égard aux traités qui interdisaient aux navires étrangers la relâche dans les ports des Moluques, et que nous sortirions aussitôt qu'il nous aurait fourni les secours dont nous avions le plus besoin. Les deux soldats revinrent peu de temps après pour me communiquer un ordre signé du gouverneur d'Amboine [actuelle île d'Ambon], duquel le résident de Boéro dépend directement, par lequel il est expressément défendu à celui-ci de recevoir dans son port aucun vaisseau étranger. Le résident me priait en même temps de lui donner par écrit une déclaration des motifs de ma relâche, afin qu'elle pût justifier auprès de son supérieur auquel il l'enverrait la conduite qu'il était obligé de tenir en nous recevant ici. Sa demande était juste, et j'y satisfis en lui donnant une déposition signée, dans laquelle je déclarai qu'étant parti des îles Malouines et voulant aller dans l'Inde en passant par la mer du Sud, la mousson contraire et le défaut de vivres nous avaient empêchés de gagner les îles Philippines et forcés de venir chercher au premier port des Moluques des secours indispensables, secours que je le sommais de me donner en vertu du titre le plus respectable, de l'humanité.

Dès ce moment, il n'y eut plus de difficultés ; le résident, en règle vis-à-vis de sa Compagnie, fit contre mauvaise fortune bon cœur, et il nous offrit ce qu'il avait d'un air aussi libre que s'il eût été le maître chez lui.

Jolie histoire ! Mais elle ne reflète que partiellement la vérité. Le journal de Vivez narre les échanges de messages entre le fort qui exige l'appareillage immédiat des vaisseaux, et la *Boudeuse* qui finit par s'impatienter :

M. de Bougainville, voyant qu'il fallait terminer, que notre position ne nous permettait pas d'aller plus loin et que ce poste était très faible, renvoya en dernier ressort l'officier du commandant de terre pour le faire prévenir qu'il allait descendre avec force en main si c'était nécessaire. Comme le commandant nous vit déterminés et qu'il prévit qu'il aurait le dessous, n'ayant de toute sa batterie que deux canons en état et environ cinquante hommes de troupe, il fit demander à M. de Bougainville de lui donner seulement un billet comme quoi il le forçait de lui donner un pied à terre. Ce qui rendit cette permission difficile, c'est que M. de Bougainville ne voulut pas dire le sujet du voyage[42].

Il valait mieux ne pas en parler en effet, puisque tous les efforts des Hollandais tendaient à la protection absolue de ces fameuses épices qui faisaient leur fortune. Et, pour ce faire, ils employaient des moyens drastiques : conscients de l'impossibilité de contrôler efficacement les dizaines d'îles que compte la mer des Moluques, ils les incendiaient ! Dans son journal, Bougainville précise ainsi : « Ils ne laissent le clou [de girofle] qu'à Amboine, la muscade à Banda et la cannelle à Cerlan. Ces chefs-lieux de ce commerce important sont très fortifiés et garnis de monde. La Compagnie occupe une infinité d'autres postes dont l'objet est d'entretenir son autorité sur toutes ces contrées, de veiller à ce que les épiceries soient détruites partout ailleurs que dans les lieux où elle est assurée de les bien conserver et d'en empêcher la contrebande[43]. »

La Compagnie dont il est question ici est la Compagnie néerlandaise des Indes orientales, la fameuse Vereenigde Oostindische Compagnie, couramment dite VOC. Elle avait été créée en 1602 par dix-sept armateurs hollandais, associés pour passer outre le monopole imposé par le Portugal sur le négoce avec les contrées de l'océan Indien. Les Hollandais s'intéressèrent tout particulièrement aux épices des îles de la Sonde et des Célèbes, où ils ouvrirent une série de comptoirs, eux-mêmes satellites d'un grand port chargé des communications avec la métropole : Batavia (actuelle Jakarta). Devenue un véritable État dans l'État batave, la Compagnie possédait son administration, son armée et sa flotte. C'était donc elle qu'il s'agissait de braver en volant des plants d'épices, à défaut de pouvoir les négocier.

Bougainville sait comment procéder, et il écrit dans son journal : « Les moussons facilitent les entreprises en ce qu'en se rendant aux Moluques à la fin de la mousson d'Ouest, on a toute celle de l'Est pour agir sans que de Batavia on puisse envoyer aucun secours aux postes attaqués. [...] J'ajouterai que les Hollandais ont peu de forces maritimes dans ces parages. Une frégate à Ternate, un senau de 14 canons ici, quelques chaloupes, sont-ce là des obstacles à vaincre[44] ? » Fort bien, mais, en écrivant ces lignes, Bougainville envisage une action future, car il ne fera rien. Pourtant, la mousson d'Est n'est pas encore achevée... Sans doute considérait-il que sa mission consistait à étudier la possibilité de se fournir en plants, et non d'en rapporter ? Le fait est qu'il n'opérera aucune descente à terre pour en chercher. Pourtant, les trois semaines que dureront sa navigation entre l'île de Boéro et Batavia lui en laisseront en permanence la possibilité.

Six jours de relâche se passent à Boéro, où sont embarqués vivres frais, bétail sur pied et même du beurre que les Bretons de l'expédition apprécient paraît-il grandement. On peut toutefois se demander comment il peut tenir plus de quelques minutes sous un climat aussi chaud. Le gouverneur présente la note en prévenant toute tentative de marchandage par un péremptoire : « Ce sont les tarifs imposés par la Compagnie. » En tout cas, le scorbut paraît jugulé. Autre soulagement pour Bougainville : un déserteur hollandais s'est réfugié à bord de la *Boudeuse*. En fait, c'est un Français, un marin de Fécamp qui connaît bien l'archipel. Ce dénommé Chapelle fera un excellent pilote jusqu'à Batavia. Et justement, ses compétences n'auraient-elles pas dû être mises à profit pour déterminer où il était possible de s'emparer de plants d'épices ? Pourquoi Bougainville délaisse-t-il ainsi cet aspect pourtant capital d'une mission qui jusqu'à présent n'a guère été menée à bien ? Une explication peut être avancée : dans la perspective d'une escale à Batavia, obligatoire pour refaire les vivres, peut-être valait-il mieux ne pas avoir en cales une cargaison qui représentait en soi une véritable déclaration de guerre ?

La traversée s'effectue sans événement notable, sauf quelques rencontres avec les naturels qui viennent, sur des pirogues à balancier, proposer des rafraîchissements. En échange, ainsi que le raconte Caro, ils demandent « de l'argent de Hollande, surtout des pièces argentées de 2 sols. Ils prenaient aussi volontiers des couteaux à manches rouges, des mouchoirs... toutes sortes de choses traitables. Il y en avait quelques-uns qui avaient des pièces de coton à vendre, propres à faire une paire de grandes culottes, chaque pièce. Comme ils les vendaient trop cher, personne n'en a voulu[45] ». On croirait lire le récit d'une croisière en paquebot ! Pas de doute, l'expédition de Bougainville a retrouvé la civilisation. Et le navigateur conclut : « C'est ainsi qu'après avoir tenu la mer pendant dix mois et demi nous arrivâmes le 28 septembre 1768 dans une des plus belles colonies de l'univers où nous regardâmes comme ayant terminé notre voyage[46]. » C'est Bougainville qui le dit, aussi peut-on dès maintenant se poser la question : de sa mission, qu'a-t-il été accompli ? Pas grand-chose, semble-t-il...

De Batavia, les navigateurs et voyageurs des XVIIIe et XIXe siècles rapportent tous la même image où se mêlent l'émerveillement devant la beauté des lieux et l'effroi devant les maladies qui se développent sous son climat redoutable. Pour ce qui est de la beauté, le *Voyage autour du monde* use d'un style de guide touristique avant l'heure :

> Nous ne nous lassions point de nous promener dans les environs de Batavia. Tout Européen, accoutumé même aux plus grandes capitales, serait étonné de la magnificence de ses dehors. Ils sont enrichis de maisons et de jardins superbes, entretenus avec ce goût et cette propreté qui frappent dans tous les pays hollandais. Je ne craindrai pas de dire qu'ils surpassent en beauté et en richesses ceux de nos plus grandes villes de France, et qu'ils approchent de la magnificence des environs de Paris[47].

Mais, en ce qui concerne sa salubrité, l'avertissement est clair puisqu'il constitue la première phrase du chapitre intitulé « Séjour à Batavia, et détails sur les Moluques » :

> Le temps des maladies, qui commence ici ordinairement à la fin de la mousson de l'Est, et les approches de la mousson pluvieuse de l'Ouest nous avertissaient de ne rester à Batavia que le moins qu'il nous serait possible. Toutefois, malgré l'impatience où nous étions d'en sortir au plus tôt, nos besoins devaient nous y retenir un certain nombre de jours et la nécessité d'y faire cuire du biscuit, qu'on ne trouva pas tout fait, nous arrêta plus longtemps encore que nous n'avions compté. [...] Il n'y avait pas plus de huit ou dix jours que nous étions à Batavia lorsque les maladies commencèrent à s'y déclarer. De la santé la meilleure en apparence on passait en trois jours au tombeau. Plusieurs de nous furent attaqués de fièvres violentes, et nos malades n'éprouvaient aucun soulagement à l'hôpital. J'accélérai, autant qu'il m'était possible, l'expédition de nos besoins ; mais notre sabandar* étant aussi tombé malade et, ne pouvant plus agir, nous essuyâmes des difficultés et des lenteurs. Ce ne fut que le 16 octobre que je pus être en état de sortir, et j'appareillai pour aller mouiller en dehors de la rade ; l'*Étoile* ne devait avoir son biscuit que ce jour-là. Elle ne finit de l'embarquer qu'à la nuit et, dès que le vent le lui permit, elle vint mouiller auprès de nous. Presque tous les officiers de mon bord étaient ou déjà malades, ou ressentaient des dispositions à le devenir. Le nombre des dysenteries n'avait point diminué dans les équipages, et le séjour prolongé à Batavia eût certainement fait plus de ravages parmi nous que n'avait fait le voyage entier. Notre Tahitien, que l'enthousiasme de tout ce qu'il voyait avait sans doute préservé quelque temps de l'influence de ce climat pernicieux, tomba malade dans les derniers jours, et sa maladie a été fort longue, quoiqu'il ait eu pour les remèdes toute la docilité à laquelle pourrait se dévouer un homme né à Paris ;

---

* Le sabandar est la personne chargée d'établir la liaison entre les étrangers et les autorités locales.

aussi, quand il parle de Batavia, ne la nomme-t-il que la terre qui tue, *enoua maté*[48].

À Batavia aussi, Bougainville apprend de quelle expédition anglaise il a, à deux reprises, trouvé les traces ; c'est celle qui est aussi passée à Tahiti, et a quitté Batavia le 15 septembre, c'est-à-dire douze jours avant leur arrivée. Cela gêne-t-il Bougainville, qui mène un voyage de découverte, de se savoir dans le sillage de l'Anglais Wallis ? Il n'en laisse en tout cas rien paraître.

Sur la traversée entre Batavia et l'île de France, Bougainville est peu disert. Son journal précise cependant qu'une fois en mer il décide de tailler la route : « Je me suis déterminé à ne plus attendre l'*Étoile* qui n'a pas besoin de moi pour se rendre à l'île de France. Maintenant, la santé des hommes qui me sont confiés et l'intérêt du roi exigent que j'abrège le plus qu'il sera possible cette campagne déjà trop longue. » Les notes qui suivent justifient cette décision : « Cette route n'eut rien de remarquable que le beau et bon temps qui l'a rendue fort courte. Nous eûmes constamment le vent de sud-est très frais. Nous en avions besoin ; car le nombre des malades augmentait chaque jour, les convalescences étaient fort longues, et il se joignit aux flux de sang des fièvres chaudes ; un de mes charpentiers en mourut la nuit du 30 au 31. » Toutefois, la *Boudeuse* ne pourra pas marcher au mieux de ses possibilités : « Ma mâture me causait aussi beaucoup d'inquiétude. Il y avait lieu d'appréhender que le grand mât ne rompît cinq ou six pieds au-dessous du trélingage. Je le fis jumeler et, pour le soulager, je dégréai le mât de perroquet et tins toujours deux ris dans le grand hunier. Ces précautions retardaient considérablement notre marche ; malgré cela, le dix-huitième jour de notre sortie de Batavia, nous eûmes la vue de l'île Rodrigues, et le surlendemain celle de l'île de France. [...] Le 8 dans la matinée, nous entrâmes dans le port où nous fûmes amarrés dans la journée. L'*Étoile* parut à six heures du soir et ne put entrer que le lendemain[49]. » Cette remarque sur l'arrivée de l'*Étoile* ne manque pas de piquant. De fait, même si la frégate n'a pas navigué au mieux de ses possibilités, sur une traversée de vingt jours, elle n'a pas distancé la flûte de plus de quelques heures. Autant dire rien du tout ! Les critiques précédemment formulées par Bougainville n'étaient peut-être donc pas vraiment justifiées. Ou bien c'était seulement par faible brise que la flûte se traînait ? Cette hypothèse est très vraisemblable aussi.

Cette fois, la grande aventure est bel et bien achevée ; voici les deux navires dans un port français, avec désormais pour seul souci de caréner et revoir le gréement afin d'effectuer la navigation de retour en France :

Dès le premier jour, j'envoyai tous mes malades à l'hôpital, je donnai l'état de mes besoins en vivres et agrès, et nous travaillâmes sur-le-champ à disposer la frégate pour être carénée. Je pris tous les ouvriers du port qu'on put me donner et tous ceux de l'*Étoile*, étant déterminé à partir aussitôt que je serais prêt. Le 16 et le 18, on chauffa la frégate. Nous trouvâmes son doublage vermoulu, mais son franc-bord était aussi sain qu'en sortant du chantier. Nous fûmes obligés de changer ici une partie de notre mâture. Notre grand mât avait un enton au pied et devait manquer par là aussitôt que par la tête, où la mèche était cassée. On me donna un grand mât d'une seule pièce, deux mâts de hune, des ancres, des câbles et du filin dont nous étions absolument indigents. Je remis dans les magasins du roi mes vieux vivres, et j'en repris pour cinq mois. Je livrai pareillement à M. Poivre, intendant de l'île de France, le fer et les clous embarqués à bord de l'*Étoile*, ma cucurbite, ma ventouse, beaucoup de médicaments, et quantité d'effets devenus inutiles pour nous et dont cette colonie avait besoin. Je donnai aussi à la légion vingt-trois soldats qui me demandèrent à y être incorporés. MM. de Commerson et Verron consentirent pareillement à différer leur retour en France ; le premier pour examiner l'histoire naturelle de ces îles et celle de Madagascar ; le second pour être à portée d'aller observer dans l'Inde le passage de Vénus ; on me demanda de plus M. de Romainville, ingénieur, et quelques jeunes volontaires et pilotins pour la navigation d'Inde en Inde[50].

De son séjour sur l'île de France, Bougainville ne rapporte guère plus de détails dans *Voyage autour du monde*, si ce n'est sa découverte de forges qu'il juge remarquables : « J'admirai à l'île de France les forges qui y ont été établies par MM. de Rostaing et Hermans. Il en est peu d'aussi belles en Europe, et le fer qu'elles fabriquent est de la première qualité. On ne conçoit pas ce qu'il a fallu de constance et d'habileté pour perfectionner cet établissement, et ce qu'il a coûté de frais[51]. » Cédant, un peu vite sans doute, à son enthousiasme, il y apporte des capitaux. Mais sur cet épisode, on aura à revenir plus tard. Pour le reste, un autre aspect de la France retrouvée est celui des discordes politiques et conflits de personnes. L'île de France n'y échappe pas, et Bougainville aura du mal à ne pas se trouver mêlé à la mésentente qui règne entre l'intendant de l'île, son gouverneur général et son Conseil supérieur. Il observe surtout que la météo se détériore avec l'arrivée de la saison des pluies. C'est pourquoi la *Boudeuse* appareille seule le 12 novembre, laissant l'*Étoile* qui va être abattue en carène et en a pour plusieurs semaines avant de pouvoir rentrer en France.

La traversée entre l'île de France et Brest constitue sans aucun doute une longue croisière, avec tous les hasards de navigation que cela comporte. Pourtant, dans cette seconde partie du XVIIIe siècle, elle ne relève déjà plus que d'une simple routine. C'est pourquoi le récit de la traversée d'un bon tiers de l'océan Indien (contre des vents d'ouest dominants, qui plus est), suivi de la traversée du sud au nord de l'Atlantique, n'occupe pas plus de quelques pages du *Voyage autour du monde*. Du point de vue nautique, l'auteur s'inquiète des soucis de gréement de la *Boudeuse* : « Bientôt notre nouveau grand mât nous causa les mêmes inquiétudes que le premier, il faisait à la tête un arc si considérable que je n'osai me servir du grand perroquet ni porter le hunier tout haut[52]. » Et à l'escale du Cap, il apprend qu'une fois encore on a manqué de peu le navire de Carteret. En vérité, le navigateur se mue en écrivain voyageur. Au Cap, écrit-il, « nous eûmes tout lieu de nous louer du gouverneur et des habitants du cap de Bonne-Espérance ; ils s'empressèrent de nous procurer l'utile et l'agréable. Je ne m'arrêterai point à décrire cette place que tout le monde connaît[53] ». Bougainville fait cependant la grâce à ses lecteurs d'un guide touristique célébrant — déjà ! — le vignoble d'Afrique du Sud, ces fameux crus du Haut et du Petit Constance, vignifiés en blanc et en rouge. À la tournée du vignoble succède un petit safari où l'on observe, émerveillé, girafes et gnous.

Curieusement, à la fin d'un passage consacré aux plantations hollandaises, on trouve un paragraphe consacré à une communauté française. En effet, Bougainville se contente de ceci : « Une des plus belles parties de la colonie du Cap est celle à laquelle on a donné le nom de Petite Rochelle. C'est une peuplade de Français chassés de leur patrie par la révocation de l'édit de Nantes. Elle surpasse tous les autres par la fécondité du terrain et l'industrie des colons. Ils ont conservé à cette mère adoptive le nom de leur ancienne patrie, qu'ils aiment toujours toute rigoureuse qu'elle leur a été[54]. » On peut imaginer qu'à l'époque où il rêvait d'une nouvelle Acadie pour les victimes de la mainmise anglaise sur l'Amérique du Nord Bougainville se serait davantage intéressé à cette terre dans tous les cas plus prometteuse que les îles Malouines. De toute évidence, il a hâte de prendre la mer, de retrouver la France :

Munis de bons vivres, de vins et de rafraîchissements de toute espèce, nous appareillâmes de la rade du Cap le 17 après-midi. Nous passâmes entre l'île Robben et la côte ; à six heures du soir, le milieu de cette île nous restait au sud-sud-est-4°-sud environ à 4 lieues de distance ; c'est d'où je pris mon point de départ par 43° 40' de latitude sud, et 15° 48' de longitude orientale de Paris. Je désirais de rejoindre M. Carteret sur lequel j'avais certainement un grand avantage de marche, mais qui avait encore onze jours d'avance sur moi[55].

La croisière tournerait-elle à la régate océanique ? En fait, Bougainville songe certainement qu'il serait de meilleur effet que la *Boudeuse* arrive la première en Europe, évitant que des Britanniques prennent la vedette. Ce qui ne l'empêche pas de faire preuve de prudence, en s'arrêtant sur l'île Ascension, « relâche qui devait faire le salut de mon équipage. À peine eûmes-nous jeté l'ancre que je fis mettre les bateaux à la mer et partir trois détachements pour la pêche de la tortue [...]. Aussitôt après le départ des détachements, je fis toutes mes dispositions pour jumeler, au-dessous du capelage, mes deux mâts majeurs : savoir, le grand mât avec un petit mât de hune, le gros bout en haut ; et le mât de misaine, lequel était fendu horizontalement entre les jottereaux, avec une jumelle de chêne ». Nourriture fraîche pour les hommes et mâture consolidée sont en effet indispensables pour prévenir d'un retour du scorbut comme des risques, de plus en plus certains, de démâtage.

Et puis, l'île de l'Ascension entretient une tradition qu'il faut à tout prix respecter : les navires de passage s'y inscrivent sur une liste, contenue dans une bouteille elle-même abritée au creux d'un rocher, dans la baie où ils jettent l'ancre. La dernière mention sur la liste est « *Swallow* », le nom du fameux navire que l'on suit depuis des mois : il n'a plus que cinq jours d'avance ! Au-dessous, Lapérouse inscrit : la « *Boudeuse* ». Et une fois les réparations effectuées et les réserves de tortues embarquées, on reprend la mer, route à parer les îles du Cap-Vert. Et quelques jours après avoir franchi l'Équateur, le mât de misaine faiblit à nouveau. Il devient dangereux d'établir les voiles hautes. Bougainville sans doute déplore de perdre de la vitesse, et pourtant... :

> Le 25 [février] au soir, on aperçut un navire au vent et de l'avant à nous, nous le conservâmes pendant la nuit, et le lendemain nous le joignîmes ; c'était le *Swallow*. J'offris à M. Carteret tous les services qu'on peut se rendre à la mer. Il n'avait besoin de rien ; mais, sur ce qu'il me dit qu'on lui avait remis au Cap des lettres pour la France, j'envoyai les chercher à son bord. Il me fit présent d'une flèche qu'il avait eue dans une des îles rencontrées dans son voyage autour du monde, voyage qu'il fut bien loin de nous soupçonner d'avoir fait. Son navire était fort petit, marchait très mal, et quand nous eûmes pris congé de lui, nous le laissâmes comme à l'ancre. Combien il a dû souffrir dans une aussi mauvaise embarcation[56] !

Le 14 mars au matin, c'est sans doute avec un coup au cœur que l'officier de quart sur la dunette entend ce cri qui tombe des hunes : « Terre ! » C'est l'île d'Ouessant, à l'ouest du Finistère, la France ! Mais l'équipage, en majorité breton, sait parfaitement qu'avant de profiter des charmes d'un port il va falloir négocier un passage qui figure parmi les plus difficiles au monde. Et, de plus, en cette fin d'hiver, la météo est rude, tandis que le gréement, on le sait, est en piteux état. « Comme les vents étaient courts et la marée contraire pour doubler cette île, nous fûmes forcés de prendre la bordée du large. Les vents étaient à l'ouest grand frais, et la mer fort grosse. Environ à dix heures du matin, dans un grain violent, la vergue de misaine se rompit entre les deux poulies de drisse et la grand-voile fut au même instant déralinguée depuis un point jusqu'à l'autre. Nous mîmes aussitôt à la cape sous la grand-voile d'étai, le petit foc et le foc de derrière, et nous travaillâmes à nous raccommoder. Nous enverguâmes une grande voile neuve, nous refîmes une vergue de misaine avec la vergue d'artimon, une vergue de grand hunier et un boute-hors de bonnette, et, à quatre heures du soir, nous nous retrouvâmes en état de faire de la voile. Nous avions perdu la vue d'Ouessant, et, pendant la cape, le vent et la mer nous avaient fait dériver dans la Manche. »

Décidément, jusqu'au bout la mer et le vent feront payer son tribut à la *Boudeuse*. Bougainville entame un difficile louvoyage pour remonter vers le large et doubler la pointe nord-ouest du Finistère pour mettre le cap sur Brest :

Le 15 au matin, on vint m'avertir que le mât de misaine menaçait de se rompre au-dessous du capelage. La secousse qu'il avait reçue dans la rupture de sa vergue avait augmenté son mal ; et, quoique nous en eussions soulagé la tête en abaissant sa vergue, faisant le ris dans la misaine et tenant le petit hunier sur le ton avec tous ses ris faits, cependant nous reconnûmes, après un examen attentif, que ce mât ne résisterait pas longtemps au tangage que la grosse mer nous faisait éprouver au plus près ; d'ailleurs toutes nos manœuvres et poulies étaient pourries, et nous n'avions plus de rechange ; quel moyen, dans un état pareil, de combattre entre deux côtes contre le gros temps de l'équinoxe ? Je pris donc le parti de faire vent arrière, et de conduire la frégate à Saint-Malo. C'était alors le port le plus prochain qui pût nous servir d'asile. J'y entrai le 16 après-midi, n'ayant perdu que sept hommes pendant deux ans et quatre mois écoulés depuis notre sortie de Nantes.

C'est par ce morceau de bravoure de la littérature maritime, suivi d'une phrase de soulagement sur le faible coût en vies humaines de la circumnavigation, que s'achève le *Voyage autour du monde*, clos par cette naïve citation empruntée à l'*Énéide* de Virgile, *Puppibus et læti nautæ imposuere coronas* : « Et les marins joyeux arborèrent des couronnes à la poupe de leurs bateaux. »

Bilan d'un tour du monde
(1769-1772)

Belle arrivée que cette approche de Saint-Malo, après que Bougainville a décidé qu'il serait déraisonnable de tirer des bords jusqu'à Brest. Dans la matinée du 15 mars 1769, par une brise de sud-ouest dont Hervel, premier pilote de la *Boudeuse*, estime dans son rapport que la force se situe au niveau du grand frais, sous une voilure très réduite tant l'inquiétude est forte de démâter, la *Boudeuse* fait route sur Saint-Malo. À midi, le ciel est assez dégagé pour autoriser un point par méridienne, qui donne 49° 6' de latitude, l'estime situant les îles d'Ouessant à 33 milles au sud-quart-sud-est et l'île de Batz à 48 milles à l'est-sud-est[1]. Le cap est mis au sud-est-quart-sud afin de reconnaître la côte au niveau de l'île de Batz. Des palans sont établis sur l'arrière afin de soutenir la mâture ; peut-être les gabiers n'ont-ils jamais manœuvré aussi vite, fait autant la preuve de leur virtuosité. Car tous les Malouins du bord le savent : si la *Boudeuse* démâte ici, le naufrage est à craindre dans les heures qui suivent, tant sont nombreux les dangers vers lesquels elle dériverait alors. Dans l'après-midi, l'urgence est de parvenir à établir un point fiable avant que la nuit tombe. Il est bientôt six heures du soir lorsque la terre apparaît enfin. Après de longues hésitations, les connaisseurs de la côte tranchent : c'est bien l'île de Batz, à 6 milles au le sud. La décision est prise, prudente, de se mettre à la cape pour la nuit, l'étrave vers le large. À huit heures, le vent passe brutalement au nord-ouest, avec des rafales : voilà qui annonce la fin du coup de vent. Si la brise reste forte, le ciel se dégage en effet, et la visibilité est estimée à 3 milles. On remet alors en route vers la terre et, au point du jour, la *Boudeuse* arrive en vue des Sept-Îles. Dans son rapport, Hervel semble relater ce qu'il a dû répondre à Bougainville, évoquant « les Sept-Îles dont il n'y en a que 5. La plus au nord, que l'on appelle Rouzic et sur laquelle on prend un point de départ pour aller chercher le cap Fréhel[2] ».

Le cap Fréhel ! Voici qui fait chaud au cœur des Malouins, puisque ce promontoire, qui tombe dans la mer quasiment à la verticale, est considéré comme la porte marine de la cité des corsaires et des négociants. À neuf heures et demie, l'île de Bréhat est dépassée et la *Boudeuse* se glisse entre les dangereux roches et hauts-fonds de Barnouic et de la Horaine. Le cap Fréhel ne tarde pas à pointer droit devant. Peu avant une heure de l'après-midi, à 3 milles du cap, pour se signaler on tire le canon tandis que les pavillons sont hissés dans le gréement. Au bout du cap, on distingue maintenant la petite tour dont les négociants malouins ont jadis financé la construction pour servir de phare à leurs navires. Alors sur l'horizon, à contre-jour, on distingue la silhouette tout en longueur de l'île de Cézembre, le principal point de repère pour trouver les chenaux qui conduisent à Saint-Malo à travers les bancs de récifs infinis. Hervel précise qu'il emprunte la passe de la Grand-Porte (« passage assez étroit », commente-t-il) pour conduire le navire « en rade de Solidor ».

La *Boudeuse* mouille donc à quelques encablures du chantier de Benjamin Dubois où, au pied de la tour médiévale, voici de cela maintenant six ans, avaient été lancés l'*Aigle* et le *Sphinx* pour aller créer une colonie aux îles Malouines. Sûrement, Louis Antoine s'en souvient, et il songe aux aventures extraordinaires qui, depuis, se sont enchaînées dans une logique imparable mais dont jamais, adolescent, il n'aurait osé rêver. À côté de lui sur la dunette se tient Nicolas Pierre Duclos-Guyot, pour qui achever le voyage à Saint-Malo plutôt qu'à Brest apparaît comme un petit cadeau du ciel. Le voici donc chez lui. Le « fidèle second » n'a pas laissé de journal, on ne saura donc pas ce qu'il a pensé de ce tour du monde dans le récit duquel il apparaîtra fort peu. Anormalement peu ! Il est d'ailleurs bien possible que, pour lui, ce grand voyage ne fût pas une première circumnavigation ; et que, sur la façon dont la *Boudeuse* a été menée, il y eût peut-être beaucoup à redire, on l'a vu. Mais son esprit de discipline a été le plus fort. Sans doute se sera-t-il dit qu'il avait bien formé son élève, à l'époque du Canada et des Malouines... Un élève qui affichera sa reconnaissance officielle huit ans plus tard seulement, lorsque, après plusieurs beaux commandements dans la Marine royale, Duclos-Guyot sollicitera le poste de capitaine de port à l'île de France. Alors Bougainville, à cette époque-là capitaine de vaisseau commandant le *Bien-Aimé*, lui écrira ce certificat de bonne conduite : « Cet officier est assurément un des meilleurs de l'Europe et peu pourvoiraient autant de services que lui en paix et en guerre. Il connaît parfaitement toutes les parties dans lesquelles doit être versé un capitaine de port pour être bon, toutes les contrées de l'Inde lui sont familières et sa probité est à l'épreuve. Je puis répondre de cet officier puisqu'il a été à toutes mes campagnes de mer mon second de nom mais réellement le premier par l'expérience et les talents[3]. »

Et Aoutourou ? Le jeune Tahitien en a-t-il seulement cru ses yeux tandis que la frégate se glissait entre les forts de l'île Harbour et du Petit Bé, puis défilait devant les remparts de Saint-Malo ? Avec Batavia et Le Cap, il pensait sûrement avoir vu les plus beaux exemples de ce à quoi le savoir-faire des hommes blancs était capable d'aboutir. Mais maintenant, au pied de ces longs remparts de pierre grise, eux-mêmes dominés par les hôtels particuliers de plusieurs étages sous de hautes toitures, que peut-il appréhender de l'univers dans lequel il pénètre ? Avant de prendre la route de la capitale, peut-être Bougainville a-t-il emmené son protégé dans l'enceinte de la ville en ses remparts. À quoi l'enfant des îles du Sud a-t-il songé en voyant tous ces gens qui vivaient dans des cases posées les unes au-dessus des autres, dans le puissant remugle d'une immonde saleté ?

La *Boudeuse* est donc arrivée à Saint-Malo le 16 mars. Louis Antoine de Bougainville ne s'y attarde pas, puisqu'il est à Versailles le 19. Dans la diligence, ils sont trois : Bougainville, Aoutourou et le prince de Nassau. On imagine le voyage à travers la campagne française en début de printemps. Après des mois et des mois de mer où toujours le regard portait sur des infinis de bleu et de gris, Bougainville et Nassau se remplissent les yeux de verdure éclatante, de bois, de champs, de villages... Aoutourou sans doute n'en revient pas d'une terre aussi immense, que deux jours de galop ne permettent pas de traverser entièrement. Dans les relais, sans doute faut-il refréner son enthousiasme devant les accortes serveuses ? Car les filles du royaume de France n'affichent pas exactement les mêmes mœurs que celles du Pacifique.

Et voici Versailles. Bougainville s'arrête peu avant le château, pour annoncer son arrivée au ministère de la Marine, sis dans l'hôtel édifié par Choiseul quelques années auparavant. Il se trouve dans l'actuelle rue de l'Indépendance-Américaine, et abrite aujourd'hui la médiathèque de la ville. Il y apprend que le duc de Praslin, qui avait pris la suite de Choiseul à la Marine quelques mois avant son départ, est absent. Cela n'empêche bien sûr pas de régler les affaires urgentes que sont le désarmement de la *Boudeuse* et la mise en congé de son équipage.

Nassau et Aoutourou se rendent quant à eux au palais royal, où Bougainville les rejoint plus tard[4]. Le prince et son compagnon font bien entendu sensation. Et Nassau retrouve certainement très vite ses réflexes mondains pour s'enquérir des derniers potins de la cour. Il apprend ainsi que le roi semble avoir choisi une nouvelle favorite. En 1766, lorsque la *Boudeuse* avait quitté la France, cela faisait deux ans que la marquise de Pompadour était décédée d'une congestion pulmonaire, jeune encore puisqu'elle n'avait que quarante-deux ans. Aujourd'hui, on parle d'une jeune femme à la beauté stupéfiante et aux talents amoureux reconnus ; une certaine comtesse Du Barry, alias Jeanne Bécu. Au milieu de ces bavardages, décontenancé par les perspectives infinies des jardins, émerveillé par les jeux d'eau des bassins et des fontaines, Aoutourou le Tahitien doit se sentir comme sur une autre planète... De fait, la vie va devenir pour lui un véritable tourbillon.

À l'époque déjà, les réactions de la presse sont rapides. Le 27 mars, la *Gazette de France* publie un premier court article — ce qu'aujourd'hui on appellerait une brève — qui sera repris par la suite dans le *Mercure de France* et la *Gazette d'Utrecht* :

> Le Sr de Bougainville est revenu dernièrement au port de Saint-Malo sur l'une des deux frégates dont il avait le commandement. Il s'est rendu ici [à Versailles] et a rapporté qu'il avait découvert dans la mer du Sud une île jusqu'à présent inconnue, très vaste et très agréable par la beauté du climat, la fertilité de la terre et la douceur singulière des mœurs des habitants. Le Sr de Bougainville a emmené avec lui un de ces

habitants qui a, dit-on, beaucoup d'intelligence et paraît avoir quelques connaissances d'astronomie[5].

Le 3 avril, le *Mercure de France* passe un véritable article qui va au-delà du sensationnel tahitien pour évoquer l'aspect du voyage qui, peut-être, tient le plus à cœur à Bougainville : « Cet officier a rapporté que dans le cours de son voyage autour du monde, qui a duré environ deux ans et demi et pendant lequel son équipage a été exposé à la mortalité que causent ordinairement les fatigues excessives et la corruption de presque tous les vivres, il avait eu le bonheur de ne perdre que sept hommes... » Peut-être par habileté politique, car il se souvient de la manière dont il s'était vu imposer la fameuse cucurbite, Bougainville rend hommage à son inventeur et « attribue cette conservation étonnante de son équipage à la quantité très abondante d'eau de mer distillée qu'il a été constamment en état de se procurer au moyen de la machine du Sr Poissonnier[6] ». Il signale aussi les bienfaits de la poudre antiscorbutique de Faciot.

Ces deux articles illustrent bien le hiatus naissant entre le véritable voyage de Bougainville et l'image qui en est donnée : le sensationnel prend la vedette. Mais comment pourrait-il en aller autrement ? Aoutourou est la preuve vivante des informations stupéfiantes que rapporte le navigateur. Bougainville aura par la suite à souffrir de la polémique autour de la Nouvelle Cythère et de l'insulaire qu'il en a ramené. Mais pourquoi, aussi, parle-t-il autant de l'île enchantée du Pacifique, et si peu du reste de son voyage ? Michel Bideaux et Sonia Faessel, qui ont retrouvé les articles de presse évoqués ci-dessus, proposent une hypothèse pertinente : « Soucieux de maintenir le secret sur ses découvertes jusqu'à la publication de son livre, [...] il a pu trouver avantageux d'entretenir l'intérêt du public sur son expédition sans rien dévoiler d'essentiel avant le temps. Il n'était pas non plus indifférent de distraire par des frivolités les enquêtes indiscrètes des puissances rivales sur les découvertes qu'il avait effectuées[7]. »

Aoutourou, dit aussi Louis Boutavery, donna au retour de Bougainville toute sa dimension exotique. Dans le *Voyage autour du monde*, Bougainville raconte sobrement :

> Je n'ai épargné ni l'argent ni les soins pour lui rendre son séjour à Paris agréable et utile. Il y est resté onze mois, pendant lesquels il n'a témoigné aucun ennui. L'empressement pour le voir a été vif, curiosité stérile qui n'a servi presque qu'à donner des idées fausses à ces hommes persifleurs par état, qui ne sont jamais sortis de la capitale, qui n'approfondissent rien et qui, livrés à des erreurs de toute espèce, ne voient que d'après leurs préjugés et décident cependant avec sévérité et sans appel. Comment, par exemple, me disaient quelques-uns, dans le pays de cet homme on ne parle ni français, ni anglais, ni espagnol ? Que pouvais-je répondre ? Ce n'était pas toutefois l'étonnement d'une question pareille qui me rendait muet. J'y étais accoutumé, puisque je savais qu'à mon arrivée plusieurs de ceux même qui passent pour instruits soutenaient que je n'avais pas fait le tour du monde, puisque je n'avais pas été en Chine. [...] Cependant, quoique Aoutourou estropiât à peine quelques mots de notre langue,

tous les jours il sortait seul, il parcourait la ville, et jamais il ne s'est égaré. Souvent il faisait des emplettes, et presque jamais il n'a payé les choses au-delà de leur valeur[8].

Et, bien entendu, de beaux esprits s'élèvent contre ce qu'ils considèrent comme un enlèvement, ce qui amènera Bougainville à devoir se justifier : « Dès les premiers jours de notre arrivée à Tahiti, il nous l'a manifesté de la manière la plus expressive, et sa nation parut applaudir à son projet[9]. »

Bougainville emmène partout son protégé, sur lequel la duchesse de Choiseul veille aussi. Aoutourou se prête complaisamment aux examens auxquels se livrent les savants La Condamine et Pereire, qui s'intéressent tout particulièrement à la langue tahitienne. Enfin, le jeune Tahitien est présenté au roi : pour l'occasion, Bougainville lui a fait couper un habit orné de brandebourgs d'or[10]. Dans *À la gloire de Bougainville*, Charles de La Roncière évoque parfaitement les fantasmes que le jeune Aoutourou suscita dans la capitale. On imagine les frissons d'érotisme déclenchés par des anecdotes comme celle-ci :

Un jour qu'il dînait en compagnie de Bougainville et du glossateur de la langue française La Curne de Sainte-Palaye, on crut bon de le mettre en garde contre les *Liaisons dangereuses* que Choderlos de Laclos avait dépeintes et qu'Aoutourou contractait au hasard de ses promenades sur les remparts et dans les ruelles. Mais il fit comprendre que son odorat était un guide infaillible pour déceler les personnes malsaines[11].

Mais cela n'est encore rien, car notre homme adorait l'opéra et comptait parmi les familiers de ses coulisses. Or : « Un soir, la loge de la danseuse Heinsel retentit de cris perçants ; Aoutourou voulait la tatouer, comme on le faisait dans son île, au bas des reins. »

En décembre 1769, plusieurs raisons incitent Bougainville à envisager le rapatriement d'Aoutourou. D'abord il y a l'hiver, que l'enfant des îles et du soleil supporte mal et pas seulement à cause du froid. Sans doute souffre-t-il de l'absence de lumière, de ces nuits de plus en plus longues qui l'amènent à se poser des questions, lui qui a toujours connu des durées de jour et de nuit à peu près égales et constantes. De plus, les plaisirs de la découverte sont épuisés, et ce d'autant plus qu'Aoutourou sait n'être que de passage ; comprendre les rouages du monde qu'on lui fait découvrir ne l'intéresse guère. De l'autre côté, si le « sauvage » a constitué une attraction inédite dans les salons, on est passé à autre chose : à Paris, tout va si vite... Enfin, et de manière plus prosaïque, Louis Antoine de Bougainville est en train de se rendre compte qu'avec cet invité il doit assumer un lourd fardeau, en disponibilité comme en argent. Il avait en effet imaginé que la France adopterait son invité, le prenant en charge le temps de son séjour avant de le rapatrier. Or, au ministère de la Marine, ce n'est pas ainsi qu'on voit les choses. Et malheureusement, en ce moment, Bougainville n'est pas dans une époque de prospérité : il en est à négocier le montant de ses frais de table avec ses officiers pendant le tour du monde, en plus de différents frais avancés au Trésor royal.

Alors il vient une idée à l'esprit de Bougainville. Et si ramener Aoutourou à la Nouvelle Cythère devenait l'objet d'une nouvelle mission dont il prendrait la responsabilité ? Ce faisant, il en profiterait pour découvrir de nouvelles terres et, une fois sur l'île, pourquoi ne pas y créer un établissement français — voire une colonie dont il pourrait être le gouverneur — qui servirait de base pour explorer le Pacifique ? Il prépare donc un projet en ce sens, qu'il propose au ministre. Avec le duc de Praslin, Bougainville trouve un interlocuteur attentif, dont il constate qu'il est sans doute plus fiable que Choiseul. En tout cas, Bougainville est tout de suite apprécié de Praslin ; et pas seulement en tant que commandant du premier vaisseau du roi à avoir accompli un tour du monde. C'est une relation d'homme à homme qui s'établit là. Cela n'empêche pas que, tout comme son prédécesseur l'avait fait devant le projet de colonisation des Malouines, le secrétaire d'État à la Marine s'enthousiasme d'autant plus facilement qu'il sait les finances du royaume en état de trop grande faiblesse pour qu'une telle expédition soit envisageable. À l'occasion, Bougainville apprend d'ailleurs qu'un autre projet a été soumis pour le retour d'Aoutourou. Celui du lieutenant de vaisseau Yves de Kerguelen de Trémarec, qui voudrait rejoindre la Nouvelle Cythère par le cap Horn et, ayant déposé « le sauvage » à bon port, mettre le cap au sud pour découvrir de nouvelles terres australes. Mais, de toutes les façons, pour cette idée-là non plus il n'existe pas de budget disponible.

Le duc de Praslin voit les choses beaucoup plus simplement : embarquer Aoutourou sur le premier navire à destination de l'île de France, où l'intendant Poivre se chargera de trouver un navire marchand intéressé par une expédition commerciale dans le Pacifique. Le négoce des épices, y compris en contrebande, ne paraît-il pas bien tentant à tout armateur avisé ? Surtout si, comme encouragement, on lui donne un passeport pour les Philippines... Mais Bougainville n'est pas naïf. Il comprend que le seul souci du ministre est de se débarrasser d'un problème, et entrevoit la situation où son protégé va se retrouver : bloqué à l'autre bout du monde, dans l'attente interminable d'un navire qui jamais ne partira. Il propose donc de consacrer la somme qu'il a avancée là-bas à Hermans, le maître de forge, au montage de cette expédition. Elle s'élève à 35 000 livres et correspond, semble-t-il, à une part non négligeable de sa fortune... Fin février, Aoutourou quitte donc Paris pour La Rochelle, où le *Brisson* se prépare à appareiller.

La suite de l'histoire est triste. Une fois sur l'île de France, à la fin octobre 1770, l'intendant offre à Aoutourou une hospitalité chaleureuse mais nul navire n'est disponible et on ne peut rien espérer avant l'année qui vient. Plus grave : les forges d'Hermans ont fait faillite en ne laissant pas grande chance à Bougainville de récupérer ses capitaux. Déjà averti, il ouvre sa cassette. Par miracle, en février, on trouve un navire : la flûte le *Mascarin*, commandée par le capitaine Marion-Dufresne. Mais les négociations ne sont pas simples et c'est seulement le 18 octobre 1771 qu'elle appareille, de conserve avec la frégate *Marquis de Castries* car, en définitive, on a estimé qu'envoyer un seul bâtiment en ces eaux peu connues était dangereux. Quelques jours plus tard, Aoutourou est malade ; le chirurgien diagnostique la petite vérole. Marion-Dufresne décide alors de faire relâche à Madagascar, le temps que la maladie connaisse une issue heureuse ou fatale. Sachant qu'Aoutourou était en plus perclus de maladies vénériennes, le pire restait à craindre. Le 7 novembre 1771, la dépouille d'Aoutourou est immergée au large de Fort-Dauphin. Le voyage des deux bâtiments se poursuivra de manière grandiose puisque Marion-Dufresne découvrira l'île du Prince-Édouard, les îles Marion ainsi que Crozet. Mais elle s'achèvera d'une façon tragique : en Nouvelle-Zélande, ayant abattu par mégarde un arbre tabou, il est assassiné et dévoré par des Maoris.

Les Parisiens n'aiment rien tant que mettre en doute la probité de leurs héros. Et à toutes les époques ont sévi des plumes spécialisées dans le dénigrement. À l'époque de Bougainville, c'était Bachaumont. Quatre jours après l'arrivée du navigateur à Versailles, il crache son fiel : « Il est bien à craindre que ce nouveau Robinson ait acquis ce goût du merveilleux si ordinaire aux voyageurs et que son imagination exaltée ne lui fasse voir les objets tout autres qu'ils ne sont. » Commentaire de l'intéressé : « C'est qu'il est fort commun, dans les capitales, de trouver des gens qui questionnent, non en curieux qui veulent s'instruire, mais en juges qui s'apprêtent à prononcer. Alors qu'ils entendent la réponse ou ne l'entendent point, ils n'en prononcent pas moins[12]. » En revanche, quand l'imaginaire des citadins se trouve corrigé par le voyageur, qui a vu sur place de quoi il en retournait, c'est sa qualité d'observateur qui est mise en doute. Ainsi, lorsque Bougainville, appuyé par La Condamine en personne, réfute les propos tenus par les Anglais sur la taille supposée gigantesque des Patagons, il se trouve un organe de presse pour le taxer de faux « sur la foi d'un de nos abonnés, qui est un Portugais très instruit », lequel rapporte une information qu'il tient lui-même « du père G. Fernando de Saint-Antoine, capucin[13] ». On comprend l'irritation du navigateur.

L'affaire se complique encore lorsque ce sont les philosophes qui s'en mêlent. Car, cette fois, l'origine de la polémique réside dans les écrits d'un des compagnons de Bougainville, en l'occurrence le naturaliste Commerson. Il s'agit plus précisément de l'article signé par ce dernier, et publié dans le *Mercure de France* de novembre 1769. Ces quelques extraits permettent d'en apprécier la teneur :

> Ils ne connaissent d'autres dieux que l'Amour. Tous les jours lui sont consacrés, toute l'île est son temple, toutes les femmes en sont les autels, tous les hommes les sacrificateurs. […] Tout étranger est admis à participer à ces heureux mystères ; c'est même un des devoirs de l'hospitalité que de les y inviter,

[...] l'état de l'homme naturel, né essentiellement bon, exempt de tout préjugé et suivant sans défiance comme sans remords les douces impulsions d'un instinct toujours sûr, parce qu'il n'a pas encore dégénéré en raison[14].

Le naturaliste de l'expédition insiste :

Voilà donc, vivant encore sur notre globe, l'homme de la nature tel que Rousseau pouvait le rêver et il ne sera pas un discoureur comme nos philosophes. Qu'on se garde de soupçonner qu'il ne soit question que d'une horde de sauvages grossiers et stupides : tout est chez eux marqué du coin de la plus parfaite intelligence.

Mais l'honnêteté intellectuelle du naturaliste atteint ses limites lorsque, par avance, il réfute le reproche qui apparaît clairement dans les récits de tous ceux qui ont approché les insulaires de la Nouvelle Cythère : une cleptomanie quasiment maladive :

Je ne les quitterai pas, ces chers Tahitiens, sans les avoir lavés d'une insulte qu'on leur a faite en les traitant de voleurs. [...] Voyons, qu'est-ce que le vol ? C'est l'enlèvement d'une chose qui est en propriété à un autre ; il faut donc que ce quelqu'un se plaigne justement d'avoir été volé, qu'il lui ait donc été enlevé un effet sur lequel son droit de propriété était préétabli ; mais ce droit de propriété est-il dans la nature ? Non, il est de pure convention, or, aucune convention n'oblige qu'elle ne soit connue et acceptée. Or, le Tahitien, qui n'a rien à lui, qui offre et donne généreusement tout ce qu'il voit désirer, ne l'a jamais connu, ce droit exclusif : donc, l'acte d'enlèvement qu'il vous fait d'une chose qui excite sa curiosité n'est, selon lui, qu'un acte d'équité naturelle.

Ce discours quelque peu illuminé va inspirer à un certain Nicolas Bricaire de La Dixmerie, lui-même rédacteur au *Mercure de France*, un ouvrage philosophique entièrement documenté par les propos de Commerson, qui vont ainsi se trouver amplifiés. On imagine comme *Le sauvage de Tahiti aux Français avec un Envoi au philosophe, ami des sauvages* a pu exciter ses lecteurs avec des passages comme : « L'amour est leur besoin le plus fréquent, et ne leur coûte pas plus à satisfaire que d'autres. Nulle entrave ne gêne son essor. [...] Leurs habits sont légers et transparents, composés d'une simple gaze, et disposés de manière que l'œil n'est jamais trompé qu'autant qu'il veut l'être[15]. » En définitive, c'est seulement avec la publication du récit de Bougainville lui-même qu'une analyse plus juste de la société tahitienne sera établie. Un fait cependant demeure. Ce sont ces premiers discours mirifiques — et d'ailleurs ils ont toujours cours ! — que l'on a toujours retenus de l'escale tahitienne des deux navires de Bougainville.

Celui-ci, pourtant, ne bercera pas ses lecteurs d'illusions, notamment dans le chapitre de *Voyage autour du monde* intitulé « Description de la nouvelle île, mœurs et caractère de ses habitants ».

> La guerre se fait chez eux de manière cruelle. [...] Ils tuent les hommes et les enfants mâles pris dans les combats ; ils leur lèvent la peau du menton avec la barbe, qu'ils portent comme un trophée de victoire ; ils conservent seulement les femmes et les filles, que les vainqueurs ne dédaignent pas d'admettre dans leur lit.

Les différences sociales scandaleuses ne lui ont pas échappé non plus :

> Les habitants de Tahiti nous avaient paru vivre dans un bonheur digne d'envie, [...] nous les avions crus presque égaux entre eux ou du moins jouissant d'une liberté qui n'était soumise qu'aux lois établies pour le bonheur de tous. Je me trompais, la différence des rangs est fort marquée à Tahiti et la disproportion cruelle.

Et ces lignes sont écrites à une époque où le régime politique de la France est la monarchie !

Quant aux pratiques sexuelles, Bougainville refuse autant les fantasmes que les excès de pudeur. Dans *Séjour dans l'île Tahiti*, il écrit très précisément :

> Les premiers jours de notre arrivée, j'eus la visite du chef d'un canton voisin, qui vint à bord avec un présent de fruits, de cochons, de poules et d'étoffes. Ce seigneur, nommé Toutaa, est d'une belle figure et d'une taille extraordinaire. Il était accompagné de quelques-uns de ses parents, presque tous hommes de six pieds. Je leur fis présent de clous, d'outils, de perles fausses et d'étoffes de soie. Il fallut lui rendre sa visite chez lui ; nous fûmes bien accueillis, et l'honnête Toutaa m'offrit une de ses femmes, fort jeune et assez jolie. L'assemblée était nombreuse, et les musiciens avaient déjà entonné les chants de l'hyménée. Telle est la manière de recevoir les visites de cérémonie[16].

Dans « Description de la nouvelle île », on lira par ailleurs :

> Quoi qu'il en soit, les femmes doivent à leurs maris une soumission entière : elles laveraient dans leur sang une infidélité

commise sans l'aveu de l'époux. Son consentement, il est vrai, n'est pas difficile à obtenir, et la jalousie est ici un sentiment si étranger que le mari est ordinairement le premier à presser sa femme de se livrer. Une fille n'éprouve à cet égard aucune gêne ; tout l'invite à suivre le penchant de son cœur ou la loi de ses sens, et les applaudissements publics honorent sa défaite[17].

On imagine ce que ces propos ont pu faire rêver les libertins et déstabiliser les mâles possessifs.

Aujourd'hui, le plus amusant est la lecture des journaux tenus par les compagnons de Bougainville, qui soulignent les aspects inhibants de la licence tahitienne. Saint-Germain conclut ainsi un récit qui se situe aux limites du pornographique : « L'appel était bien engageant et l'athlète qui la caressait connaissait trop bien l'art de l'escrime pour ne pas la prendre sur-le-champ, si la présence de 50 Indiens qui l'environnaient n'eût, par un effet de nos préjugés, mis un frein à ses désirs violents. Mais quelque ardeur qui vous anime, il est bien difficile de surmonter tout d'un coup les idées avec lesquelles on a été nourri. La corruption de nos mœurs nous a fait trouver du mal dans une action dans laquelle ces gens avec raison ne trouvent que du bien[18]. » Vivez, à propos de semblable expérience, ajoute avec une louable sincérité : « Toute l'incommodité qu'il y avait pour nous qui étions scrupuleux, c'est qu'il fallait jouer la scène publiquement[19]. » Sans doute, un mois plus tard, lorsque se déclarèrent les premières alertes vénériennes, les inhibés se félicitèrent-ils de ce qu'ils avaient pu prendre pour une défaillance !

Revenu à Paris le 19 mars 1769, Louis Antoine de Bougainville peut aspirer à un repos dont il a le plus grand besoin. Dès le 15 avril pourtant[20], il fréquente régulièrement le ministère de la Marine. Il s'attache à faire profiter ses hommes des honneurs et avancements que le voyage leur doit ; lui-même ne s'oublie pas, commençant à œuvrer pour conserver à titre définitif le grade de capitaine de vaisseau qui lui a été attribué le temps de la campagne. Il lui faut aussi rédiger et publier le récit du voyage.

Pour cela, il ne perd pas de temps puisque le 28 octobre — sept mois après son retour et malgré une vie sociale intense —, son manuscrit soigneusement recopié par un calligraphe professionnel est présenté au roi. C'est un bel objet que Louis Antoine de Bougainville apporte à Fontainebleau (le roi chasse...) : 464 feuillets de texte et 19 planches de cartes et plans, le tout relié sous une couverture de cuir fauve[21]. Mais, avant de composer ce texte et de l'imprimer, il faut que s'exerce la censure royale. On peut s'étonner que l'imprimatur ne soit délivré que le 15 février 1771, mais, dans le récit, bien des éléments sont susceptibles de porter atteinte aux intérêts diplomatiques du moment. Au mois de mai 1771 enfin, un peu plus de deux ans après le retour de la *Boudeuse*, *Voyage autour du monde par la frégate du roi la Boudeuse et la flûte l'Étoile, en 1766, 1767, 1768 et 1769* est proposé au public.

On ne peut pas dire que le navigateur ait soin de

s'attacher les faveurs de l'intelligentsia puisque, d'emblée, il brocarde les philosophes et bien-pensants parisiens. Et on retrouve le cri du cœur qu'il avait porté sur son journal le 1er janvier 1768, quand il luttait contre vents et courants dans le détroit de Magellan :

> Je suis voyageur et marin, c'est-à-dire un menteur et un imbécile aux yeux de cette classe d'écrivains paresseux et superbes qui, dans l'ombre de leur cabinet, philosophent à perte de vue sur le monde et ses habitants, et soumettent impérieusement la nature à leurs imaginations. Procédé bien singulier, bien inconcevable de la part des gens qui, n'ayant rien observé par eux-mêmes, n'écrivent, ne dogmatisent que d'après des observations empruntées de ces mêmes voyageurs auxquels ils refusent la faculté de voir et de penser.

Aujourd'hui, le *Voyage autour du monde* figure parmi les grands classiques de la littérature maritime, édité à de nombreuses reprises mais pas toujours en intégralité. De ce point de vue, les différences entre les diverses versions numériques du texte disponibles sur Internet sont édifiantes. Il faut savoir aussi qu'en 1772 une deuxième édition « naît d'une rencontre entre un navigateur qui veut actualiser son livre (en répondant notamment aux critiques de son traducteur) et des libraires désireux d'exploiter l'intérêt suscité par les découvertes britanniques », comme le précisent Michel Bideaux et Sonia Faessel dans l'introduction de leur édition critique du *Voyage autour du monde*. Soulignons que le texte de cet ouvrage est celui de 1771. Cette édition critique pointe avec le plus grand soin les différences qui apparaissent entre les deux versions du texte de Bougainville. Elle analyse aussi, avec lucidité, le succès que reçut alors l'ouvrage auprès du public. Faute de pouvoir connaître les chiffres des tirages, ils recensent les critiques publiées pour conclure, rejoints en cela par Étienne Taillemite, qu'elles ne sont guère abondantes. Ils insistent en particulier sur le silence observé par l'Académie des sciences, le *Journal des beaux-arts et des sciences* et le *Journal des savants*. Car ce dernier, quelques mois plus tard, consacrera de nombreuses pages à la publication du journal de Cook, et ensuite à sa traduction en français.

C'est la seconde édition du récit de Bougainville qui amène Diderot à écrire son *Supplément au Voyage de Bougainville ou Dialogue entre A et B sur l'inconvénient d'attacher des idées morales à certaines actions physiques qui n'en comportent pas*. Ce texte, un classique des épreuves du baccalauréat, a sans aucun doute contribué à entretenir le mythe du voyage de Bougainville. Il faut souligner d'abord l'avis global de Diderot sur le *Voyage autour du monde* : « Voilà le seul voyage dont la lecture m'ait inspiré du goût pour une autre contrée que la mienne[22] », écrit-il à Grimm, avant même d'inclure cet avis dans les pages du *Supplément*. Dans ce texte, on note l'influence du mythe du bon sauvage de Rousseau : « À peine t'es-tu montré parmi eux [toi, l'homme blanc], qu'ils [les Tahitiens] sont devenus voleurs [...]. Ici tout est à tous ; et tu nous as prêché je ne sais quelle distinction du *tien* et du *mien*. » Quant au discours de Diderot sur la licence sexuelle, son dialogue imaginaire entre le supposé aumônier de l'expédition et un Tahitien semble plus inspiré par les fantasmes de Bricaire de La Dixmerie que par le récit de Bougainville. En revanche, il faut apprécier la pertinence de son discours anticolonialiste. Évoquant la prise de possession de l'île par les Français, Diderot fait parler ainsi un insulaire :

> Nous sommes libres ; et voilà que tu as enfoui dans notre terre le titre de notre futur esclavage. Tu n'es ni un dieu, ni un démon : qui es-tu donc, pour faire des esclaves ? Orou ! toi qui entends la langue de ces hommes-là, dis-nous à tous, comme tu me l'as dit à moi, ce qu'ils ont écrit sur cette lame de métal : *Ce pays est à nous*. Ce pays est à toi ! et pourquoi ? parce que tu y as mis le pied ? Si un Tahitien débarquait un jour sur vos côtes, et qu'il gravât sur une de vos pierres ou sur l'écorce d'un de vos arbres : *Ce pays appartient aux habitants de Tahiti*, qu'en penserais-tu[23] ?

Quant à Voltaire, après avoir lu *Supplément au voyage de M. de Bougainville ou Journal d'un voyage autour du monde fait par MM. Banks et Solander, anglais, en 1768, 1769, 1770, 1771*, il écrit au chevalier de l'Isle : « Je vois avec plaisir que M. de Bougainville nous dit la vérité. Quand le Français et l'Anglais sont d'accord, il est démontré qu'ils ne nous ont point trompés[24]. » Sans la garantie d'un étranger, la parole d'un navigateur français ne posséderait donc aucun poids ?

D'un point de vue maritime, géographique, scientifique, que faut-il penser de l'expédition conduite autour du monde par Bougainville ? Le bilan du voyage reste pour le moins mitigé, et on peut trouver un excellent résumé de l'état d'esprit général à l'époque, dans cette note que, sur l'île de France, le gouverneur général Dumas porta dans son journal, après avoir rencontré Bougainville qui arrivait alors de Batavia : « M. de Bougainville ne m'a parlé des événements de son voyage que, comme l'on dit, à bâtons rompus. Il paraît qu'il n'a rien découvert qui pût être utile ou relatif à cet établissement. Le véritable objet de son voyage a l'air d'être un mystère sur lequel je me suis abstenu de lui faire la moindre question[25]. » Toujours sur l'île de France, l'intendant Poivre rédige une note à l'intention du ministre Praslin : « Le passage de M. de Bougainville m'a procuré beaucoup de graines de l'Amérique et de tous les pays qu'il a parcourus et entre autres le meilleur fruit de l'île de Tahiti ou Cythère, dont le plant, venu de graine, réussit parfaitement. Il eût été à souhaiter qu'en passant près de l'île de Ceram, M. de Bougainville eût pu acquérir les plantes et graines fraîches que nous désirons tirer de cette partie, mais il était pressé par le manque de vivres[26]. »

En fait, la critique la plus sévère vient peut-être de l'écrivain de la *Boudeuse*, Saint-Germain :

La façon dépourvue de précautions dont cette traversée a été entreprise nous est d'autant plus sensible qu'elle nous fait perdre le fruit de toutes nos peines. Depuis Cythère, l'on a découvert diverses terres présentant les plus belles apparences par leur grandeur, leur situation, leur élévation, les peuples dont elles étaient couvertes. Mais, pressés par le défaut de vivres, nous n'avons pu en visiter aucune. Que pouvons-nous même dire sur Cythère ? Avons-nous vu l'intérieur du pays ? M. de Commerson apporte-t-il la note des trésors qu'elle renferme ou peut renfermer en fait d'histoire naturelle, plantes ou mines ? Y avons-nous sondé le long de la côte ? Y connaissons-nous un bon mouillage ? À quoi se réduit l'utilité de ce voyage pour la nation ? Combien n'eût-il pas été à désirer que nous eussions pu continuer de pousser dans l'Ouest. Nous aurions peut-être frayé un chemin utile à la nation ou du moins une découverte glorieuse. Je ne vois donc de réel dans cette entreprise jusqu'à aujourd'hui que les dépenses des deux armements très coûteux[27].

Que Saint-Germain ait rédigé ces propos dans un des moments les plus difficiles du voyage (le 17 juin 1768, alors que la *Boudeuse* et l'*Étoile* peinaient à se dégager du golfe de la Louisiade) ne suffit pas à expliquer la virulence de son propos. Martin-Allanic, qui apparaît comme un des meilleurs connaisseurs de Bougainville, n'hésite pas à affirmer crûment : « Les résultats de son voyage autour du monde eussent été bien meilleurs, avec des épreuves moins rudes, si ses navires avaient été mieux adaptés à leur objet et si, dès le début, il n'avait pas été retardé par les actes délictueux d'un capitaine pacotilleur[28]. » Il n'hésite donc pas à mettre en avant le comportement irresponsable de La Giraudais, commandant de l'*Étoile*, que Bougainville dut attendre si longtemps en Amérique du Sud, avant de pouvoir commencer le voyage.

En définitive, l'aspect le plus intéressant de cette circumnavigation scientifique serait peut-être la traversée du Pacifique ? Avec quelle autre croisière pourrait-on comparer la navigation de Bougainville ? Avec Erik Wilhelm Dahlgren, on a établi que d'autres capitaines français avaient déjà fait le tour du monde. Il paraît donc intéressant de voir comment se déroulaient les traversées du Pacifique effectuées par les navigateurs malouins au début du XVIIIe siècle. Les navigations décrites dans l'étude consistent en longs cabotages de négoce sur la côte Pacifique de l'Amérique du Sud, précédant une traversée vers la Chine. Ainsi, le voyage du *Pontchartrain*, de Saint-Malo à Saint-Malo, entre 1714 et 1719. Ce bâtiment de 200 tonneaux, armé de 24 canons avec un équipage de 64 hommes « part de Saint-Malo le 15 mai 1714 [...]. Tenerife du 21 au 28 juillet. Île de Sainte-Catherine du 8 octobre au 16 novembre. Concepcion du 19 janvier au 8 mai 1715. Valparaiso du 11 mai au 10 septembre. Concepcion les 1er, 2 et 3 octobre. De nouveau à Valparaiso du 7 octobre au 27 novembre. M. Ribertière [son capitaine] se trouvant indisposé résout de repasser en France ; il s'embarque, le 26 octobre, sur le *Grand-Duc du Maine*, et laisse le commandement du *Pontchartrain* au capitaine en second. Celui-ci visite Cobija du 5 décembre 1715 au 1er juillet 1716, Arica du 7 juillet au 3 septembre, Ilo du 7 au 12 septembre, Pisco du 16 septembre au 24 novembre, Callao du 27 novembre au 17 décembre, Pisco du 28 décembre 1716 au 7 janvier 1717, Concepcion du 20 janvier au 14 avril, Valparaiso le 17 avril, Arica du 8 au 14 mai, Pisco du 22 au 25 mai, Huacho le 28 mai, Huarmey le 29 mai, Santa le 30 mai et Guayaquil du 8 au

21 juin, auquel jour il part pour la Chine. Île Guam du 5 octobre au 28 novembre. Arrive à l'île Lintin et à Macao le 24 décembre. Reste à Canton depuis le 27 décembre 1717 jusqu'au 5 janvier 1719. Île du Prince (détroit de la Sonde) le 9 février. Cap de Bonne-Espérance du 20 avril au 2 mai. Arrive à Saint-Malo le 16 août 1719[29] ».

Reportons ce voyage sur la carte. Entre Guyaquil (Équateur) et Guam (au sud des îles Mariannes), la route directe mesurée dépasse déjà 8 000 milles nautiques, que le *Pontchartrain* a parcourus en cent sept jours. C'est énorme ! D'autant plus qu'ensuite, après quinze jours d'escale seulement, on compte encore 1 900 milles entre Guam et Lintin (Macao, face à Hong Kong) ! Or, du détroit de Magellan à Tahiti, la traversée de la *Boudeuse* et de l'*Étoile* durera soixante-sept jours (du 26 janvier au 2 avril 1768), pour une distance qu'on peut estimer à un peu plus de 4 800 milles. Et de Tahiti à la Nouvelle-Guinée, moins de 4 000 milles. Dès lors on se pose la question : comment procédaient les capitaines-négociants malouins ? Un premier élément de réponse s'impose : des équipages moins nombreux. Les 210 hommes de la *Boudeuse* exigeaient bien plus de vivres et d'eau que les 64 du *Pontchartrain* ! S'y ajoute le fait qu'en quittant l'Amérique du Sud la cargaison des navires se composait pour l'essentiel de métaux précieux, qui n'occupent guère de volume et laissent donc autant d'espace disponible pour des vivres.

Du fabuleux voyage de Louis Antoine de Bougainville, que reste-t-il donc ? La plus commune de ses traces est sans doute cette plante ornementale que Commerson rapporta du Brésil : la bougainvillée. Moins connue est l'île Bougainville, en Papouasie-Nouvelle-Guinée ; et ignoré de tous les navigateurs — du moins jusqu'à ce qu'ils fréquentent la Grande Barrière de corail autralienne — est le Bougainville Reef. On peut donc parler d'échec. Mais faut-il en incriminer Bougainville ? Sûrement pas. Reprenons l'ensemble de l'histoire. S'il n'y avait pas eu cette idée d'établissement français aux Malouines... Ou plutôt, si Choiseul n'avait pas donné sa caution irresponsable au projet, Bougainville n'aurait pas eu à remettre cette terre à l'Espagne ; les mirages philippin et chinois ne seraient pas apparus... Et surtout, si cette expédition de découverte était partie en tant que telle depuis la France, au lieu de devoir assurer au préalable une mission diplomatique, elle n'aurait pas pris le retard dont la première conséquence fut le manque de vivres. On peut s'étonner aussi de la mauvaise volonté, voire de la malveillance dont l'arsenal de Rochefort fit preuve vis-à-vis de l'*Étoile*. Sans doute aussi faut-il s'interroger sur le comportement de son commandant, La Giraudais, qui pourrait bien, on l'a vu, avoir fait passer ses intérêts de trafiquant de pacotille avant sa mission. Pour le reste, et notamment en ce qui concerne le choix des navires, Bougainville n'est pour rien dans l'idée d'avoir armé une frégate comme la *Boudeuse*, excellent bâtiment en définitive, mais totalement inadapté à sa mission.

Officier de la Marine royale
(1772-1784)

Nombre d'explorateurs, de grands voyageurs, d'aventuriers l'ont expérimenté : après une expédition, le retour à la vie quotidienne n'est jamais facile. Le tourbillon mondain qui succède à l'aventure laisse dans un premier temps croire qu'on a retrouvé une vie normale. Mais l'impression est trompeuse. En réalité, le statut exceptionnel de héros de l'explorateur perdure. Simplement, au lieu de vivre l'aventure, il la revit ; et devant un public complaisant. Tout cela rend encore plus difficile à vivre le moment où, brutalement ou avec une inexorable progression vers l'obscurité, les feux de la rampe s'éteignent. Pour Louis Antoine de Bougainville, le retour à la banalité durera environ de deux à trois ans : le temps pour lui de publier la première édition du récit de son voyage, puis d'en éditer la seconde version. Ce délai lui donne le temps d'intégrer le fait que, après son départ, beaucoup de choses ont changé ; et que, depuis son retour, elles ne cessent d'évoluer encore.

Dès les premiers instants passés à Versailles, Bougainville a compris que l'intrusion à la cour d'une nouvelle favorite de Louis XV est en train de bouleverser tous les équilibres qui s'étaient établis avec la Pompadour, et qui avaient survécu à sa disparition. Et, très vraisemblablement, son oncle d'Arboulin — qui a le titre de secrétaire du roi — l'a immédiatement mis au courant. À la fin du mois de mars 1769, il est donc évident que la nouvelle favorite du roi est Jeanne Du Barry : sa présentation officielle à la cour n'est plus qu'une question de jours (et, en effet, le cérémonial s'en tiendra le 22 avril). Le problème est que Choiseul, devenu secrétaire d'État aux Affaires étrangères le 10 avril 1766, espérait placer sa sœur, la duchesse de Gramont, dans le lit royal. En apprenant la nouvelle, Bougainville doit pousser un soupir de soulagement : si la duchesse était devenue la favorite, il aurait eu à subir sa franche inimitié pour ne pas dire sa haine, qui datait de son retour de campagne au Canada et, apparemment, ne s'était jamais apaisée depuis.

S'il s'en confie à son oncle, celui-ci ne le rassure pas pour autant. Tant qu'on n'a pas connu les intentions définitives du roi, deux clans se sont formés, aussi arrivistes l'un que l'autre ; certains misant sur l'actuelle maîtresse royale, et les autres sur la sœur de Choiseul. Une fois la victoire de la Du Barry affirmée, Choiseul aurait dû faire profil bas et profiter du solide crédit dont il bénéficiait auprès du roi. Mais, tout au contraire, il a affiché le plus insolent mépris pour la nouvelle favorite, s'exposant à une cabale qui n'attend plus qu'un prétexte pour sévir. D'Arboulin en est certain, la disgrâce de Choiseul est programmée, et si lui-même est parvenu à ne pas souffrir de la disparition de cette exquise et intelligente marquise de Pompadour, il n'est pas du tout certain de s'en sortir aussi bien avec cette Du Barry.

« Boubou » est parfaitement lucide. La cabale, double cruauté du destin, aura pour prétexte l'affaire des Malouines. Les Malouines ! Mais quelle malédiction que cet archipel... Car, à sa grande stupéfaction, alors qu'il pensait tout réglé d'une manière définitive depuis longtemps, Bougainville a découvert depuis son retour que nombre de problèmes sont toujours en suspens. Qu'il s'agisse d'Acadiens dont il a dû s'occuper des allocations royales, ou de ses propres remboursements pour les frais engagés. Et si ce n'était que cela ! L'établissement, désormais espagnol, est sur le point de provoquer une guerre entre la France et l'Angleterre. À l'époque où l'Espagne avait émis ses prétentions sur les Malouines, Choiseul comme Bougainville savaient bien qu'elle serait incapable de les protéger contre la volonté de mainmise de l'Angleterre sur ce point stratégique. Et c'était chose faite : l'Angleterre estimait avoir, elle aussi, pris possession des lieux avec son établissement de Port Egmont. Le ton montait entre les deux pays, l'Espagne se sentant d'autant plus forte dans sa position qu'elle savait qu'en cas de conflit, au nom du tristement fameux pacte de Famille, la France devrait la soutenir, voire combattre à sa place... Choiseul, ministre des Affaires étrangères, se trouve donc devant une situation intenable puisqu'il doit dans le même temps promettre au roi de France d'éviter la guerre, sans pour autant pouvoir imposer au roi d'Espagne les concessions qui permettraient à l'Angleterre de se montrer moins belliqueuse. Conséquence prévue de cette diplomatie de l'impossible : Choiseul, obligé de maintenir une certaine fermeté vis-à-vis de l'Angleterre, se trouve accusé d'être trop belliciste. Et Louis XV, le Bourbon de France, aura alors beau jeu d'obtenir de Charles III, le Bourbon d'Espagne, un peu de souplesse. Ainsi désavoué Choiseul, tombé en disgrâce, est remplacé. Et avec lui tous ceux qui appartenaient à son clan. Tel Louis Antoine de Bougainville.

Cette disgrâce ne saurait tomber plus mal. Car justement, à cette époque-là, Bougainville nourrit un nouveau projet d'envergure : ouvrir une nouvelle route maritime vers la Chine, via le pôle Nord. L'idée de Bougainville reste que, si l'on veut maîtriser le commerce avec la Chine et les Indes, il faut en trouver la route la plus courte et y répartir des établissements destinés à servir de relâches ou de points de départ vers d'autres explorations. Son projet est inspiré par un écrit de Maupertuis : la *Lettre sur le progrès des sciences*, qui expose que la route pour l'Asie, alternative à celles qui passent par les pointes méridionales de l'Amérique (cap Horn) et de l'Afrique (cap de Bonne-Espérance), peut éventuellement se trouver au nord-ouest (par le nord de l'Amérique) ou au nord-est (par le nord de la Sibérie). Mais ajoute-t-il : « Les Anglais, les Hollandais, les Danois ont souvent tenté de découvrir ce passage, dont l'utilité n'est pas douteuse, mais dont la possibilité est encore indécise. » Et il précise à juste titre : « S'il y a un passage, [...] il doit être extrêmement difficile. Il faudrait que ce fût par des détroits qui, dans ces mers septentrionales, sont presque toujours bouchés par les glaces. » Maupertuis rappelle aussi le sentiment de ceux qui ont échoué : par crainte du froid, ils n'ont pas osé aller plus au nord. « Outre quelques relations qui assurent que les Hollandais s'étant fort approchés du pôle avaient, en effet, trouvé une mer ouverte et tranquille et un air tempéré, la physique et l'astronomie le peuvent faire croire. Si ce sont de vastes mers qui occupent les régions du pôle, on y trouvera moins de glaces que dans des lieux moins septentrionaux, où les mers se sont resserrées par les terres : et la présence continuelle du soleil sur l'horizon pendant six mois peut causer plus de chaleur que son peu d'élévation n'en fait perdre. [...] Je croirais donc que ce serait par le pôle même qu'il faudrait tenter le passage[1]. »

À la question de la nouvelle route des Indes à trouver, Maupertuis ajoute l'intérêt qu'il y aurait à déterminer si le pôle Nord se trouve en mer ou sur une terre ; à approfondir les questions tournant autour du magnétisme ; à comprendre la nature des aurores boréales... De son côté, Bougainville est revenu de ses illusions sur les terres australes : les Malouines et le détroit de Magellan lui ont donné une juste vision du climat qui y règne vraiment. Et de plus, en souvenir de son frère qui avait autrefois étudié le voyage de Pythéas, il conserve un solide attachement pour les terres boréales. À l'époque où il prenait des leçons auprès de Clairaut, il avait écouté son professeur évoquer son expédition de 1736 en Laponie, avec Maupertuis. De plus, pour avoir lui-même passé deux hivers au Canada, Bougainville a appris à connaître et à aimer le Nord.

D'où partira-t-il ? Cela reste encore à déterminer, mais il sait déjà par où il reviendra. En 1741, le Danois Vitus Behring, pour le compte du tsar de Russie, n'a-t-il pas prouvé l'existence d'un détroit entre l'Amérique et l'Asie ? C'est par là qu'il rejoindra le Pacifique, après avoir fait route directe depuis l'Europe, via le pôle Nord. Mais comment déterminer la route qui offre les meilleures chances de succès ? Parmi les nombreuses sources auxquelles il se réfère, figure la fameuse *Histoire des navigations aux terres australes*, du président de Brosses, dont le tome 1er évoque l'univers boréal. On y lit :

> Par les recherches que j'ai fait faire en Hollande par gens affidés, j'ai appris que cet État a un journal exact de cette route du nord pour aller à la Chine ; que pour en ôter la connaissance au public, on ne l'a point fait enregistrer à l'Amirauté et que, pour or ni argent, on ne la communiquerait pas. [...] Le plus sûr et le plus commode de tous ces passages est celui par où l'on dit qu'a passé le capitaine Melguer, entre Spitzberg et Groenland ; il y a moins de gels qu'aux autres. On peut y passer dès le mois de mai ; et quand on a doublé Spitzberg, de 3 ou 4 degrés au nord, on ne trouve plus de glaces, mais seulement des vents impétueux et une grosse lame qui ne brise point[2].

Pour étonnantes qu'elles paraissent, ces certitudes décident Bougainville.

En fin politique, alerté par les atermoiements du gouvernement et la disgrâce de Choiseul, Bougainville commence par évoquer ses projets dans les cercles culturels et à l'Académie des sciences. Son idée est qu'il sera difficile à la cour de refuser un projet connu et ayant reçu l'assentiment de tous. Par ailleurs, il sait pouvoir compter sur la fidélité des équipages malouins, qui, fréquentant Terre-Neuve depuis plus de deux siècles et demi, sont familiarisés avec les mers boréales. Mieux encore, l'oncle d'Arboulin apporte une aide généreuse à son neveu : il renonce à sa charge de secrétaire à la chambre et au cabinet du roi[3] au profit de Louis Antoine, qui bénéficie de la sorte d'un contact direct avec Louis XV, en plus d'un revenu non négligeable. Et, comme pour ajouter encore une chance au projet d'aboutir, en janvier 1772, Bougainville fait la connaissance du duc de Croÿ : ce riche érudit, digne militaire et bien en cour puisque admis aux *petits appartements*, est un géographe passionné. Celui-ci se propose d'étudier plus avant le projet d'une reconnaissance de cette route transpolaire, et, s'il en est convaincu, de la soutenir auprès de la cour. De son côté, Bougainville entreprend le prince de Conti, dont il a toujours eu l'oreille. Le prince lui fait rencontrer Jean Dominique Cassini, fils, petit-fils et arrière-petit-fils de cartographes, et qui ne demande qu'à embarquer avec lui, quels qu'en soient les risques. Lui-même a déjà beaucoup navigué : ce serait donc une recrue scientifique de choix.

Bougainville, dont l'expérience des navigations en eaux difficiles est désormais solide, conçoit son projet d'une manière extraordinairement prudente. Celui-ci s'étalera sur trois campagnes au total. La première sera une croisière de familiarisation avec les glaces, avec le plus grand nombre de rencontres possible avec les baleiniers, familiers de ces conditions de navigation ; on déterminera ainsi la meilleure route d'approche. La deuxième campagne aura pour but le pôle lui-même ; on reviendra par le même chemin qu'à l'aller. C'est seulement la troisième campagne qui s'achèvera dans la mer du Sud, via le détroit de Behring.

Ainsi qu'il l'a promis, le duc de Croÿ étudie à fond le problème. Hélas, ses conclusions ne sont pas du tout aussi optimistes que les premières conversations l'avaient laissé supposer. Dans un *Mémoire sur le passage du Nord*, il affirme :

> Ce serait vouloir se faire illusion que de croire qu'aux pôles, où le rayon ne fait que fuser, il puisse exciter une véritable chaleur... Il faut revenir sur cette opinion que, plus on approche du pôle, moins on n'aurait de glaces. [...] Si on peut se hasarder de tournailler dans les glaces éparses, comme le font chaque année les baleiniers et autres, cela ne peut être proposé pour des passages d'utilité et de commerce. [...] La vie des hommes est trop précieuse pour qu'on puisse la hasarder si légèrement.

Et sa conclusion est sans appel :

> Je crois donc avoir prouvé qu'il n'y aura jamais pour les vaisseaux de mer et d'un commerce d'usage d'autres passages que par les pointes sud d'Amérique et d'Afrique[4].

Depuis, le propos a montré sa justesse, mais en fait, il semble que les intérêts des deux hommes divergent. Pour Bougainville, il s'agit d'aller expérimenter si la route maritime du pôle Nord est envisageable ou pas. Pour le duc de Croÿ, apporter une réponse, même non vérifiée, aux questions que lui posent certains de ses travaux est une fin en soi. Et surtout, dans le même temps, il s'intéresse aux terres australes... Le navigateur fait donc comme si de rien n'était, et demande audience au nouveau ministre de la Marine. En effet, le duc de Praslin, sans doute parce qu'il était le cousin de Choiseul, a été remercié en avril 1771. De Boynes, qui le remplace et n'a aucune compétence maritime ou même géographique, ne voit pas l'intérêt du projet mais, par prudence, il accepte d'en informer l'Académie des sciences, laquelle se laisse séduire. Peu de temps plus tard, on apprend d'ailleurs que la Société royale de Londres, avec l'Amirauté britannique, prépare elle aussi une expédition vers le pôle Nord ; ce qui, sans nul doute possible, prouve la pertinence du projet.

Malheureusement, alors que les choses vont leur train, à la fin du mois de juillet 1772, Yves de Kerguelen de Trémarec débarque à la cour de Versailles avec une nouvelle sensationnelle : il a découvert un continent antarctique ! C'est lui qui s'était proposé pour déposer Aoutourou à Tahiti puis continuer vers le Grand Sud en quête de nouvelles terres. Finalement, il a reçu une mission d'exploration et il a appareillé de l'île de France à bord de la *Fortune* (dont il déplore le gréement fragile), accompagné d'une annexe mal manœuvrante : le *Gros Ventre*. Malgré tout, au-delà de 49 degrés de latitude et dans de difficiles conditions de vent et de froid, les navigateurs ont enfin aperçu une terre que dominent des glaciers et des sommets enneigés... Le *Gros Ventre* est envoyé en éclaireur et, avec le renfort de la chaloupe de la *Fortune*, réussit à débarquer quelques hommes. La *Fortune* se tient au large et, dans le courant de la nuit suivante, les deux bâtiments se perdent de vue. Kerguelen décide alors de revenir à l'île de France où, pense-t-il, le *Gros Ventre* ne manquera pas de le rejoindre. Et c'est bien ce qui va se passer, si ce n'est que Kerguelen ne l'a pas attendu. Il s'empresse de rentrer en France pour annoncer la grande nouvelle. Alors qu'il n'y a pas même débarqué ni effectué un simple relevé des lieux, Kerguelen affirme qu'il a trouvé l'Antarctique ! De plus, il omet d'évoquer les conditions climatiques atroces qu'il y a rencontrées, oublie la chaloupe qu'il a abandonnée, et se contente d'affirmer que le *Gros Ventre*, bien approvisionné, est resté sur place pour prendre possession des lieux.

En août 1772, tandis que la cour tout entière s'emballe pour le nouveau continent, Bougainville travaille à mettre soigneusement au point le navire de son expédition, obtenant à ce sujet les conseils d'un capitaine de baleinier. Son dossier est d'un sérieux irréprochable, et on voit bien comme il a tiré les leçons de son tour du monde[5]. C'est avec la même rigueur qu'à l'aide de Cassini il établit les données scientifiques dont l'analyse déterminera la route à suivre vers le pôle Nord, tandis qu'on met au point la listes des instruments nécessaires. Ce travail acharné permet à Bougainville de déposer un mémoire à son ministre le 29 août 1772 : son idée est de faire accepter son projet en lieu et place de celui de Kerguelen, qui l'inquiète et, surtout, l'intrigue. Curieuse histoire, vraiment, que celle du *Gros Ventre* laissé sur place...

Finalement, le mémoire et le devis final qu'il a adressés au ministre sont refusés pour cause de budgets inexistants. Bougainville fait une contre-proposition et obtient d'être reçu par le ministre. Mais de Boynes se fait cassant : Bougainville doit renoncer. La vérité est que de Boynes mise tout sur Kerguelen. À la cour, on ne parle plus que de sa découverte merveilleuse. Et cela devient une fable puisqu'on évoque déjà, comme si on les connaissait, ses « habitants civilisés, aux mœurs douces » et leurs « manufactures »[6]. Pour comprendre de tels délires, il faut se souvenir qu'à l'époque on ne sait pas qu'à latitude égale les climats de l'hémisphère Sud sont beaucoup plus rudes que ceux de l'hémisphère Nord. Le duc de Croÿ, après avoir adulé Bougainville, devient un ardent soutien de Kerguelen ; il lui fait part du mémoire qu'il avait rédigé, en lui suggérant de revenir par le Horn. Et ce projet séduit d'autant plus de Boynes qu'il sait le duc de Croÿ très bien placé auprès du roi. Voici donc le projet de Bougainville définitivement condamné. S'agit-il d'un effet de la disgrâce du « clan Choiseul » ? C'est bien possible, puisque lorsque

Bougainville demande à ce que la Marine s'accoutume aux mers froides en envoyant une frégate patrouiller à Terre-Neuve ou en Baltique, le refus est cinglant[7]. D'ailleurs, quelque temps plus tard, il reçoit l'ordre de partir pour Brest où l'appelle son affectation de capitaine de vaisseau.

On ne songe même pas à lui demander son avis sur le ou les navires qui seraient les mieux adaptés à l'expédition qui va partir en Antarctique ! Conséquence, le 28 mars 1773, le vaisseau le *Roland* et la frégate l'*Oiseau*, sous le commandement de Kerguelen, quittent Brest pour les terres australes en grande pompe. On ne pouvait trouver pires bâtiments pour un tel voyage. Mais Kerguelen a cependant beaucoup de chance, car trois semaines après son départ arrive à Versailles l'enseigne de Rosily. C'est lui qui commandait la chaloupe de la *Fortune*, que Kerguelen avait envoyée pour assister le *Gros Ventre*, qu'il pensait en difficulté, et qu'il avait abandonnée. Du rapport de l'officier, sans même évoquer le comportement étrange de Kerguelen, il apparaît surtout que les descriptions qu'il a faites relèvent de la pure affabulation ; on apprend aussi que Cook est en train de mener une expédition dans les mers australes. Un peu plus tard, on découvrira que Kerguelen se révèle sous un jour encore plus inquiétant : il est accusé d'avoir embarqué clandestinement une maîtresse, fait du commerce de pacotille pour son propre compte, découché à False Bay et à l'île de France... L'officier est-il à ce point inconséquent ? Le 25 août 1773, alors que Louis XVI règne depuis à peine quelques semaines, à l'âge de trente-quatre ans à un grade qu'aucun officier n'atteignait si jeune[11] ». Le 31 janvier 1770, le voici donc rattaché au port de Brest, mais maintenu en résidence à Paris afin d'y publier le récit de son voyage et « faire tels travaux ou accomplir telles missions que les ministres voudront bien lui confier[12] ».

Autant dire que lorsqu'il doit partir prendre son service à Brest, Bougainville sent bien qu'il est remis dans le rang, même si ce dernier est élevé. Et il doit le ressentir d'autant plus durement que de toute sa carrière militaire, hormis lorsqu'il était mousquetaire puis aide-major avec Chevert, il a toujours bénéficié d'un statut privilégié dans la hiérarchie. Au Canada, Montcalm était plus un ami qu'un supérieur, tandis que sa proximité avec le ministre de Moras lui donnait alors une aura particulière. Ensuite, aux Malouines comme autour du monde, c'était lui le commandant. Désormais, il lui faut prendre ses fonctions, et à terre, pour des « quartiers » de trois mois. Heureusement — ou malheureusement —, la charge de secrétaire à la chambre et au cabinet du roi l'amène à prendre aussi ses quartiers à Versailles. Malheureusement ? De fait, ce statut ajoute encore à l'inimitié de ses pairs à Brest. En témoigne l'anecdote (invérifiable) que rapporte La Roncière : « "On avance vite dans la Marine quand une catin royale vous protège !" dit effrontément, en regardant Bougainville, le capitaine de l'*Illustre*, Montalais. Un coup d'épée au bras, en duel, châtia l'insolence. D'autres duels suivirent, entre autres avec le vicomte Du Chilleau de second toujours, mais d'un vaisseau de 64 canons, le *Solitaire*, dont le commandant officiel était... le duc de Chartres, assisté d'un capitaine de pavillon de grande compétence et promis à un brillant avenir, La Motte-Picquet. Cette séquence de la carrière de Bougainville n'a donc rien de très glorieux, d'autant moins que lors de manœuvres d'évolution, au large de Cadix, le *Solitaire* abordera la *Terpsichore* !

Au mois de décembre 1776 enfin, Bougainville commande. En débarquant de la *Boudeuse*, en mars 1769 à Saint-Malo, soupçonnait-il qu'il lui faudrait attendre huit ans avant de se retrouver à nouveau seul maître à bord après Dieu ? Et c'est un beau commandement : le vaisseau de 74 canons le *Bien-Aimé*. Connaîtra-t-il bientôt la gloire ? Il peut y croire, dans la mesure où sur l'Atlantique, sur fond de guerre de l'Indépendance américaine, la rivalité franco-anglaise atteint un paroxysme. Ainsi se multiplient les longues patrouilles destinées à assurer la sécurité du trafic commercial, car les provocations anglaises se multiplient, avec contrôles de navires marchands soupçonnés de ravitailler les *insurgents* américains, voire enrôlements forcés dans la Royal Navy. Dans la marine, on sait bien que cela débouchera sur la guerre, même si Louis XVI se montre résolument pacifiste. À ce service très actif à la mer s'ajoutent des mondanités étonnantes. Une fois c'est le frère du roi (le comte d'Artois, futur Charles X) qui vient inspecter la flotte depuis le *Bien-Aimé*, où est servi un déjeuner réunissant quarante invités de marque dont... le prince de Nassau. On imagine les touchantes retrouvailles entre anciens compagnons de misère ! Une autre fois, c'est le frère de la reine Marie-Antoinette, l'empereur Joseph II ! À la question de savoir si Bougainville se montre à la hauteur pour commander un 74 canons, on ne répondra pas forcément par l'affirmative. Car il déposa un rapport aux termes duquel son vaisseau manquait de stabilité, au point qu'il ne pouvait ouvrir les sabords de la batterie basse sous le vent, ce qui privait le bâtiment d'une partie de sa puissance de feu. Or une expertise menée à bord conclut à une mauvaise répartition des poids due à un défaut d'arrimage. Mais, n'est-ce pas le défaut qu'il avait, autrefois, imputé à la frégate la *Boudeuse* ? Le capitaine de vaisseau débarquant à ce moment-là, l'affaire n'eut pas de suite.

Au début de l'année 1778, Bougainville se trouve de nouveau à Brest, en attente d'un nouveau commandement. Cette fois, il n'est pas question de retourner à la cour de Versailles puisque, en recevant sa première affectation comme second de la *Terpsichore*, il a rendu sa charge de secrétaire du roi à son oncle d'Arboulin. Signe qu'il paraît mieux accepté par les autres officiers, le 23 février, il est initié à la loge maçonnique de la Marine appelée l'Accord parfait. Et, le 15 mars, il reçoit le commandement tant attendu, mais un peu décevant sans doute, car le *Guerrier* est un 74 canons âgé de vingt-cinq ans. De plus, il est basé à Toulon, avec l'escadre du comte d'Estaing. En revanche, les perspectives sont enthousiasmantes : on va se battre !

Pour Bougainville, tout cela paraît cependant bien déconcertant. Dire que dans les premiers jours de décembre 1776, comme lui-même prenait le commandement du *Bien-Aimé*, un audacieux petit bâtiment se glissait en rivière d'Auray afin d'y débarquer un envoyé des jeunes États d'Amérique en lutte contre leur colonisateur. L'homme s'appelait Benjamin Franklin, que les militaires de la guerre de Sept Ans connaissaient pour avoir affirmé : « Point de repos pour nos treize colonies tant que les Français seront en Amérique. » Eh bien, cet homme-là venait maintenant implorer Louis XVI de lui apporter une aide militaire pour chasser les Anglais. Et qui l'avait envoyé ? Un certain George Washington. Washington, le colon américain qui avait commandé cette attaque traîtresse, en vallée de l'Ohio, à l'origine de la guerre du Canada, et par suite de l'éviction de la France ! Désormais, depuis le 8 février 1778, chacun sait à quoi s'en tenir : le traité de commerce et d'alliance signé entre la France et la République américaine ne peut pas être perçu par les Anglais autrement que comme une déclaration de guerre. Comment Louis XVI le pacifique en est-il arrivé là ? L'opinion publique... Car entre le fougueux marquis de La Fayette qui ne parlait que de recruter une armée pour aller se battre aux côtés des *insurgents*, et Beaumarchais l'homme de théâtre et homme d'affaires qui leur livrait armes, munitions et matériel en contrebande, il n'y avait plus de place pour une diplomatie pusillanime.

En vertu du traité d'alliance, la France envoie donc une flotte et un corps d'armée aider les *insurgents*. Cette escadre est supposée fondre sur l'estuaire du Delaware où elle s'emparera de la flotte anglaise, inférieure en nombre. Puis elle débarquera ses troupes qui se joindront à l'armée insurgée pour contraindre les Anglais à la reddition. L'escadre du comte d'Estaing est chargée de cette mission, ce qui constitue en soi une double erreur. D'abord, elle est basée à Toulon : elle mettra donc des semaines et des semaines à rejoindre l'Amérique du Nord ; comment bénéficier dès lors d'un effet de surprise ? De plus, cette flotte se caractérise par la disparité et la médiocrité des douze bâtiments qui la composent. Les pires en sont le *Vaillant* et le *Guerrier*, le bâtiment de Bougainville. Et s'il n'y avait que cela ! Faute de croisières d'entraînement, les équipages ne sont pas du tout amarinés. Leurs états-majors sont en majorité provençaux et tous du « grand corps » issu des gardes de la Marine. Bougainville est donc considéré de manière doublement négative : à la fois en tant que Parisien et comme soldat pistonné. Par ailleurs, les marins provençaux parlent... provençal. Leur caractère n'est pas du tout celui des Malouins de ses navigations aux Malouines et autour du monde, puis des Bretons de l'escadre de Brest. Quant à d'Estaing, il est très mal apprécié dans la Marine où il a fait une carrière anormalement rapide et se comporte de manière plus que maladroite, cumulant autoritarisme et démagogie, en favorisant systématiquement les officiers non issus des gardes marines. En revanche,

Bougainville connaît d'Estaing, puisqu'ils ont combattu ensemble au Canada.

L'escadre de D'Estaing ayant quitté Toulon le 13 avril 1778, c'est seulement le 16 mai qu'elle passe Gibraltar ! Bien entendu, elle y est repérée par une patrouille britannique. Une goélette ou un cotre aviso est aussitôt dépêché pour porter l'information à Londres, où l'on réagit sans tarder. Côté français, non seulement l'escadre se traîne, mais elle prend le temps de faire des exercices. Lorsqu'elle arrive en Amérique — le 9 juillet ! — l'escadre et le corps d'armée anglais sont retranchés à New York, indélogeables. Le plan a échoué ; la campagne américaine commence, et elle ne s'achèvera que trois ans plus tard, avec la victoire de Yorktown, le 19 octobre 1781. Pourquoi une campagne si longue ? Plusieurs éléments se conjuguent, que l'on comprendra si l'on veut bien oublier l'image d'Épinal de La Fayette et Rochambeau acclamés par le peuple américain. D'une manière générale, les Américains n'apprécient pas vraiment l'intervention française : d'abord parce que beaucoup restent fidèles à l'Angleterre ; ensuite parce que l'armée des *insurgents* se compose essentiellement de milices indisciplinées, au fonctionnement incompatible avec la rigueur d'une armée régulière. La coopération n'est donc pas si facile. Et cela pose un problème particulièrement grave en mer : la Marine française n'a aucune connaissance de la côte américaine ; et les pilotes locaux rechignent à lui faire bénéficier de leurs connaissances.

En définitive, la Royal Navy ayant dépêché des

renforts à New York, la flotte française descend vers les Antilles, elles aussi menacées par les Anglais. La pusillanimité et l'incompétence de D'Estaing font perdre Sainte-Lucie. Plus grave encore, alors qu'il reçoit les renforts de De Grasse et de La Motte-Picquet (9 vaisseaux, plus 45 navires marchands), il n'en fait rien, sauf prendre l'île de la Grenade qui ne présente aucune valeur stratégique. Pire encore, ce faisant, il emporte une victoire sur une escadre britannique, mais, au lieu d'exploiter ce succès jusqu'au bout, il laisse s'enfuir des vaisseaux pourtant très endommagés ainsi qu'un convoi transportant des troupes. En conclusion à ces pitoyables péripéties, d'Estaing repart en Amérique du Nord, au secours des *insurgents* qui se trouvent en difficulté à Savannah. L'impréparation militaire et l'absence de coordination entre Français et Américains s'ajoutent aux conditions météo calamiteuses (c'est la saison des cyclones) pour expliquer pourquoi l'opération ne fut pas un succès.

Après quoi, les bâtiments de D'Estaing mettent le cap sur la France, traversant l'Atlantique avec le mauvais temps d'hiver. Aussi, lorsque le 9 décembre, au terme d'une dure traversée, Bougainville et son *Guerrier* arrivent à Rochefort, le scorbut sévit à bord. Dans cette campagne, comment s'est donc comporté Bougainville qui, pour la première fois, combattait en mer ? Bien que d'Estaing l'ait fait venir dans son escadre parce qu'il avait servi au Canada, il ne semble pas que le vice-amiral ait fait appel à son expérience diplomatique et à ses connaissances pratiques, sa parfaite connaissance de la langue anglaise, notamment. Étienne Taillemite fait aussi remarquer que, de retour en France, d'Estaing signale tous les officiers qui se sont distingués. Or Bougainville ne figure pas dans la liste. Le fait mérite d'être souligné, car ensuite, lorsqu'un nouveau chef d'escadre est nommé — par Louis XVI sur proposition du ministre —, le poste est attribué à... Bougainville. Cette nomination fait unanimement scandale dans la Marine, tant il existait d'officiers qui auraient mieux mérité le grade. De toute évidence, en cette affaire, l'influence de l'oncle d'Arboulin a encore joué[15]. On atteint là le pire de tous les défauts de la royauté : l'injustice flagrante.

Au retour de cette campagne difficile, Louis Antoine de Bougainville, qui a maintenant cinquante et un ans, est épuisé. C'est pourtant alors qu'il rencontre en Bretagne une jeune fille de vingt ans. Et c'est le grand amour ! Il semble qu'à l'époque, dans l'univers des officiers de marine, une telle différence d'âge n'était pas choquante... Disons-le tout de suite, ce sera le plus réussi des mariages : ils auront quatre fils ! Marie-Joséphine Flore de Longchamps-Montendre est la fille d'un capitaine de vaisseau. Claude Charles de Montendre est-il gêné d'avoir pour gendre cet officier que le Grand Corps rejette ? Il est vrai aussi qu'à sa belle-famille Louis Antoine apporte l'aura entretenue par sa proximité avec la cour royale. En revanche, Bougainville rejoint là une famille de longue tradition marine. Flore est en fait la fille d'un lieutenant de vaisseau tué au combat, sa mère s'étant par la suite remariée ; elle a aussi pour oncles un contre-amiral chef d'escadre et un capitaine de vaisseau. Le mariage est célébré le 25 janvier 1781 en la paroisse Saint-Louis de Brest, le 22 mars suivant, Bougainville part pour une nouvelle campagne. Là aussi, les traditions de la Marine sont respectées : les lunes de miel se caractérisent par leur brièveté.

Au début de l'année 1781, devant l'enlisement du conflit en Amérique, décision est prise d'envoyer une puissante flotte en Amérique. Le commandement en est confié à un chef apparemment confirmé : le comte de Grasse. Une véritable armada de 20 vaisseaux de ligne appareille donc de Brest, accompagnant 150 navires marchands. Au sein de cette escadre, Bougainville reçoit le commandement d'une division (il arbore pavillon sur l'*Auguste*, un 80 canons). Telle est la conséquence du grade qu'il a obtenu : se retrouver au combat sans avoir la moindre expérience du commandement d'une force navale. À l'arrivée aux Antilles, la flotte anglaise de l'amiral Hood tente de faire barrage, mais sans succès. Il n'empêche que l'engagement met en évidence deux éléments capitaux : d'une part la supériorité de marche des bâtiments anglais, dont les carènes doublées de cuivre ne sont pas tapissées d'algues et autres parasites ; et d'autre part le manque de cohésion de l'armada française.

Des Antilles, sur un appel pressant de George Washington, l'escadre appareille pour la Virginie, emmenant 3 300 soldats. Le 30 août 1781, ce corps d'armée est débarqué en baie de Chesapeake et, le 5 septembre, une force navale anglaise se présente. Avec 24 bâtiments, contre 21 pour leurs adversaires, les Français bénéficient d'une légère supériorité stratégique. Mais surtout, leur allant provoque des ravages chez l'ennemi. Placée en avant-garde, la division de Bougainville montre une grande efficacité. La bataille ne dure que quelques heures, du milieu de l'après-midi à la tombée de la nuit, mais elle est sanglante : sur l'*Auguste*, Bougainville perd 67 hommes. De Grasse n'est pas avare de compliments, affirmant par la suite, à Rochambeau et à Washington, que l'élément déterminant de la victoire de la Chesapeake ne fut autre que Bougainville. Après son repli, la Royal Navy ne tentera pas une nouvelle attaque. Dès lors, ayant obtenu la supériorité maritime, les armées américaine et française peuvent se concentrer sur l'attaque de Yorktown. Et la prise de ce point stratégique va marquer le début de la victoire américaine, et un jalon décisif vers l'indépendance.

Mais cette victoire va se trouver compliquée par l'existence du fameux pacte de Famille, qui lie les Couronnes espagnole et française. On se souvient de l'affaire des îles Malouines où, à deux reprises, les bons rapports entre les Bourbons d'Espagne et les Bourbons de France ont sacrifié les intérêts français. Cette fois, l'Espagne veut profiter des événements de la côte nord-est des États-Unis d'Amérique pour affaiblir encore l'Angleterre et récupérer Gibraltar, Minorque, la Floride et la Jamaïque, mais sans pour autant s'engager réellement. Ainsi, une fois assuré le succès définitif connu devant la baie de Chesapeake, la flotte de De Grasse reçoit l'ordre de mettre le cap sur les Antilles, afin de répondre à la demande espagnole de prendre la Jamaïque. On est alors début novembre et la campagne, exigeante, dure depuis maintenant sept mois. Les navires nécessiteraient un grand carénage et les hommes mériteraient un long repos à terre. De Grasse lui-même est épuisé. Chose grave, il n'en a pas conscience ou ne veut pas le savoir. Il entre dans la logique des mauvaises décisions qui, en s'enchaînant, peuvent conduire au désastre. Comment croire que pareil chef, au lieu de s'en remettre à son état-major pourtant dévoué et compétent, préfère s'appuyer sur des officiers subalternes ? En résulteront la ridicule affaire de Saint-Christophe, où l'amiral Hood se jouera de la flotte française, et surtout, beaucoup plus grave, la défaite des Saintes qui va coûter cher à Bougainville. Quant à la Jamaïque, elle demeurera anglaise.

Le 12 avril 1782, dans le sud de la Guadeloupe, l'escadre française qui, en ligne de bataille, va affronter la flotte de Rodney est déstabilisée par un incident de manœuvre. Dans la nuit, le *Zélé* a abordé le *Ville de Paris* (vaisseau amiral) et a dû être pris en remorque par l'*Astrée* (que commande un certain Lapérouse). Conséquence : les Français présentent une ligne tronçonnée. L'escadre anglaise en profite pour traverser les brèches et ouvrir le feu en enfilade sur l'arrière de plusieurs bâtiments français. Dans la calmasse qui règne, le combat est recouvert par un immense nuage de fumée, masquant la vue. Et lorsqu'une légère brise se lève, il apparaît que la flotte française se trouve dispersée en trois groupes. L'avant-garde, aux ordres de Bougainville, se trouve à 4 milles du principal de l'escadre, groupée autour du navire amiral. Il faut de toute urgence concentrer les forces. L'arrière-garde aux ordres de Vaudreuil, plus proche, rapplique immédiatement. Bougainville tarde à réagir. Le désastre est total : attaqué par neuf unités anglaises, le *Ville de Paris* finit par amener son pavillon. De Grasse est fait prisonnier. Le désastre des Saintes est consommé, et il conduit Bougainville devant un conseil de guerre.

Quelques courriers cités par Étienne Taillemite autorisent une juste compréhension du problème. Vaudreuil écrit : « On peut dire que chaque vaisseau s'est bien battu, même M. de Bougainville, dont vous avez eu lieu de soupçonner le courage dans les autres combats, mais il ne sait pas manœuvrer, ce n'est pas sa faute. » De Grasse : « C'est un parfait gentilhomme et il ne manque pas de bravoure, mais il n'a pas les connaissances et l'expérience indispensables pour diriger une escadre au combat. Enfin son indépendance ombrageuse en fait un officier indiscipliné alors que l'obéissance au chef de l'armée navale est la condition première du succès[16]. » De ces propos, deux points ressortent clairement : lors du succès de la Chesapeake, l'impétuosité de Bougainville a masqué son incompétence de chef d'escadre ; sa personnalité indépendante en a fait un remarquable chef d'expédition, mais au sein d'une armée navale cet état d'esprit est inacceptable. Tout cela explique pourquoi le conseil de guerre tenu à Lorient en mai 1784 déclare : « La conduite de Louis Antoine de Bougainville, [...] irréprochable jusqu'à midi dudit jour, 12 avril 1782. Mais ce chef d'escadre, n'ayant pas, dans l'après-midi, particularisé ses signaux et fait manœuvrer son escadre pour le plus prompt ralliement possible au corps de bataille, le condamne à être mandé en la Chambre du Conseil, pour être admonesté en présence du tribunal assemblé. » Cette condamnation paraît bénigne, même si elle est humiliante. Mais surtout, d'une manière tacite, elle empêche Bougainville de se voir nommé à de nouveaux commandements.

Au service fidèle de la patrie
(1789-1811)

Avant, pendant et après le conseil de guerre tenu à Lorient en mai 1784, Louis Antoine de Bougainville a dû s'interroger souvent, reconstruisant le cours de cette journée maudite du combat des Saintes. Aurait-il pu agir plus efficacement ? Après avoir lui-même tiré 2 000 boulets et perdu 200 hommes, était-il en état de revenir au combat ? D'autant plus que la mitraille tirée par les redoutables caronades anglaises avait provoqué de graves dégâts dans la mâture de l'*Auguste*. Mais les neuf autres vaisseaux de son escadre étaient-ils aussi mal en point que lui ? Et cette brise évanescente qui permettait à peine de faire route... C'est vrai, l'arrière-garde de l'escadre, elle, a rallié le cœur du combat. Dès lors, pour la Marine tout entière, Bougainville a failli. Il avait été nommé chef d'escadre par faveur spéciale du roi ? Le destin s'est chargé de mettre en évidence le fait qu'il avait dépassé son seuil d'incompétence. Qu'il ne reçoive pas un nouveau commandement, Bougainville n'en est sans doute pas surpris. Mais il comprend que sa carrière militaire est définitivement compromise lorsqu'il constate que de

Castries, qui travaille depuis 1780 à une réorganisation complète de la Marine, ne lui demande pas la moindre contribution. Pour Bougainville la chose est claire : on ne lui confiera plus ni commandement ni hautes responsabilités.

Sans doute son avenir est-il ailleurs ? En 1785, il entre au cabinet du ministre Fleurieu comme conseiller pour les questions scientifiques. Peut-être imagine-t-il alors participer à la préparation du grand voyage confié à Lapérouse ? Lapérouse qui, dans l'escadre de l'amiral de Grasse, commandait l'*Astrée* et avait pris en remorque le *Zélé*, après l'abordage de ce dernier avec le navire amiral, la nuit d'avant la bataille des Saintes. Il aura eu plus de chance... À Bougainville, on ne demandera rien. Il est vrai que le projet est engagé depuis 1783. Et que, lorsqu'il a envisagé une ambitieuse expédition scientifique à travers l'océan Pacifique, Louis XVI en a confié l'organisation pratique, et sous sa direction personnelle, au secrétaire d'État à la Marine de Castries, assisté du directeur des ports et arsenaux (qui est alors Fleurieu) et du capitaine de vaisseau de Lapérouse. Le but de l'expédition est d'exploiter les découvertes faites par Cook au cours de ses trois voyages, pour les approfondir. Un triple but ; géographique : préciser leur position grâce à des instruments de mesure plus perfectionnés ; scientifique : d'où l'embarquement d'un véritable aréopage scientifique ; commercial : de manière plus discrète, déterminer de futures possibilités...

Si Bougainville n'est pas consulté, on a cependant tiré la leçon des expériences malheureuses de son voyage. L'expédition comprend ainsi deux navires prévus pour demeurer longtemps en autonomie, et effectivement capables de se porter mutuellement assistance. Ils sont donc pour ainsi dire identiques et il s'agit de bâtiments de transport. Sur le papier, on les appelle « frégates » parce que le terme est plus valorisant. Mais il s'agit bel et bien de flûtes, caractérisées par une capacité de port élevée tandis que leur gréement requiert peu d'hommes à la manœuvre. De plus, on a songé par avance aux avaries inévitables au bout d'un certain temps lors des très longs voyages. C'est pourquoi le grand mât et la misaine des deux bâtiments sont dotés de mâtures hautes identiques et, par conséquent, interchangeables. Toutes les précautions ont donc été prises, mais si Bougainville a eu accès au cahier des charges de la mission, il n'aura pas manqué de s'inquiéter de sa faisabilité : cette croisière est beaucoup trop ambitieuse compte tenu du temps imparti.

Cela dit, avant le triste conseil de guerre de mai 1784, l'année avait bien commencé, avec son admission parmi les premiers membres de l'ordre de Cincinnatus, créé par Washington pour rendre hommage aux officiers supérieurs ayant participé à la guerre de l'Indépendance américaine. Par ailleurs, que la Marine lui soit désormais hostile n'empêche pas d'autres honneurs. L'année s'achève ainsi par une bonne nouvelle en provenance de l'Académie de marine : de membre adjoint, il en devient membre ordinaire. D'autres hommages, plus discrets mais significatifs, lui parviennent encore. De

Saint-Malo par exemple, où son ami Benjamin Dubois, dont le chantier naval avait construit l'*Aigle* et le *Sphinx* pour l'expédition des Malouines, baptise successivement trois de ses navires *Bougainville*.

C'était il y a si longtemps, déjà… Et puis, autre signe du temps qui passe, au lendemain de la Noël 1784, on annonce le décès de Jean-Potentien d'Arboulin. L'oncle d'Arboulin, « Boubou », qui fut l'ami intime de la marquise de Pompadour, dont l'entregent et la fortune permirent à Louis Antoine d'avoir accès aux plus hautes sphères du pouvoir. Mais le 26 décembre 1784 marque aussi le troisième anniversaire de son premier fils : Hyacinthe. De son oncle, Bougainville hérite une somme assez importante pour lui permettre d'acheter un château — la Brosse — à Fourches-en-Brie. Il n'en reste presque rien aujourd'hui. Le lieu désigné sous le nom de Fief des Brosses correspond désormais à une immensité désertique de champs de blé, où le seul souvenir tangible du navigateur est le nom d'une des rues du hameau. Financièrement à l'aise, filant le parfait amour avec sa jeune épouse, Louis Antoine de Bougainville commence à cinquante-cinq ans une seconde vie. Toujours vert, il fera trois autres enfants, des garçons : Amand en 1785, Alphonse en 1788 et Adolphe en 1796 (Louis Antoine a alors soixante-sept ans!).

Partageant son temps entre Paris, Versailles et son domaine de la Brosse, Bougainville devient un sage que l'on consulte. Ainsi, au début 1788, Fleurieu lui commandera une note diplomatique. Il s'agit d'une affaire éminemment complexe, concernant les Indes et la Cochinchine, sur laquelle un avis s'impose d'urgence puisqu'on attend l'arrivée d'ambassadeurs. Dans cette délicate situation, qui exige qu'on prenne en compte les intérêts et la susceptibilité de l'Angleterre ainsi que de la Hollande, Bougainville montre cet esprit d'analyse, cette clairvoyance et ce souci des équilibres durables, qu'on a pu apprécier au début de sa carrière militaire, à propos du Canada. Et l'on s'interroge : dans le fond, Louis Antoine était-il vraiment fait pour l'armée ou la marine de guerre ? N'eut-il pas été un excellent diplomate, doublé d'un ethnologue ?

Pour Bougainville, 1789, la première année révolutionnaire, commence fort bien puisque le 3 février, il est nommé membre associé libre à l'Académie des sciences, nomination qui constituait depuis de nombreuses années l'une de ses ambitions majeures. Voici de cela presque trente ans, tandis qu'il combattait avec Montcalm au Canada, il entretenait déjà son frère de son plus cher désir, écrivant : « Mettez-moi dès à présent sur les rangs pour une place d'associé libre. S'il en vaquait une avant mon retour, sollicitez-la pour moi vivement[1]. » Mais dans le courant de l'année 1789, l'enchaînement des événements que l'histoire retiendra sous le nom de Révolution française se met en place. De cette époque, la mémoire collective garde à tort la sensation que la prise de la Bastille, le 14 juillet, marqua une rupture, le passage radical de la monarchie à la république. Les choses se passent bien plus progressivement, ce qui explique comment, par exemple, un royaliste comme Bougainville continue à servir son pays. Cela explique aussi pourquoi, dans les débuts de la Révolution, la république naissante prend le temps de s'inquiéter de l'expédition de Lapérouse, un projet pourtant personnel de Louis XVI, le roi déchu.

En 1791, il y a en effet lieu de s'inquiéter de Lapérouse. Depuis qu'il a quitté la France, et ainsi que prévu, Lapérouse a fait livrer en France des copies des journaux de mer et divers comptes rendus : à Macao, c'est la flûte française *Marquis de Castries* qui a pris en charge les précieux documents ; quelques semaines plus tard à Cavite, un bâtiment anglais en a pris d'autres ; puis à Petropavlovsk (Sibérie), un membre de l'expédition a monté un convoi terrestre pour traverser tout le continent jusqu'à Versailles. En Australie, au début de l'année 1788, Lapérouse confie rapports et courriers à une escadre anglaise rencontrée au mouillage de Botany Bay. Dans une lettre adressée au ministre de la Marine, le 7 février, le chef de l'expédition française annonce calculer sa navigation « pour arriver au commencement de décembre 1788 à l'île de France[2] ». C'est au mois de juin 1789 que ces documents parviennent à Versailles, où ils sont réceptionnés par le nouveau secrétaire d'État à la Marine, le comte de La Luzerne, et Fleurieu. Le calcul est vite fait : les derniers navires en provenance de l'océan Indien auraient dû signaler la présence de Lapérouse à l'île de France. Cependant, même si l'on s'inquiète, la situation politique du pays requiert la plus grande attention. Depuis le 5 mai, les états généraux sont réunis à Versailles. Même si Fleurieu, qui a participé à l'organisation de l'expédition, la souhaite de tout cœur et insiste, une expédition de secours ne paraît pas envisageable.

Six mois plus tard, la situation politique a bien évolué, puisque siège une Assemblée nationale constituante. Au même moment, l'Académie des sciences reçoit un mémoire rédigé par Benjamin de Laborde. Gouverneur du Louvre, fermier général et ancien premier valet de chambre du roi, il s'inquiète de la façon dont les Britanniques semblent s'approprier, dans le Pacifique, des découvertes françaises. En conclusion au rapport, Laborde fait part de sa profonde inquiétude pour Lapérouse, et il fait appel à la générosité publique pour financer une expédition de secours. À l'Académie où siège depuis peu Bougainville, il lance :

> Quant à l'exécution de l'armement que je propose, vous ne serez pas embarrassés de choisir à qui le confier. [...] Si cependant la santé de M. de Bougainville, détruite par ses longs travaux et de cruelles maladies causées par de pénibles navigations ; si l'amour et les soins qu'il doit à une femme adorée et à des fils qu'il faut rendre dignes de leur père l'empêchent de se charger d'un emploi qu'il pleurera d'être obligé de refuser, il peut au moins choisir dans la foule de nos marins ceux qu'il sait avoir le plus étudié une navigation si peu familière aux Français[3].

En définitive, c'est la Société des naturalistes de Paris qui, à la fin du mois de janvier 1791, dépose une demande de secours à l'Assemblée constituante, laquelle ne peut se dérober. Et le 9 février est signé le décret qui institue une mission de recherche, confiée à Bruny d'Entrecasteaux. Pour cette affaire, Bougainville ne sera jamais consulté. On connaît le destin tragique de cette expédition* qui, dès le départ, a tout contre elle. D'abord, ce n'est pas véritablement une mission de secours, mais un voyage d'exploration et de découverte. La question se pose donc bien vite de savoir ce qu'il convient de situer en priorité : la recherche de Lapérouse ou l'exploration scientifique ? Et le conflit se trouve encore attisé par le contexte révolutionnaire : la sacro-sainte discipline de la Marine s'accommode effectivement très mal des nouveaux préceptes égalitaires. Le respect automatiquement imposé par le statut d'officier doté de l'état de noblesse est remis en question, que ce soit au sein de la hiérarchie militaire ou dans les rapports entre hommes de mer et hommes de science.

Cette remise en cause de la hiérarchie prend des proportions inquiétantes, jusque dans les ports de guerre. En 1790, à Brest, 20 000 marins se mettent en grève, empêchant l'appareillage d'une escadre. Le problème est que la Société des amis de la Constitution dépêche de véritables commissaires politiques sur les bâtiments, surveille les bureaux de la Marine et n'hésite pas à s'opposer aux décisions du ministre. Qui sera l'homme capable de

---

* Ils ne trouvèrent pas trace de Lapérouse, les deux commandants décédèrent de maladie, et leurs navires furent saisis par les Hollandais à Batavia.

ramener l'ordre à Brest ? Alors Fleurieu, devenu ministre de la Marine, songe à Bougainville. C'est une excellente idée : durant son voyage autour du monde, particulièrement éprouvant, n'a-t-il pas su maintenir une cohésion parfaite dans les équipages ? La mission paraît redoutable, mais Bougainville ne se dérobe pas. Le détail des événements nous est connu par la passionnante monographie d'Oscar Havard, *Histoire de la Révolution dans les ports de guerre* :

> À peine l'illustre voyageur a-t-il touché barre à Brest [le 8 novembre 1790] et, sur le *Majestueux*, arbore son pavillon qu'une nouvelle mutinerie, désolant l'*America*, exige l'immédiate intervention de la puissance magique sur laquelle compte M. de Fleurieu pour pacifier les équipages. Dix-sept matelots ont fait de l'*America* le foyer de la sédition navale (18 novembre). Sur l'ordre de M. de Bougainville, un piquet de la Garde nationale arrête ces fauteurs de désordre et les remet au bureau de l'Inscription maritime qui leur inflige le stigmate des « cartouches jaunes » [feuilles de congé de couleur jaune, signifiant que le soldat détenteur avait été dégradé ou chassé de son corps] [...]. Quelques semaines plus tard, une escadre de quatre vaisseaux de haut bord, de dix frégates, de deux corvettes, d'un brick et de cinq gabares, commandée par M. de Girardin, s'apprêtait à transporter aux îles du Vent six mille hommes... [...] Dans la matinée du 4 février, six marins, députés par les équipages des frégates la *Calypso*, la *Didon* et la *Précieuse*, se présentent chez MM. Borie et Gandon pour réclamer le versement d'un troisième mois d'avance. [...] Après avoir fait observer aux matelots que, s'ils ont dissipé les deux premiers versements, le troisième subira probablement le même sort, les deux commissaires renvoient les plaignants au comte d'Hector. Plus que jamais docile à la méthode nouvelle, le commandant de la Marine essaie de raisonner avec le patron de la chaloupe de la *Calypso*, investi de la confiance

des mutins qui lui obéissent et le redoutent. Comme de juste, le matelot factieux répond au trop courtois officier général par une sommation et par une insolence : « Si le troisième mois n'est pas payé, notifie le rebelle, et si l'ordre de partir est donné, aucun marin ne travaillera à lever les ancres. Qu'on se permette de toucher un seul homme, il s'en remuera quinze mille, prêts à tomber sur vous ! — Qui parle de quinze mille hommes et qui les commandera ? Sera-ce vous ? — Quand ce serait moi, réplique l'orateur, je suis en état de le faire. » Sur ces entrefaites, arrive M. de Bougainville. De même que M. d'Hector, M. de Bougainville, au lieu d'appeler les gendarmes, argumente avec son interlocuteur qui jouit et se raille de cette complaisance. Si les cinq délégués acceptent les explications du commandant, le patron de la chaloupe de la *Calypso* refuse de signer la capitulation et menace de soulever les équipages. Comme il faut pourtant que la flotte appareille, l'autorité se résigne à mettre le promoteur de l'insubordination hors d'état de nuire en l'enfermant dans une geôle peu farouche. L'escadre fait voile le 5 février 1791[4].

Malgré ces succès, Bougainville comprend que le soutien apporté par la municipalité de Brest aux marins séditieux aboutira forcément à de nouveaux troubles dont l'issue sera de toute évidence violente. Sans la volonté ferme de l'Assemblée nationale d'imposer la discipline dans l'armée du pays, il n'y a rien à faire. L'escadre partie, il démissionne donc et, sur le chemin de Paris, fait un détour par Saint-Malo[5]. Il y voit sans doute son ami Benjamin Dubois, le constructeur de navires. Depuis le lancement de l'*Aigle* et du *Sphinx* en 1763, l'homme a fait du chemin. En 1782, il a déménagé son chantier de l'anse Saint-Père, au pied de la tour Solidor. Il a acheté, sur la rive gauche de la Rance (non loin de l'actuel barrage), la prestigieuse malouinière de Montmarin, si magnifique qu'elle a ruiné son propriétaire. Il a créé un port dont, aujourd'hui encore, on voit le bassin qu'une écluse maintenait à flot, au pied d'un parc effectivement splendide. Ici travaillent jusqu'à 1 200 ouvriers employés simultanément sur 7 navires de gros tonnage. En remerciement des 11 bâtiments qu'il a contruits pour la Royale dans la seule année 1787, Louis XVI l'a anobli (ce qui laisse songer qu'une partie de la facture n'a pas été réglée ; ainsi se remplissent, depuis le règne de Louis XIV, les caisses du royaume). Il s'appelle désormais Dubois de Montmarin, et l'amitié de cet homme comblé sera bientôt précieuse aux Bougainville.

Parce que l'environnement politique est aussi délétère que la charge est lourde, le 15 mai de cette même année 1791, Fleurieu démissionne de ses fonctions de ministre de la Marine. Il est remplacé par le contre-amiral Antoine Thévenard, commandant du port de Lorient. Le 17 septembre, celui-ci démissionne à son tour et le roi propose le poste à Bougainville, qui refuse. À Brest, il a très exactement mesuré l'état d'insubordination de la Marine. Pour les mêmes raisons, en janvier 1792, il refusera même le grade de vice-amiral. Qu'on ne s'y trompe pas. Dans ces refus, il ne faudrait surtout pas voir de la faiblesse, et encore moins de la lâcheté. Simplement, Bougainville voit ce qui est possible et ce qui ne l'est pas. Lorsqu'il s'agira d'afficher sa fidélité au roi, il le fera au risque de sa vie.

Car l'histoire s'accélère. Le 21 juin 1791, la famille royale a tenté de quitter la France ; elle a été arrêtée à Varennes et reconduite à Paris. Depuis, la situation s'est encore tendue. Le 30 septembre, selon la nouvelle Constitution, le *roi de France* ne possède plus que le pouvoir exécutif et devient *roi des Français*. La situation s'aggrave ensuite graduellement. Le 20 avril 1792, par suite de la menace faisant peser sur la Révolution et le pays les nombreux nobles français y ayant émigré, la guerre est déclarée à l'Autriche. Deux mois plus tard, le 20 juin, affirmant que l'ennemi de la France n'est pas seulement l'Autriche mais le roi lui-même, les députés jacobins organisent de grandes manifestations dans Paris. C'est l'émeute ; le palais des Tuileries, où vit la famille royale depuis octobre 1789, est envahi. Ne craignant pas un instant d'afficher sa fidélité au roi, Bougainville est là, prêt à dégainer l'épée. Le 11 juillet 1792, la Prusse étant à son tour entrée en guerre, l'Assemblée proclame la *Patrie en danger*. Des pétitions sont remises à l'Assemblée, demandant la déchéance du roi. La Commune légale de Paris se déclare Commune insurrectionnelle et fait attaquer les Tuileries (10 août). L'Assemblée vote la suspension de Louis XVI, et la famille royale est par la suite internée au Temple. Et le mois de septembre 1792 entre dans l'Histoire comme celui des massacres de nobles et de religieux dans les prisons parisiennes.

Depuis l'émeute du 20 juin, Bougainville se sait en danger. Bien qu'assez éloigné de Paris, le château des Brosses ne lui paraît pas sûr. Il part donc pour la Normandie, où la famille de sa femme possède une propriété à Anneville-sur-Mer, près de Coutances. Le couple et ses trois enfants vivent dès lors au château de la Becquetière. De ce dernier, il ne reste plus de trace, et le nom d'une rue d'Anneville est le seul indice du passage de Bougainville dans la région. Mais l'insécurité révolutionnaire les rattrape sous le régime de la Terreur du Comité de Salut Public, alors sous l'autorité dictatoriale de Robespierre. Un jour, on vient arrêter Bougainville, qui est emprisonné à Coutances. La tradition veut que, dans sa prison où il était autorisé à recevoir la visite de sa famille, des messages circulent entre le prisonnier et son épouse, cachés dans les chaussures du petit Alphonse, alors âgé de cinq ans[6]. Par une de ces missives, sans doute Bougainville suggère-t-il à Flore de quitter la région, avec les enfants, pour chercher refuge à Saint-Malo, chez son ami Dubois de Montmarin. Oscar Havard raconte :

> Mme de Bougainville, à un moment donné que je ne puis préciser, dut se sauver, avec ses enfants, chez l'un des anciens armateurs de Bougainville pour les îles Malouines, M. Dubois de Montmarin, dans la rivière de la Rance. La chronique raconte qu'elle s'était embarquée, déguisée en homme, avec le précepteur des enfants (je crois) et sa petite nichée, pour faire ce court trajet de la Becquetière à Saint-Malo. Sur quoi, l'un des matelots lui ayant dit : « Toi, tu es trop jolie pour être un homme ! », elle lui riposte par une gifle qui remit le malotru à l'ordre. Très jolie en effet, toute jeune, ayant trente ans de moins que son mari, elle parut, d'après les procédures du Tribunal révolutionnaire de Coutances, n'avoir jamais eu froid aux yeux[7].

Ce qu'on veut bien croire, après avoir lu La Roncière : « Jusqu'en l'an VII s'accumulèrent au greffe de Coutances dénonciations sur dénonciations. Comme pour narguer les délateurs, la belle Flore ne faisait-elle pas célébrer, par des prêtres insoumis, des messes annoncées par des sonneries de cloches ou à son de trompe, auxquelles assistaient des centaines de fidèles[8]. »

Quant à Louis Antoine, il semble qu'il l'ait échappé belle. En effet, le coup d'État du 9 thermidor, qui mit fin à la Terreur et entraîna l'élargissement de la plupart des prisonniers, survint peu de temps avant le transfert prévu de Bougainville à Paris. Et on sait que les chances de survie d'un suspect ainsi transféré étaient nulles. La suite des aventures de Bougainville sous la Révolution confine au surréalisme. Le 10 décembre 1794, en effet, il reçoit des administrateurs du district de Coutances le courrier suivant : « L'Administration vient de te nommer élève [sic] de l'École normale de Paris. Tes qualités civiques et morales, tes connaissances dans les sciences utiles ont déterminé son choix[9]. »

L'École normale avait été créée par le décret du 9 brumaire de l'an III, qui reprenait une proposition de Joseph Lakanal, destinée à revenir sur un aspect particulièrement abject de la Terreur : la lutte impitoyable contre le savoir, qui avait entraîné la suppression de tous les corps savants et même coûté la vie à un scientifique de renom comme Antoine de Lavoisier. La Révolution redécouvre la science. Naissent donc le Bureau des longitudes et l'Institut national des sciences et des arts, auxquels Louis

Antoine de Bougainville se trouve immédiatement nommé. Après avoir échappé de peu à la guillotine et été inscrit d'office à une école, le voici de nouveau appelé à prendre le ministère de la Marine. Mais ce qu'il avait refusé à Louis XVI, il le refuse également au Directoire. Mais lorsque ce même Directoire, sous l'impulsion de Talleyrand, qui souhaite faire de la Méditerranée *une mer française*, décide d'organiser une expédition en Égypte, Bougainville collabore avec enthousiasme à l'opération.

Cette dernière s'achèvera par le désastre naval d'Aboukir, les 1er et 2 août 1798. Et par une de ces ironies familières au destin, durant ce même été qui voit la flotte française d'Égypte mise à mal par la Royal Navy, un inventeur américain propose une arme secrète à la France. Une commission est immédiatement constituée au sein de l'Académie des sciences pour donner un avis sur le projet d'une embarcation capable de naviguer sous l'eau pour attaquer, à l'explosif, la partie immergée d'un navire. Bougainville est bien entendu membre de cette commission dont le rapport est rendu exactement un mois après la défaite d'Aboukir. Ce rapport indique : « L'arme imaginée par le citoyen Fulton est un moyen de destruction terrible parce qu'elle agit dans le silence et d'une manière presque inévitable. Elle convient parfaitement au Français parce qu'ayant une marine plus faible que son adversaire[10]... » Pourtant, le Directoire ne donne pas suite au projet. Puis, sous le Consulat, le projet de Fulton est développé : un sous-marin baptisé *Nautilus* est construit à Rouen ; dans le port du

Havre, il passe deux heures en plongée ; par la suite, il effectue une démonstration de torpillage. Mais la Marine est décidément traditionaliste : aucun développement n'est apporté au dossier. Il n'empêche qu'en ce qui concerne Bougainville, le dossier Fulton apparaît comme le deuxième grand projet technologique auquel il est mêlé, après l'appareil à dessaler l'eau de mer utilisé pendant le tour du monde, la fameuse cucurbite.

Survient le coup d'État du 18 brumaire : le 10 novembre 1799 marque la fin du Directoire et le début du Consulat de Napoléon Bonaparte. Celui-ci, qui a eu l'occasion de rencontrer Bougainville chez Talleyrand, décide lui-même de le nommer membre du Sénat, en tant que représentant de la Marine. Bougainville prend ainsi ses fonctions le 25 décembre 1799, qui vont de pair avec un fastueux traitement. De plus, les représentants en sont nommés à vie. Cette nouvelle fortune permet à Bougainville de se séparer de son château des Brosses qui n'était, semble-t-il, pas si agréable et se trouvait en tout cas au milieu d'un paysage plat et uniforme, au charme pour le moins discutable. Mais à quelques kilomètres se trouve le domaine de Suisnes, au sommet d'un coteau dominant un méandre de l'Yerres. Bougainville en agrandit le château, y plante des arbres, dessine des jardins... Il fait des lieux un petit paradis.

Dans le même temps, au début de l'an 1800, le capitaine de vaisseau Nicolas Baudin dépose à l'Institut le projet d'un grand voyage d'exploration vers l'actuelle Australie, dont on ne sait pas encore qu'elle forme un continent. La question est de savoir si elle ne se composerait pas de deux îles, un détroit reliant le creux dessiné par sa côte méridionale, et le golfe de Carpentarie, au nord du continent. Il se dit que Bougainville a envisagé de prendre la tête de cette expédition. C'est peu crédible : il a soixante et onze ans et se ressent de plus en plus de maladies contractées lors de son tour du monde, restes de scorbut et crises de dysenterie. Un Bougainville sera cependant du voyage : Hyacinthe, son fils aîné, qui a alors dix-neuf ans et se prépare à faire carrière dans la marine. Il en reviendra trois ans plus tard, confirmé dans sa vocation maritime bien que le voyage ne se soit pas bien déroulé, du fait des dissensions entretenues au sein de l'état-major par le commandant Baudin.

Ayant débarqué au Havre, Hyacinthe de Bougainville retrouve une famille encore attristée par le drame survenu deux ans auparavant à Suisnes. En se baignant dans l'Yerres, au pied du château, Amand a perdu pied et s'est noyé. Il avait seize ans. De ce coup terrible, le domaine devient insupportable aux Bougainville, qui s'installent à Paris dans une maison qu'ils louent au 23, rue de Bondy, près de la porte Saint-Martin[11]. Ramenée à Paris, la dépouille d'Amand est inhumée dans le minuscule cimetière du Calvaire qui, au sommet de la butte Montmartre, jouxte l'église Saint-Pierre. Cinq ans plus tard, sa mère sera enterrée près de lui : n'ayant jamais pu se remettre de la disparition de son fils, elle finit par mourir, comme on dit, de chagrin.

Après sa nomination au poste de sénateur, Louis Antoine de Bougainville voit les honneurs se succéder. En 1800, le voici élu membre de l'Académie des sciences, arts et belles-lettres de Caen. Cette même année, la Société des observateurs de l'homme ainsi que celle des observateurs de la nature l'accueillent. En 1803, il est nommé membre du nouvel Institut, dans la classe des sciences mathématiques et physiques, section géographie et navigation. En 1804, trois jours après que le général Napoléon Bonaparte s'est autoproclamé empereur Napoléon 1er, il est promu grand officier de la Légion d'honneur. En 1807, Napoléon en fait un comte de l'Empire, avec un nouveau blason qui illustre sa carrière : « D'azur à deux épées d'or passées en sautoir et une ancre d'argent posée en pal, à la mappemonde de même posée en abîme, brochant sur le tout[12]. » Puis il prend la présidence de sa classe à l'Institut. En 1809 enfin, il est choisi pour présider le conseil de guerre relatif à la défaite de Trafalgar.

Lorsqu'il s'installe derrière la table des jurés, entouré de l'ancien secrétaire d'État à la Marine de Fleurieu et des vice-amiraux de Rosily et Thévenard, Louis Antoine de Bougainville est un vieux monsieur de quatre-vingts ans. Mais il se souvient sûrement avec une acuité toute particulière de ce mois de mai 1784, à Lorient, lorsqu'il fut lui-même jugé. Voici de cela vingt-cinq ans, il se trouvait dans la situation où se trouve aujourd'hui le contre-amiral Dumanoir. Le 21 octobre 1805, lorsque la flotte de Villeneuve a été défaite par celle de Nelson au large du cap Trafalgar, Dumanoir, commandant l'avant-garde de l'escadre française, aurait manqué à ses devoirs. Ironie du destin, voici Bougainville président du jury face à un homme sous le coup de la même accusation que celle qui, autrefois, mit un frein à sa carrière. Car entre la bataille des Saintes et celle de Trafalgar où l'on vit Nelson couper la ligne de bataille pour encercler la partie de la flotte française ainsi isolée, la similitude est frappante. Dans la première, comme on l'a vu, on reprocha à Bougainville de ne pas avoir vite manœuvré pour venir renforcer le cœur de l'escadre française submergé par la Royal Navy. Le conseil de guerre déclarera « qu'il [Dumanoir] avait manœuvré conformément aux signaux, qu'il avait fait son devoir, combattant d'aussi près que possible de ses adversaires et que des avaries seules l'avaient forcé à quitter le champ de bataille[13] ». Ces mots, prononcés par Bougainville, comme lui-même aurait aimé les entendre, à l'époque où c'est lui qui se trouvait devant ses juges !

Ce conseil sera la dernière manifestation publique de Bougainville. L'âge est là et les crises de dysenterie se font de plus en plus fréquentes. Le 10 août 1810, le décès de Fleurieu est un choc terrible ; non seulement parce que les deux hommes ont travaillé ensemble pendant de nombreuses années, mais aussi parce que son défunt ami avait dix ans de moins que lui. Louis Antoine lui survivra à peine plus d'un an. En août 1811, il ne résiste pas à une nouvelle attaque de dysenterie. Dans l'hôtel particulier qu'il occupe, là où se trouve aujourd'hui la galerie Vivienne*, il décède le 20 août à vingt-trois heures, entouré de ses trois fils dont il est si fier : Hyacinthe, jeune capitaine de frégate de trente ans, Alphonse, prometteur officier des dragons de vingt-trois ans, et Adolphe, le benjamin de quinze ans tout juste, qui vient d'être admis parmi les pages de l'empereur. Louis Antoine de Bougainville repose au Panthéon, mais son cœur a été enterré au cimetière du Calvaire, sous une colonne dressée au pied de la tombe où reposent Flore, son épouse, et Amand, son fils. Ce cimetière oublié n'est ouvert au public que le 1er novembre. Ce jour-là, il arrive que des navigateurs fassent un pèlerinage au sommet de la butte Montmartre...

---

* Au 5, rue de la Banque, où est désormais installé le restaurant Le Bougainville.

ANNEXES

REPÈRES CHRONOLOGIQUES

1729. *12 novembre* : naissance à Paris, fils de Pierre-Yves de Bougainville et de Marie-Françoise d'Arboulin. Son frère aîné, Jean-Pierre, est né en 1722, et sa sœur, Marie-Françoise en 1724.
1734. Décès de Mme de Bougainville.
1741. Pierre-Yves de Bougainville devient échevin de la Ville de Paris.
1746. Jean-Pierre de Bougainville entre à l'Académie royale des inscriptions et belles-lettres.
1750. Louis Antoine de Bougainville entre aux Mousquetaires noirs.
1753. Louis Antoine de Bougainville est nommé aide-major au bataillon des milices de Picardie.
1754. Jean-Pierre de Bougainville est élu secrétaire perpétuel de l'Académie royale des inscriptions et belles-lettres, et à l'Académie française.
Louis Antoine de Bougainville est nommé successivement aide de camp de Chevert et troisième secrétaire d'une mission diplomatique auprès du maréchal-duc de Mirepoix, ambassadeur à Londres. Il publie la première partie de son premier ouvrage : *Traité du calcul intégral, pour servir de suite à l'Analyse des infiniment petits, de M. le marquis de L'Hôpital.*
1755. Nommé lieutenant au régiment d'Apchon dragons.
1756. Début de la guerre de Sept Ans. Bougainville est nommé capitaine au régiment d'Apchon dragons, puis aide de camp de Montcalm, au Canada. Dans le même temps : élection à

la Société royale de Londres et publication de la seconde partie de son *Traité du calcul intégral.*

1756-1758. En campagne au Canada : batailles de Chouagen et de Fort Carillon.

1758-1759. *Automne 1758-printemps 1759* : en mission à la cour de Versailles sur ordre de Montcalm pour demander l'envoi de renforts au Canada.

1759-1760. Au Canada : bataille des Plaines, chute de Québec, défense du lac Champlain. Retour en France comme prisonnier sur parole.

1761. Attaché à l'état-major du comte de Stainville. Pressenti comme gouverneur de Guyane (il refuse) et comme chef d'un corps de troupes qui serait dépêché pour s'emparer de Rio de Janeiro (projet sans suite).

1762. Bougainville dépose un projet de colonisation des Malouines (actuelles îles Falkland). Création de la Compagnie de Saint-Malo, sur fonds privés.

1763. Fin de la guerre de Sept Ans. Bougainville est nommé capitaine de vaisseau pour la campagne de fondation de son établissement aux îles Malouines. Son frère Jean-Pierre décède de maladie quelques semaines avant le départ de l'expédition.

1764. Installation d'un établissement aux Malouines. Bougainville revient en France assurer la poursuite du projet.

1765. De retour aux Malouines, Bougainville mène une courte campagne d'exploration dans le détroit de Magellan, repasse par les Malouines et revient à Saint-Malo.

1766. L'Espagne s'opposant à l'installation d'un établissement français aux Malouines, Bougainville fait deux voyages de négociations à Madrid, en vain. Bougainville se voit imposer d'assurer la cession des îles aux Espagnols, puis de revenir en France après avoir accompli une croisière autour du monde, qui serait la première circumnavigation accomplie par un vaisseau du roi.

5 décembre : départ de Brest sur la *Boudeuse.*

1767. *20 décembre* : la *Boudeuse* aux Canaries.

31 janvier : la *Boudeuse* à Montevideo.

1er février : appareillage de l'*Étoile* du port de Rochefort ; mouillage à l'île d'Aix et départ le lendemain.

23 mars : arrivée de la *Boudeuse* aux Malouines.

14 juillet : après avoir rendu les Malouines à l'Espagne, Bougainville est revenu à Rio de Janeiro où l'attend l'*Étoile*. Les deux bâtiments quittent le Brésil de conserve.
31 juillet : arrivée de la *Boudeuse* et de l'*Étoile* à Montevideo.
14 novembre : départ pour le Pacifique, après la longue réparation des graves avaries de l'*Étoile*.
5 décembre : entrée dans le détroit de Magellan.

1768. *26 janvier* : sortie du détroit de Magellan.
22 mars : archipel des Tuamotu.
2 avril : arrivée en vue de Tahiti.
6 avril : au mouillage à Tahiti.
15 avril : appareillage de Tahiti.
4 mai : en vue des Samoa.
21 mai : Vanuatu.
5 juin : en vue de la Grande Barrière de corail d'Australie.
10 juin : en vue de l'extrémité sud-est de la Nouvelle-Guinée.
28 juin : en vue des Salomon.
6 juillet : arrivée à Port-Praslin (îles Salomon).
2 septembre : arrivée à Boéro (actuelle Bourou, îles Moluques).
28 septembre : arrivée à Batavia (actuelle Jakarta).
16 octobre : appareillage de Batavia.
8 novembre : arrivée à l'île de France (actuelle île Maurice).
12 décembre : appareillage de l'île de France.

1769. *8 janvier* : arrivée au Cap.
17 janvier : appareillage du Cap.
29 janvier : en vue de l'île Sainte-Hélène.
4 février : arrivée à l'île de l'Ascension.
4 mars : en vue des Açores.
16 mars : arrivée de Bougainville à Saint-Malo sur la *Boudeuse*.
24 avril : arrivée de l'*Étoile* à Rochefort.

1770. Bougainville, après avoir été nommé brigadier d'infanterie, est admis à titre définitif dans la Marine au grade de capitaine de vaisseau.

1771. Publication de *Voyage autour du monde par la frégate du roi la Boudeuse et la flûte l'Étoile*. Élu membre adjoint de l'Académie de marine.

1772. Son oncle d'Arboulin cède à Bougainville la charge de secrétaire à la chambre et au cabinet du roi. Préparation d'une expédition vers le pôle Nord. Parution d'une seconde édition, revue et corrigée, de *Voyage autour du monde par la frégate du roi la Boudeuse et la flûte l'Étoile*.

1773-1774. Partage son temps entre sa charge à la cour et ses fonctions de capitaine de vaisseau à Brest. Décès de Louis XV (10 mai 1774).

1775. Second de la *Terpsichore*. Démissionne de sa charge de secrétaire à la chambre et au cabinet du roi.

1776. Second du *Solitaire*.

1777. Commandant du *Bien-Aimé*, dans l'escadre d'évolution de Du Chaffault.

1778. Début de la guerre de l'Indépendance américaine. Bougainville est reçu comme maître dans la loge maçonnique *Accord parfait de la Marine n° 4*, à Brest ; il reçoit le commandement du *Guerrier* dans l'escadre d'Estaing, basée à Toulon. Campagne en Amérique du Nord puis aux Antilles.

1779. Combats de la Grenade et de Savannah. Retour en France et promotion au rang de chef d'escadre.

1781. *25 janvier* : à Brest, mariage avec Marie-Joséphine Flore de Longchamps-Montendre.
7 mars : commandant d'une escadre de l'armée navale de Grasse.
5 septembre : bataille de Chesapeake.
26 décembre : naissance, à Brest, de son premier fils, Hyacinthe.

1782. Prise de Saint-Christophe. Défaite des Saintes où la conduite de Bougainville est critiquée.

1784. Bougainville est reçu dans l'ordre des Cincinnati, société patriotique américaine, fondée par George Washington pour réunir ceux qui s'étaient distingués pendant la guerre de l'Indépendance des États-Unis. Décès de Jean-Potentien d'Arboulin, qui laisse un bel héritage.

1785. Bougainville achète un château à Fourches-en-Brie (la Brosse), 8 kilomètres au nord de Melun. Naissance de son deuxième fils, Amand.

1788. Naisance de son troisième fils, Alphonse.

1789. Pensionnaire à l'Académie royale des sciences.

1790. Nommé commandant de l'escadre de Brest, Bougainville démissionne devant le refus de la discipline né de la Révolution.

1792. Bougainville est nommé vice-amiral, mais démissionne,

refusant même le poste de ministre de la Marine que lui proposait Louis XVI. Au début des guerres révolutionnaires, lors de l'émeute du 20 juin, il apporte un soutien rapproché au roi, puis il se retire dans le château que possède la famille de sa femme à Anneville (dans la Manche).

1793. Bougainville vit à Anneville.

1794. Pendant la Terreur, Bougainville est arrêté, emprisonné à Coutances. Son épouse s'est réfugiée dans la propriété que Benjamin Dubois, le constructeur malouin des premiers navires de Bougainville, possède sur les bords de la Rance (Montmarin). Relâché après le 9 thermidor (renversement de Robespierre), Bougainville se retrouve alors nommé élève de l'École normale supérieure de Paris puis membre de l'Institut de France (qui vient d'être créé).

1796. Naissance d'un quatrième fils (Adolphe).

1798. Bougainville intègre la commission chargée de préparer la campagne d'Égypte et est nommé membre du Bureau des longitudes.

1799. Nomination au Sénat. Bougainville revend le château de la Brosse, pour en acheter un autre à Suisnes (Seine-et-Marne).

1800. Hyacinthe, fils aîné de Louis Antoine de Bougainville, embarque sur le *Géographe* pour l'expédition scientifique confiée à Nicolas Baudin.

1801. Mort tragique d'Amand (deuxième fils de Louis Antoine de Bougainville), noyé près du château de Suisnes.

1802. Louis Antoine de Bougainville est mis à la retraite avec le grade de contre-amiral.

1804. Nomination au grade de grand officier de la Légion d'honneur.

1806. Décès de l'épouse de Louis Antoine de Bougainville.

1808. Louis Antoine de Bougainville est nommé comte de l'Empire.

1809. Nomination à la présidence du conseil d'enquête « chargé de connaître la conduite du contre-amiral Dumanoir dans la bataille de Trafalgar ». Un bâtiment de la marine militaire est baptisé *Bougainville*.

1811. *31 août* : décès à Paris de Louis Antoine de Bougainville.
3 septembre : funérailles nationales au Panthéon.

RÉFÉRENCES BIBLIOGRAPHIQUES

ŒUVRES DE LOUIS ANTOINE DE BOUGAINVILLE

Traité du calcul intégral, pour servir de suite à l'Analyse des infiniment petits, de M. le marquis de L'Hôpital, Paris, 1754 (consultable sur Gallica).

Journal de l'expédition d'Amérique (1756-1758), *Mémoire sur l'État de la Nouvelle-France* (1757), *Mémoires divers sur le Canada* (1758-1759) : ces trois textes sont réunis dans *Écrits sur le Canada : Mémoires, Journal, Lettres*, Éditions du Septentrion, 2003.

Pour les références au récit de Bougainville, nous avons choisi l'édition critique du *Voyage autour du monde* de Michel Bideaux et Sonia Faessel, Presses de l'université de Paris-Sorbonne, 2001. Le texte qu'ils présentent est l'édition de 1771 (consultable sur le site Gallica de la Bibliothèque nationale de France : www.gallica.bnf.fr).

ŒUVRES CONSULTÉES

Paul CHACK, *Les explorateurs*, Éditions de France, 1942.
—, *Les frégates du roi*, Éditions de France, 1942.
Erik Wilhelm DAHLGREN, *Les relations commerciales et maritimes entre la France et les côtes de l'océan Pacifique : le commerce de la mer du Sud jusqu'à la paix d'Utrecht*, t. Ier, Librairie ancienne Honoré Champion, 1909 (consultable sur Gallica).

—, *Voyages français à destination de la mer du Sud avant Bougainville (1695-1749)*, dans *Nouvelles archives des missions scientifiques et littéraires*, t. XIV, fascicule 4, Imprimerie nationale, 1907 (consultable sur Gallica).

Denis DIDEROT, *Supplément au voyage de Bougainville*, Gallimard, Folio Classiques, 2002.

—, GRIMM, *Correspondance littéraire*, t. III (consultable sur Gallica).

Gilles FOUCQUERON, *Saint-Malo, 2 000 ans d'histoire* (2 volumes) édité à compte d'auteur, 1999.

Léon HAFFNER, *À l'assaut des océans*, Éditions de la Nouvelle Revue critique, 1936.

Oscar HAVARD, *Histoire de la Révolution dans les ports de guerre*, t. II, *Brest, Rochefort*, Nouvelle Librairie nationale, 1912.

René de KERALLAIN, *La jeunesse de Bougainville et la guerre de Sept Ans*, 1896 (consultable sur https://archive.org/).

Dominique LE BRUN, *100 bateaux de légende*, Solar, 2002.

—, *Saint-Malo*, Cherche-Midi / Pascal Galodé éditeurs, 2007.

—, *La malédiction Lapérouse, sur les traces d'une expédition tragique, 1785-2008*, Omnibus, 2012.

Jean-Étienne MARTIN-ALLANIC, *Bougainville navigateur et les découvertes de son temps* (2 volumes), Presses universitaires de France, 1964.

Anne-Joseph-Hippolyte DE MAURÈS DE MALARTIC, *Journal des campagnes au Canada*, 1890 (consultable sur Gallica).

Patrick O'REILLY, *Tahitiens, répertoire biographique de la Polynésie française*, Musée de l'Homme, 1975.

Dom PERNETTY, *Histoire d'un voyage aux isles Malouines*, 1760 (consultable sur Gallica).

Louis PETIT DE BACHAUMONT, *Mémoires secrets pour servir à l'histoire de la république des lettres en France depuis 1762 jusqu'à nos jours*, 1780 (consultable sur Gallica).

Jean RANDIER, *La Royale*, t. Ier, *La vergue et le sabord*, Éditions MDV, 2006.

Charles de La Roncière, *À la gloire de Bougainville*, Éditions de la Nouvelle Revue critique, 1942.

Étienne TAILLEMITE, *Les découvreurs du Pacifique, Bougainville, Cook, Lapérouse*, Gallimard, Découvertes Gallimard, 1987.

—, *Bougainville*, Perrin, 2011.

—, *Marins français à la découverte du monde. De Jacques Cartier à Dumont d'Urville*, Fayard, 1999.

—, *Bougainville et ses compagnons autour du monde* (2 volumes), Imprimerie nationale, 1977.
—, *Louis XVI, le navigateur immobile*, Payot, 2002.
François Vivez, *Autour du monde sous les ordres de Bougainville*, La Découvrance, 2006.